统计学

Statistics

傅毅 龚秀芳 汪传江 ●编著

本书系统地讲解了统计学的基本原理和知识框架，主要特点包括：①理论联系实际。本书不仅讲解了理论知识，还注重将统计学的概念和方法应用于实际问题。书中提供了许多实例，有助于学生将统计理论与实际情境相结合。此外，本书还在部分操作环节介绍了如何使用 Excel 与 SPSS 等软件进行数据处理和分析，使学生具备操作技能。②图文并茂。为了更好地帮助学生理解概念和方法，本书配有详细而清晰的图表、数据和例题，以期让学生更加直观地理解和应用统计学知识。③丰富的教学资源。为了提供全面的教学支持，本书配备了丰富的教学资源，包括配套课件和视频等，有助于教师运用混合式教学等不同教学方法讲授统计学课程。

本书适合作为高等院校经济管理类专业本科生和研究生的教材，还适合作为企事业单位统计工作人员的统计学入门参考书。

图书在版编目（CIP）数据

统计学 / 傅毅，龚秀芳，汪传江编著 . -- 北京：
机械工业出版社，2024.8. -- ISBN 978-7-111-76541-7
Ⅰ . C8
中国国家版本馆 CIP 数据核字第 2024ZF9330 号

机械工业出版社（北京市百万庄大街 22 号　邮政编码 100037）
策划编辑：王洪波　　　　　　　　　　责任编辑：王洪波
责任校对：李荣青　张雨霏　景　飞　　责任印制：郜　敏
三河市宏达印刷有限公司印刷
2025 年 1 月第 1 版第 1 次印刷
185mm×260mm・14.5 印张・322 千字
标准书号：ISBN 978-7-111-76541-7
定价：55.00 元

电话服务　　　　　　　　　网络服务
客服电话：010-88361066　　机　工　官　网：www.cmpbook.com
　　　　　010-88379833　　机　工　官　博：weibo.com/cmp1952
　　　　　010-68326294　　金　书　网：www.golden-book.com
封底无防伪标均为盗版　　　机工教育服务网：www.cmpedu.com

作者简介 ABOUT THE AUTHORS

傅 毅

上海师范大学商学院商业数据系教授、金融专硕负责人。曾被授予上海市五一劳动奖章、上海市青年五四奖章、上海市教学能手称号；获得过第二届全国高校教师教学创新大赛三等奖、第二届上海市高校教师教学创新大赛特等奖、第五届全国高校青年教师教学竞赛三等奖、第四届上海高校青年教师教学竞赛特等奖。所讲授的"统计学"课程被评为上海高校市级重点课程、上海高校市级一流本科课程、上海市高校示范性本科课程。

龚秀芳

上海师范大学商学院党委副书记，企业管理系副教授，主要从事电子商务与经济统计方面的研究。曾参加过国家自然科学基金资助项目、上海市哲学社会科学规划课题，主持过"统计学"市教委重点课程项目等。历年来发表各类期刊论文二十余篇，主编《统计学基础》《统计学同步辅导与习题全解》，参编《微积分》《概率论与数理统计》《经济统计学》《统计学原理》《统计调查与数据分析》《SPSS与多元统计分析》《电子商务数据分析》等。

汪传江

上海师范大学商学院金融系讲师、金融专业负责人，主要研究金融地理、养老金融。在《财经论丛》《城市发展研究》《中国软科学》等期刊上发表论文十余篇，主持多项上海市软科学重点项目、上海市决策咨询重点项目等省部级课题，参与多项国家社科重大和重点项目、国家自然科学基金的课题研究工作。

前言 PREFACE

统计学作为一门重要的学科，不仅关乎数据的收集和分析，更是我们对现实世界进行理性认识和决策的重要基石。

本书旨在提供一种全面深入的学习体验，突破传统的理论教学，将统计学知识与实际问题紧密结合，使读者能够真正理解统计学的本质，并且学会在实践中灵活运用。

本书的教学内容主要包括导论、数据类型与数据收集、数据可视化、数据的概括性度量、统计量及其抽样分布、参数估计、假设检验、分类数据分析、方差分析和一元线性回归，共10章，内容涵盖了数据收集、整理和分析的各个环节。

本书的核心内容包括两个部分，即描述性统计和推断性统计。其中，描述性统计部分包括数据可视化（定性描述）和数据的概括性度量（定量描述），主要讲授从不同角度描述数据分布特征的方法；推断性统计部分包括统计量及其抽样分布、参数估计、假设检验、分类数据分析、方差分析和一元线性回归，主要讲授如何基于样本信息推断总体信息的方法。

本书不仅有严谨的理论推导，更涉及对各行各业实例的深入分析，还设计了思考题并提供了参考答案。通过这些实例和练习，读者能够直观地感受到统计学在现实生活中的应用和重要性。此外，本书还在部分内容中介绍了Excel和SPSS等统计软件的操作，有助于读者自如地使用工具进行数据处理和统计分析。同时，本书提供了丰富的教学资源，包括配套课件和视频，这些资源能够为教学提供全方位的支持和引导，从而帮助读者更好地理解与掌握统计学的知识和方法。

本书共有三位作者，第1章、第3章、第5章、第6章和第7章由傅毅完成，第2章、第4章和第8章由龚秀芳完成，第9章和第10章由汪传江完成。受限于编者的知识背景和教学经验，本书仍可能存在一些不足，还望读者在阅读与学习之余多提宝贵意见，我们将在后续的教研中不断改进。

在这个数据为主的时代，统计学的应用已经渗透到各行各业的方方面面。我们相信，通过学习本书，将有助于提升读者的数据思维和"用数据说话"的能力，为读者的学业和职业发展打下坚实的基础。衷心希望本书能够助力各位读者学好统计学，让我们一起追寻统计学的奥秘，掌握数据的力量，为国家和社会发展做出自己的贡献！

编　者

作者简介
前言

第1章 导论 ... 1
1.1 大数据时代与统计学 ... 1
1.2 统计学应用案例 ... 4
1.3 统计学中的基础概念 ... 6
思考题 ... 7

第2章 数据类型与数据收集 ... 8
2.1 统计数据的类型 ... 8
2.2 统计数据的收集 ... 12
2.3 抽样技术 ... 16
思考题 ... 22

第3章 数据可视化 ... 24
3.1 数据可视化的形式 ... 25
3.2 数据可视化要点 ... 36
思考题 ... 41

第4章 数据的概括性度量 ... 42
4.1 数据集中趋势的度量 ... 42
4.2 数据离中趋势的度量 ... 50
4.3 数据分布形态的度量 ... 56
思考题 ... 58

第5章 统计量及其抽样分布 ... 60
5.1 统计量与常用分布 ... 60
5.2 抽样分布 ... 68
思考题 ... 79

第6章 参数估计 ... 81
6.1 点估计 ... 81
6.2 置信区间 ... 85
6.3 样本量的确定 ... 105
思考题 ... 107

第7章　假设检验 …………… 110
- 7.1　从女士品茶到假设检验 ………… 110
- 7.2　一个总体参数的假设检验 ………… 121
- 7.3　两个总体参数的假设检验 ………… 139
- 思考题 …………………………………… 151

第8章　分类数据分析 …………… 156
- 8.1　分类数据和卡方统计量 ………… 156
- 8.2　拟合优度的卡方检验 …………… 159
- 8.3　列联表的卡方检验 ……………… 162
- 8.4　定性变量之间的关系测量 ……… 170
- 思考题 …………………………………… 176

第9章　方差分析 ………………… 178
- 9.1　方差分析概论 …………………… 178
- 9.2　单因素方差分析 ………………… 183
- 9.3　双因素方差分析 ………………… 188
- 思考题 …………………………………… 196

第10章　一元线性回归 …………… 198
- 10.1　相关分析 ………………………… 198
- 10.2　一元线性回归模型的基本形式 …… 204
- 10.3　一元线性回归模型的估计 ……… 205
- 10.4　一元线性回归模型的检验 ……… 212
- 10.5　一元线性回归模型预测 ………… 215
- 思考题 …………………………………… 220

参考文献 …………………………… 223

参考答案 …………………………… 224

第 1 章

导 论

统计学是一门从数据入手探寻事物内在规律的科学。通过对数据的统计分析，我们可以从中提取出有意义的信息和结论，得出对现象和问题的理解。统计学有两个主要分支：描述性统计和推断性统计。描述性统计涉及对数据的收集、整理和概括，以了解数据的基本特征和趋势。推断性统计则利用概率和统计方法对样本数据进行分析，以对总体进行推断。下面我们先来一起讨论一个问题：为什么要在大数据时代学习统计学？

1.1 大数据时代与统计学

这个问题源自我们很多年之前参加的一个行业研讨会。多年前，我们参加了一个以大数据为主题的研讨会，会议非常精彩，演讲者们纷纷介绍了大数据对各自行业的影响，以及各行各业如何在大数据时代进行数字化转型的展望。回想起来，这大约是我们第一次接触"大数据"这一概念。在会议的间隙，我们几位老友就各自感兴趣的问题又进行了深入的探讨。其中一位朋友乐呵呵地说："看样子，再过若干年，你们可就要下岗再就业了。""嗯？为什么这么说呢？"有人问道。我们对朋友抛来的这突如其来的观点感到有些措手不及（虽然当时这只是调侃）。"现在不是都进入大数据时代了吗。未来大家都有大数据了，你们教的是统计学，估计以后就没人学了，赶紧重新换门课教吧，哈哈！"朋友补充道（这里的统计学是指狭义上的统计学课程）。

事实上，朋友这句不经意间的调侃也并非空穴来风。我们可以大致梳理一下他的观点逻辑。

目前对于大数据的常见定义可以概述为 Volume、Velocity、Variety、Value 和 Veracity，简称 5V。

- Volume：海量数据规模。数据至少都是以GB、TB为单位的（1GB=1 024M，大概是一部高清电影的大小）。
- Velocity：高速处理能力。对于海量数据具有足够高效甚至是实时的处理能力。
- Variety：数据的多样性。除了常见的分类型、顺序型和数值型数据，还包括文字、图片、语音、图像等。
- Value：潜在价值。数据包含潜在的价值。
- Veracity：数据的质量。数据的准确性和可信赖程度。

朋友在其观点中主要阐述的是第一个 V 的含义，他认为既然数据量很大，人们就可能直接或几乎拥有总体，那么，何必要基于样本推断总体呢，或者说何必学习统计学呢？（注：基于样本推断总体是统计学的重要任务。）

思量后，我们认为可以用下面的观点予以反驳。

- 存在不等于拥有。虽然在互联网时代数据的传递和沉淀效率都得到了极大的提升，但是很多场景下数据存储于不同的位置，并且受制于各种约束，数据之间并不能实现互通。可能总体就在那里，但是我们无法获得。在实践中，通过抽样推断总体依然是经典且有效的常用方法。
- 能算不等于划算。众所周知，随着数据科学的发展，各方面的运算资源也得到了极大的丰富。与此同时，占用运算资源也是需要成本的，这种成本可以表现为时间成本，也可以表现为财务成本。例如，你有十几亿个数据，你希望计算它们的算数平均数。如果这是一个总体数据，并且假设直接计算平均数会花费1h再加上100元的运算资源租用费用。为了计算平均数，你真的愿意花这些时间和金钱吗？好吧，如果你不愿意，那么我们还有一个替代方案，那就是从中随机抽取1万个样本，用样本平均数来估计总体平均数，虽然一定会有误差，但如果你愿意接受这种误差的话，那么用1万个数据计算平均数的成本几乎为零。

你一定还能找到在大数据时代学习统计学的其他理由，这些理由共同造就了统计学成为大数据环境下商业数据分析的核心基础课程之一。下面我们就开始感受统计学的魅力。

定义 1-1 统计学是指通过搜索、整理、分析、描述数据等手段，以达到推断所测对象的本质，甚至预测研究对象的未来的一门综合性科学。

在这里我们不难发现，搜索、整理、分析、描述等只是统计学的手段、方法，其最终目标是推断研究对象的本质，甚至是开展预测。那么，对于数据的关注与运用，只是随着大数据的兴起才开始的吗？

定义 1-2 数据是指事实或观察的结果，是对客观事物的逻辑归纳，是用于表示客观事物的未经加工的原始素材。

在漫长的历史长河中，我们能够找到的较早的数据来自"结绳记事"中的"结"。

上古结绳而治，后世圣人易之以书契。

——《易传·系辞传》

古者无文字，其有约誓之事，事大大其绳，事小小其绳，结之多少，随物众寡。

——《九家易》

由此可见，古人依据不同的事件特征，系出不同的绳结，将事件以"数据"的形式归纳和存储下来，体现出了我国早期统计思想的萌芽。

数者，臣主之术，而国之要也。故万乘失数而不危、臣主失数而不乱者，未之有也……竟内仓、口之数，壮男、壮女之数，老、弱之数，官、士之数，以言说取食者之数，利民之数，马、牛、刍藁之数。欲强国，不知国十三数，地虽利，民虽众，国愈弱至削。

——《商君书》

上述记载充分体现了商鞅对于"数据"的理解，即统计数据对于国君的治国之术至关重要，是国家的根本要事；要想强国，就需要知道"仓""口"等13个统计数据。进入到现代，随着互联网的发展，特别是移动互联网的发展，我国各类与数据相关的基础设施建设突飞猛进。

2021年，新建光缆线路长度319万公里，全国光缆线路总长度达5 488万公里……

2021年，全国移动通信基站总数达996万个，全年净增65万个。其中4G基站达590万个，5G基站为142.5万个，全年新建5G基站超65万个。

——《2021年通信业统计公报》[1]

这些基础设施的建设，在改善民生和促进经济发展的同时，也使得数据的生成、传输和存储效率大大提升。

党的十九届四中全会首次提出将数据作为生产要素参与分配，加快探索构建数据基础制度。2017年到2021年，我国数据产量从2.3ZB增长至6.6ZB，全球占比9.9%，位居世界第二。大数据产业规模快速增长，从2017年的4 700亿元增长至2021年的1.3万亿元。2017年到2021年，全国省级公共数据开放平台由5个增至24个，开放的有效数据集由8 398个增至近25万个。

——《数字中国发展报告（2021年）》[2]

---

[1] https://wap.miit.gov.cn/gxsj/tjfx/txy/art/2022/art_e8b64ba8f29d4ce18a1003c4f4d88234.html.
[2] http://www.cac.gov.cn/2022-08/02/c_1661066515613920.htm.

1.2 统计学应用案例

如何在社会、经济等领域探索数据中所包含的特征和规律就成为当下非常重要的任务，而统计学正是帮助我们完成该任务的重要科学工具之一。下面让我们通过几个真实的案例来体会统计学在各个领域中的作用。

⊙ 案例1-1

哪里有"洞"补哪里

二战期间，英美军方为了减少战斗机的损失和飞行员的伤亡，决定对现有战机增加装甲，以提高战机防护力。

工作人员对机库中参加过战斗的战机进行分析，发现大多数战机的机翼都中过弹，并留有弹孔，但是机尾却很少有弹孔。于是有工作人员提出，应该在机翼部分增加装甲，这个部位更容易中弹。那么，哪里有"洞"补哪里真的是个好主意吗？统计学家沃德提出了不同的观点。他认为目前所分析的战机只是平安返回的战机，机翼上弹孔多恰恰能说明机翼中弹似乎并不是严重的问题，毕竟战机还是能够安全返航。可是一旦机尾中弹，那么战机幸存的概率就微乎其微了。沃德的观点最终被军方采纳，随后的事实也证明了这个观点是正确的。

这个故事反映的正是著名的"幸存者偏差"现象。

资料来源：艾正松，孙建军. 从"幸存者偏差"说开去 [EB/OL].（2020-02-04）[2023-11-24]. http://www.qstheory.cn/llwx/2020-02/04/c_1125529658.htm.

⊙ 案例1-2

《红楼梦》的作者是谁

正如大家所熟知的，《红楼梦》共有120回，那么这120回都是曹雪芹写的吗？相关研究中，不同学者对于这一问题都有着自己的看法。

1987年，在论文《〈红楼梦〉成书新说》中，作者从统计语言学的角度建立识别特征，主要包括"之、其、或、亦"等47个虚字的出现频率。该研究运用类卡方距离，将多维点投影到二维平面上。结果显示，数字1~80全在左上方，81~120全在右下方。

作者认为，这种差异可以用《红楼梦》的各部分是由不同的作者在不同时期撰写而成"来加以解释。有兴趣的读者可以阅读原文，以便了解更多。

事实上，基于文本数据的专业研究已经成为当下量化分析的重要分支。例如，刘德文等人度量了264部电影简介文本的可读性和吸引性水平，并且检验了它们对首周票房和总票房的影响。他们的研究结果显示，可读性对首周票房的影响较大，而吸引性对总票房的影响较大。张叶青等人通过对上市公司的年报进行文本分析，度量了"大数据"的应用程度，并且研究了企业大数据应用程度的决定因素。

资料来源：①李贤平.《红楼梦》成书新说[J].复旦学报(社会科学版),1987(5):3-16.

②刘德文,高维和,闵凉宇.可读性和吸引性对商品销量的影响：基于电影简介的文本分析[J].中国管理科学,2022,30(06):167-177.

③张叶青,陆瑶,李乐芸.大数据应用对中国企业市场价值的影响：来自中国上市公司年报文本分析的证据[J].经济研究,2021,56(12):42-59.

⊙ 案例1-3

数据与现代城市治理

2016年，上海遭遇强寒潮天气期间，全市报修量激增，达23万件，高峰的时候，一天就有5万人次拨打热线求助。2021年年初，上海再次遇到寒潮天气，此时的日均报修量不到2万件。上述数据变化的背后，是上海市政府与企业合作的结果，"为上海的水网部署了水压和水流监测设备，实时掌握水管的水压、水流情况。在算法的帮助下，12345市民热线、舆情、物联设备、物资调度等信息都关联起来。寒潮期间，信息预警跑在市民报修之前"。

资料来源：李雅娟.大数据技术如何助力城市治理[EB/OL].（2021-05-27）[2023-11-24]. http://society.people.com.cn/n1/2021/0527/c1008-32114594.html.

⊙ 案例1-4

案件疑点"开口说话"

检察机关陆续接到多家保险公司反映当地存在车险诈骗现象，于是运用大数据对海量车险理赔裁判文书展开分析。这些案件单独来看并没有异常，但放在一起就能得出一些明显特征：①原告频繁起诉；②原告并非车主本人；③事故也未经保险公司定损；等等。通过要素筛查、关联分析和相互验证等一系列工作，查明大量骗保行为。

"自2018年起，浙江省检察机关率先探索运用大数据排查监督线索，研发'民事裁判智慧监督系统'，破解'虚假诉讼'治理难题。"

随着我国数字社会建设步伐加快，数据已经进入制造、零售、金融、体育、健康等各个行业的方方面面。"大数据+""数据赋能"等已经成为各个领域耳熟能详的高频词。因此，学好统计学才能具备运用数据解决实际问题的能力；才能透过纷繁复杂的数据，去伪存真，洞察研究对象的本质。

资料来源：①张璁.数据"慧眼"赋能法律监督[EB/OL].（2022-07-28）[2023-11-24]. https://www.spp.gov.cn/zdgz/202207/t20220728_568625.shtml.

②龚维斌.加快数字社会建设步伐[EB/OL].（2021-10-22）[2023-11-24]. http://opinion.people.com.cn/n1/2021/1022/c1003-32260722.html.

③张锐,夏静.刘庆峰：AI+大数据持续提升社会治理能力 助力健康中国[EB/OL].（2022-08-08）[2023-11-24]. http://health.people.com.cn/n1/2022/0808/c14739-32497226.html.

1.3 统计学中的基础概念

在进入后续章节之前，我们需要先熟悉统计学中常见的基础概念。

定义 1-3 总体是指客观存在的，在同质基础上结合起来的许多个别单位的整体。

例如，某城市的工业企业可以作为一个总体，因为它是客观存在的，由许多工业企业所组成，每一家工业企业就其经济职能而言都是同质的，即都是进行工业生产活动的基层单位；又如，某城市的工业企业职工可以作为一个总体，因为它是客观存在的，由许多工业企业职工所组成，每一名职工都是企业中从事生产或工作的人员，就这一点来说，总体又都是同质的。总体单位也即构成总体的各个基本单位，如上海市工业企业为总体，则每一家企业为总体单位。

总体的各个单位在某一方面或几个方面具有共同的性质，即总体具有同质性，这是构成总体的基础。另外，总体的各个单位之间除具有共同性质外，在其他方面则各不相同，存在着质和量的差异，即总体又具有变异性。随着统计研究目的的不同，总体的内容和范围也可以有所不同，总体和总体单位是可以相互转化的，同一事物在不同情况下，可以是总体，也可以是总体单位，即总体和总体单位两者之间具有相对性。例如，当研究不同工业部门生产结构的变化时，全部工业企业为总体，每一家工业企业为总体单位；当研究企业内部劳动力配备情况时，可选择某一工业企业的全体职工作为总体，而企业的每一名职工作为总体单位。因此，总体具有客观性、大量性、同质性、变异性和相对性五个特点。

总体按所属时间的不同可以分为静态总体和动态总体。总体所包含的各个单位属于同一时间的，称为静态总体；总体所包含的各个单位属于不同时间的，称为动态总体。

总体按其单位是否可以计数又可分为有限总体和无限总体。如果总体单位是有限的、可以计数的，称为有限总体，如企业职工人数、全国企业数。如果总体所包含的单位是无限的、数不清的，称为无限总体，如连续大量生产的某种产品、森林的蓄林量等。对无限总体无法进行全面调查，只能调查其中一部分单位，据以推断总体。而对有限总体既可进行全面调查，也可只调查其中一部分单位。

定义 1-4 变量是指在研究过程中可以改变的量，或者是指在不同个体或情况中可以呈现不同数值特征的量。

统计学中的变量可用来收集和分析数据，它们是研究设计中的基本要素，因为变量之间的关系可以表示为数据，进而进行统计分析。例如，企业职工人数是一个变量，某企业有 852 人，另一家企业有 740 人，这些数字则是变量值。下面是几种常见的变量类别。

（1）定量变量（quantitative variable）。它是指可以通过计数或测量，并且以数字形式表示的变量，也称数值型变量，反映了事物的数量特征。定量变量包括连续变量和离散变量。其中，连续变量可以在一定范围内取任何值，如身高、体重和时间；离散变量仅在特定的、分开的值中取值，如孩子的数量或汽车的数量等。

（2）定性变量（qualitative variable）。它可用于描述事物的非数值属性或分类特征，定性变量包括分类变量和顺序变量。其中，分类变量是没有顺序或等级的定性变量，如性别、职业或血型；顺序变量是具有自然顺序或等级的定性变量，如教育水平、服务满意度评级等。

■ 思考题

1. 你能通过查找资料，简述一些我国优秀传统文化中的统计思想或我国古代的统计工作、统计制度吗？
2. 请结合自身的专业或兴趣领域，查找资料，简述统计相关方法在该领域中的最新应用。

第 2 章 数据类型与数据收集

2.1 统计数据的类型

统计数据是对现象进行计量或测度的结果,是在统计工作中所取得的反映社会现象和自然现象的数字资料,以及与之相联系的其他资料的总称,它表明现象的特征、规模、结构、水平等,是定性和定量统计分析的基础数据。在进行统计分析时,不同类型的数据采用的统计方法也不同,因此区分数据的类型很重要。统计数据通常有三种分类法:根据所采用的计量尺度的不同,可以分为分类数据、顺序数据和数值型数据;根据统计数据的收集方法的不同,可以分为观测数据和试验数据;根据被描述的现象与时间的关系的不同,可以分为截面数据、时间序列数据和面板数据。

2.1.1 分类数据、顺序数据和数值型数据

1. 分类数据

分类数据是只能归于某一类别的非数值型数据,它是对事物进行分类的结果,是分类变量的具体表现,数据表现为类别,是用文字来表达的。例如,性别可以分为男和女两类,因此性别变量的具体表现"男性""女性"即为分类数据;我国的民族可以分为汉族、满族、藏族、蒙古族、维吾尔族等,因此民族变量的具体表现"汉族""满族""藏族""蒙古族""维吾尔族"等即为分类数据。虽然也可以用1或0表示男性与女性,用1、2、3、4、5等表示汉族、满族、藏族、蒙古族、维吾尔族等,但是这些数字没有大小比

较之分，只是不同类别现象的一个代码，并不代表真正的值，不能进行数学计算。

用分类数据对现象进行分析时，由于不同类别间地位平等，没有高低、大小之分，各变量之间的顺序是可以改变的，因此这种数据也叫无序分类数据，它是数据中最粗略、计量层次最低的数据。

2. 顺序数据

顺序数据是只能归于某一有序类别的非数值型数据，是顺序变量的具体表现，数据表现为有顺序的类别。例如，高校教师的职称可以分为助教、讲师、副教授和教授四类，因此职称变量的具体表现"助教""讲师""副教授""教授"即为顺序数据；业主对住房的满意度可以分为很满意、满意、一般、不满意、很不满意五个等级，因此住房满意度变量的具体表现"很满意""满意""一般""不满意""很不满意"即为顺序数据；某银行的会员卡可以分为银卡、金卡、钻石卡三个等级，因此会员卡等级变量的具体表现"银卡""金卡""钻石卡"即为顺序数据。可以用数字1、2、3、4来表示职称数据，用5、4、3、2、1来表示住房满意度数据，用1、2、3表示银行会员卡等级数据，但这些数字代码只能体现一种顺序或程度，不能体现事物之间的具体数量差别。

由于客观现象的不同类别间存在顺序性差异，用顺序数据在对现象进行分析时，其顺序是不能随意排列的，因此这种数据也叫有序分类数据。

3. 数值型数据

数值型数据不仅能反映事物所属的类别和顺序，还能反映事物类别或顺序之间的数量差距，有的数据可以通过对比计算来体现数据的相对程度，其结果表现为具体的数值。数值型数据是数值型变量的具体表现，是比顺序数据高一层次的数据，它不仅能将现象区分为不同类型并进行排序，而且可以准确地指出类别之间的差距。数值型数据是最常见的统计数据，现实中处理的数据大多数是数值型数据。例如，某地区企业的产值、利润、固定资产、职工人数、劳动生产率、资金周转率等都是数值型数据。

分类数据和顺序数据只能用文字或数字代码来表现品质特征或属性特征，因此统称为定性数据，也称品质数据；数值型数据用数值来表现事物的数量特征，因此称为定量数据，也称数量数据。

上述三种数据类型对事物的计量层次是由低级到高级、由粗略到精确逐步递进的。高层次数据具有低层次数据的全部特性，只要将高层次数据转化为低层次数据即可，例如，将考试成绩的百分制转化为五级制，相应的数值型数据就转化为顺序数据了。因此，适用于低层次数据的统计方法，也适用于高层次数据。例如，在描述数据的集中趋势时，对分类数据通常是计算众数，对顺序数据通常是计算中位数，但对数值型数据同样也可以计算众数和中位数。反之，适用于高层次数据的统计方法，则不能用于低层次数据，因为低层次数据不具有高层次数据的数学特性。例如，对于数值型数据可以计算数值平均数，但对于分类数据和顺序数据则不能计算数值平均数。

不同类型的数据，运用的统计计算方法也不同。例如，对于分类数据，通常计算出各组的频数或频率，计算其众数和异众比率等；对于顺序数据，可以计算其中位数和四分位差；对于数值型数据，还可以用更多的统计方法进行处理，如计算各种统计量、进行参数估计和检验等。不同类型的数据选用的统计方法也不同。例如，研究分类数据和顺序数据的关系时，可以进行频数分析、列联分析等；研究分类数据与数值型数据的关系时，可以用方差分析等；研究数值型数据之间的关系时，可以进行相关分析与回归分析等。

2.1.2 观测数据和试验数据

1. 观测数据

通过调查、观察和观测等手段收集的数据称为观测数据。观测数据是在没有对事物人为控制的条件下，研究人员对调查单位进行观察，并记录感兴趣的变量而获得的数据。有关社会经济现象的统计数据几乎都是观测数据。例如，在微信朋友圈发布一项问卷，收回500份有效问卷，从而可以获得多项观测数据（数据的多少取决于问卷题项的多少和问卷样本量的多少）；在某个高峰时段，记录某个路段汽车行驶通过的时间，可以获得一组行车时间的观测数据；利用颗粒物检测仪连续监测粉尘浓度，可以获得监测气体参数和可吸入颗粒物等多项观测数据。

例 2-1 2023 年年末，某企业对其员工进行基本情况调查，假设该企业有 3 500 名职工，调查题项有性别、学历、工龄、月薪等共 k 个题项，数据结构如表 2-1 所示，表中数据通过调查问卷获得，共获得 $3\,500k$ 个观测数据。其中，性别数据为无序分类数据，学历数据为有序分类数据，工龄数据和月薪数据为数值型数据。

表 2-1 2023 年年末某企业员工基本情况

问卷序号	性别	学历	工龄（年）	月薪（元）	…	题项 k
1	女	本科	10	7 500	…	…
2	男	硕士	6	9 000	…	…
⋮	⋮	⋮	⋮	⋮	⋮	⋮
3 500	男	高中	30	7 800	…	…

2. 试验数据

通过试验手段获得的数据称为试验数据。试验数据是研究人员在试验中控制试验单位（人、目标或事件）而收集到的数据。自然科学领域的数据大多数都为试验数据。例如，科学家为了研究某种新药疗效进行试验，他们挑选了两组试验者，给其中一组试验者的是新药，给另一组试验者的是包装相同但实为维生素的安慰药片，并且对医生和两组试验者保密，不告诉他们服用的是新药还是维生素药片，3 个月后观察两组试验者的各种数据。在这样的试验设计中，通常把第一组称为治疗组，第二组称为对照组，通过试验设计，研究人员在研究的试验单位上施加了严格的控制，从而收集到两组独立的样本试验数据，并从数据中获得更多的信息。

在试验设计中，有时会设计两组相关的样本试验数据来进行研究，统计学中把这样的两个样本称为配对样本。配对样本的两个变量是相关的，因为会对同一对象测两次，前测和后测的结果都有一个对象对应，而且配对样本的两组样本容量必然相同。配对试验对试验对象进行前测与后测，获取前后两组数据，并研究两组有无显著性的差异。

例 2-2　用某种方法抽取 20 位成年女性进行减肥茶的配对试验，分别测量这 20 个人喝减肥茶前的体重和喝减肥茶 2 个月后的体重，获得 20 对配对样本数据，如表 2-2 所示。研究人员可以根据这些配对样本数据，检验成年女性喝减肥茶前后的体重数据有无显著性差异。

表 2-2　减肥茶配对试验中获得的 20 对配对样本数据

样本序号	喝减肥茶前的体重 /kg	喝减肥茶 2 个月后的体重 /kg
1	80	70
2	68	60
⋮	⋮	⋮
20	75	58

观测数据与试验数据的区别如下。

（1）观测数据是指通过直接调查或观测收集的数据，社会经济领域的统计数据基本上都是观测数据。观测数据是为了从收集到的样本中得出有关总体的一些结论。

（2）试验数据是通过对试验对象、试验环境及试验过程进行有效控制而获得的统计数据。这些数据主要用于考察变量之间的因果关系。

2.1.3　截面数据、时间序列数据和面板数据

1. 截面数据

截面数据是指某一总体中的不同个体在相同或近似相同时间上的数据表现，它反映的是在相同时间上同类现象的数量特征在不同空间状态下的差异情况。例如，2023 年上海市各区的生产总值数据就是截面数据。

2. 时间序列数据

时间序列数据是指将同一总体在不同时间上的某一变量数值，按照时间的先后顺序排列而形成的数据序列。例如，将 2000—2023 年上海市的生产总值数据按照时间先后顺序排列，就形成了上海市生产总值时间序列数据。

3. 面板数据

面板数据是指总体中的不同个体在不同时间上的数据表现,是时间序列数据与截面数据的结合。例如,按时间顺序列出2000—2023年上海市各区的生产总值数据,就形成了面板数据。面板数据是一种特殊的数据形式,例如,统计60家公司10年的财务数据,最终会有600(=60×10)行数据,如表2-3所示。

表2-3　60家公司10年的财务数据

公司名称	年份	净利率(%)	现金比率	资产负债率(%)	…	总资产增长率(%)
公司1	2014	25.12	0.15	80.54	…	25.62
公司2	2014	18.43	0.13	84.36	…	20.18
⋮	⋮	⋮	⋮	⋮	⋮	⋮
公司60	2014	30.26	0.14	81.78	…	26.12
公司1	2015	26.47	0.16	83.15	…	23.77
公司2	2015	18.91	0.14	82.36	…	19.76
⋮	⋮	⋮	⋮	⋮	⋮	⋮
公司60	2015	29.12	0.13	82.65	…	24.12
⋮	⋮	⋮	⋮	⋮	⋮	⋮
公司1	2023	24.52	0.14	84.59	…	2.75
公司2	2023	16.11	0.13	83.56	…	2.05
⋮	⋮	⋮	⋮	⋮	⋮	⋮
公司60	2023	20.53	0.14	82.83	…	3.01

2.2　统计数据的收集

统计数据的收集,就是根据统计研究的目的和要求,运用各种科学有效的方式和方法,有组织、有计划地向所研究的总体各单位收集数据的过程。统计数据的收集是整个统计工作的基础阶段,调查所收集的数据质量在很大程度上决定了整个统计工作的质量,因此,统计数据收集的质量对保证和提高统计工作的质量以及进行正确的决策判断有重要的意义。

2.2.1　数据的来源

数据来源主要包括直接来源和间接来源。统计数据的直接来源是指数据来源于直接的调查和科学试验,这种数据称为一手数据;统计数据的间接来源是指数据来源于别人通过调查或试验,并且已经整理过或发表的数据,这种数据称为二手数据。

1. 一手数据

一手数据又称原始数据，是指在自然的、未被控制的条件下，通过观察、观测、调查或试验等手段，直接向总体各单位收集的统计数据。一手数据是为了解决研究者眼前想要研究的问题，根据研究目的由研究人员直接对总体各个单位调查或试验的数据。

一手数据的特点包括：①一手数据可以回答二手数据不能回答的具体问题；②一手数据的收集更加及时和可信，因为研究人员知道它的来源；③一手数据是直接针对个体单位进行收集的，往往是保密的，不轻易公开；④一手数据调查耗时较长，调研成本比较高。例如，一家箱包公司生产两种款式的手包，想要了解女性消费者更喜欢哪一种款式，这一问题只能通过一手数据的收集来回答，即必须让女性消费者亲自试用并对每种款式的颜色、材料和外形进行评价。

2. 二手数据

通过分析二手数据，可以确定研究的具体方向和问题，为后续的数据收集和分析提供基础与指导。二手数据又称间接数据，即来源于各种出版物和各级政府统计网站所公布的统计公报、统计分析报告和各类统计数据库。二手数据包括商业和政府机构、营销研究公司和计算机数据库提供的信息。分析现有的二手数据是定义问题的一个重要步骤，开始收集原始数据之前，必须充分分析二手数据。

二手数据的特点在于，它有助于迅速解决调研人员面临的问题，可以节省时间、降低成本，但由于二手数据不能给出详细的信息来源，所以可靠性比较低。因此，在调查者使用二手数据前需要了解二手数据收集的背景，对二手数据进行甄别，看下是否可用。例如，二手数据是基于什么目的收集的，是什么时候收集的，是用什么方法收集的，以及调查者是如何对信息进行分类的，从而判断这组二手数据是否对本研究问题有用。

2.2.2 数据收集的方法

数据收集的方法是指获取统计数据的渠道或途径。从数据的来源看，常用的方法有直接观测法、试验法、调查法，以及通过数据库、社会公开出版物、互联网等进行收集。直接观测法、试验法、调查法主要用于收集一手数据，而通过数据库、社会公开出版物、互联网主要用于收集二手数据。

1. 一手数据的收集方法

直接观测法是指针对研究目的，对被调查对象进行直接观测，从而获得所需要的数据。直接观测法是获取数据最简单的方法，它的优点是成本相对较低。例如，想要了解一个班级学生的学习情况如何，研究人员可以通过选择一个班级中的样本来收集观测数据，对样本中的每个学生询问其过去一年中的学习情况，以了解整个班级学生的学习情况。

试验法是通过在一定条件下的规模试验，根据试验结果得到想要的数据。这种方法的应用范围比较广泛，很多社会科学领域都在使用。例如，研究人员可以随机地选择学生，用一定的方式将学生分成两组，分别用不同的教学方法进行教学，通过一个学期的教学试验判断两种不同教学方法对成绩是否产生显著性影响。

调查法是通过对调查对象的各个方面进行调查而获取数据。因其成本较低且得到的信息较全面，所以是数据收集最常用的方法，在国内外的社会调查中被广泛使用。调查法要考虑的一个重要方面是回答率的问题。回答率是指调查对象中能做出回答的人所占的百分数。过低的回答率会影响调查的结果。因此，研究人员要提高回答率，提高数据的可靠性，在调查中可以通过面访、电话访问、自填式问卷等方式收集调查数据。

面访是访问者事先准备好一系列调查的提纲或问题，通过提问的方式直接从受访者那里获取数据。面访的优点是回答率比较高，由于当面提问，有问题可以当面解答，所以回答误差也比较小；缺点是成本比较高，当距离比较远的时候面访比较困难。

电话访问是访问者按照事先拟定的问题直接通过电话向受访者提问并期待回答。电话访问的问题比较少且简洁，其优点是成本比较低；缺点是回答率比较低，如果提出的问题受访者不感兴趣，受访者可能会直接挂断电话。

自填式问卷是指研究人员把设计好的问卷发放给受访者，由受访者根据问题自行填写答案的数据收集方法。问卷大多用邮寄、个别分送或集体分发等多种方式发送。一般来讲，问卷中的问题比面访和电话访问中的问题更为详细、完整和易于控制。这种调查的成本比较低，适用于大样本数据调查。但是，由于受访者对问题的理解能力会有偏差，所以回答率比较低，回答误差比较大。

2. 二手数据的收集方法

数据库是按照数据结构来组织、存储和管理数据的仓库，是一个长期存储在计算机内的、有组织的、可共享的、统一管理的大量数据的集合。国家统计局和各地区统计部门都拥有自己的统计数据库，任何一家企业基本都会有自己的数据库，还有一些专门为模型检验、投资研究等提供专业服务的数据平台也提供数据库，在进行数据分析的时候可以直接从数据库中调取企业历年的经营数据。例如，锐思数据库、万得数据库等，这些数据库参照国际通用数据库的设计标准，又结合中国金融市场的实际情况，以实证研究为导向整体设计而成，成为很多科研人员研究的数据来源。

社会公开出版物是指经国家审定的出版单位出版、向社会公开发行的出版物。例如，公开出版的图书、报纸、杂志、专业性的数据刊物、统计年鉴和统计报告等。研究人员可以通过文献检索等方法从中获取想要的数据。

通过互联网收集数据是指利用搜索引擎等工具，从互联网收集想要的数据资料，或者在一些门户网站上直接下载相关的数据，例如，通过直接在网上查找券商行业研究报告，查看招股说明书或公司财报等获取数据。由于越来越多的报纸、杂志、电台等传统媒体在网上发布资讯，还有政府、企业等机构也纷纷上网发布报告，因此互联网成为信息的海洋，信息蕴藏量极其丰富。互联网调查充分利用了互联网的开放、自由、平等、广泛和直接等特性，使得调查具有传统调查手段和方法所不具备的一些独特性优势，即调查的及时性、低成本、交互性、客观和突破时空的限制。因此，通过互联网收集数据也是调查者常用的一种方法。

2.2.3 数据收集的方式

数据收集的方式是指获取数据的组织形式。如果要收集总体中每一个个体的数据，这种调查组织形式就是普查。例如，我国的人口普查，每10年进行一次，会对每个人的个人特征数据进行调查；我国的第三产业普查，也是每10年进行一次。普查耗时耗力，当总体单位数很大时一般难以实施，因此不经常进行。如果研究人员通过一定的抽样技术对总体进行抽样，获取代表性样本的数据，这种调查组织形式就是抽查。抽查既可以节约时间和金钱，又可以用样本的数据去推断总体的数量特征，是一种常用的数据收集方式。因此，在数据收集阶段，要解决的一个关键问题就是如何抽样。抽样的形式可以分为两大类，即随机抽样和非随机抽样。

1. 随机抽样

随机抽样又称概率抽样，是指按照随机原则从总体中抽取样本单位，使得每个总体单位有一定的机会被选入样本，保证样本具有代表性的抽样方式。随机抽样有以下特点。

（1）按照随机原则抽选样本单位。所谓随机原则，是指样本单位的抽取不受任何主观因素及其他系统性因素的影响，总体中的每个单位都有一定的机会被抽选为样本单位。

（2）能用样本的指标数值推断总体指标数值。根据数理统计原理，抽样调查中的样本指标和对应的总体指标之间存在内在联系，而且两者的误差是可以计算出来的，因此提供了用实际调查部分信息对总体数量特征进行推断的科学方法。

（3）抽样误差可以事先计算并加以控制。以样本资料对总体数量特征进行推断，不可避免地会产生代表性误差，但抽样调查的代表性误差是可以根据有关资料事先计算并进行控制的，故可以保证推断结果达到预期的可靠程度。

随机抽样最主要的优点是，由于每个样本单位都是随机抽取的，根据概率论不仅能够用样本统计量对总体参数进行估计，还能计算出抽样误差，从而得到对总体目标变量进行推断的可靠程度。但随机抽样比较复杂，对调查人员的专业技术要求高，调查中需要确定抽样框，也就是确定抽样单位的名单，而构建和维护一个高质量的抽样框费用很高，抽样单位可能非常分散，而且不能轻易更换样本单位，这就增加了调查成本。

2. 非随机抽样

非随机抽样又称非概率抽样，是指抽取样本的时候不按照随机原则，而是按照研究人员的专业知识、经验、态度或其他条件来抽取样本的抽样方式。

非随机抽样获得的样本，一般不能应用推断统计的方法进行分析。只有当以下几种情况出现时，才使用非随机抽样：①严格的概率抽样几乎无法进行；②调查目的仅是对问题的初步探索或提出假设；③调查对象不确定或根本无法确定；④总体各单位间离散程度不大，并且调查人员有丰富的调查经验。

2.3 抽样技术

2.3.1 随机抽样技术

常用的随机抽样技术主要有简单随机抽样、分层抽样、系统抽样、整群抽样和多阶段抽样。在具体的抽样调查中,可根据调查对象的特点,单独使用其中一种技术,也可以多种技术结合使用。

1. 简单随机抽样

简单随机抽样又称纯随机抽样,是指在进行抽样时,对总体不经过任何形式的处理,不进行排队或分类,按照随机原则从总体中抽取样本单位的抽样方式。简单随机抽样是抽样中最基本也最单纯的形式,适用于总体单位数不是太多的均匀总体,即具有某种特征的单位均匀地分布于总体的各个部分,使总体的各个部分都是同分布的。

简单随机抽样的取样方法主要有四种。

(1)直接抽选法。这种方法是指直接从调查对象中随机抽选。例如,从仓库中存放的所有同类产品中随机指定若干件产品进行质量检验;从粮食仓库中不同的地点随机取出若干粮食样本进行含杂量、含水量的检验;等等。

(2)抽签法。先将总体的各个单位按照某种自然的顺序编上号码并做成号签,再把号签掺合起来,任意抽取所需单位数,然后按照抽中的号码取得对应的调查单位加以登记调查。所谓摇奖机,就是基于这样的原理。

(3)随机数表法。随机数表是指含有一系列随机数字的表格。这种表格的编制,既可以借助电子计算机产生,也可以采用数码机产生或自己编制。表中数字的出现及其排列是随机形成的。查随机数表时,可以竖查、横查、顺查、逆查;可以用每组数字左边的头几位数,也可以用其右边的后几位数,还可以用中间的某几位数。这些都需要事先完全确定好。但一经决定采用某一种具体做法,就必须保证对整个样本的抽取完全遵从统一规则。

表 2-4 是从随机数码表中截取的一部分数字组成的表。

表 2-4 随机数码表

编号	1	2	3	4	5	6	7	8	9	10	11	12	13	14	15
1	03	47	43	73	86	36	96	47	36	61	46	93	63	71	62
2	97	74	24	67	62	42	81	14	57	20	42	53	32	37	32
3	16	76	62	27	66	56	50	26	71	07	32	90	79	78	53
4	12	56	85	99	26	96	96	63	27	31	05	03	72	93	15
5	55	59	56	35	64	38	54	82	46	22	31	62	43	09	90
6	33	26	18	80	45	60	11	14	10	95	16	22	77	94	39

(续)

编号	1	2	3	4	5	6	7	8	9	10	11	12	13	14	15
7	27	07	36	07	51	24	51	79	89	73	84	42	17	53	31
8	13	55	38	58	59	88	97	54	14	10	63	01	63	78	59
9	57	12	10	14	21	23	83	01	30	30	57	60	86	32	44
10	49	54	43	54	82	17	37	93	23	78	87	35	20	96	43
11	57	24	55	06	88	77	04	74	47	67	21	76	33	50	25
12	16	95	55	67	19	98	10	50	71	75	12	86	73	58	07
13	33	21	12	34	29	78	64	56	07	82	52	42	07	44	38
14	09	47	27	96	54	49	17	46	09	62	90	52	84	77	27
15	84	26	34	91	64	18	18	07	92	45	44	17	16	58	09
16	83	92	12	06	76	26	62	38	97	75	84	16	07	44	99
17	44	39	52	38	79	23	42	40	64	74	82	97	77	77	81
18	99	66	02	79	54	52	36	28	19	95	50	92	26	11	97

假如要从 1 000 名新生中抽取 50 名学生，可以先将这 1 000 名学生从 0 至 999 进行编号，然后从表格中任意一个数字开始向任何一个方向摘录数字，以 3 位数为一个编号（如果总体编号取到的是 4 位数，则应以 4 位为一个编号），共选 50 个编号。现在我们从表 2-4 随机数码表的第 6 行第 2 列开始选取 3 位数，依次向下数：261、073、553、121、544、245、955、211…，共选 50 个号码。这 50 个号码所对应的每名学生就是一个样本。

（4）计算机取随机数法。当总体单位数很大时，用上述方法有一定的困难，这时可以利用计算机的某些程序语言产生随机数。一些常用的统计软件，如 SPSS、SAS 等，都可以产生随机数。

2. 分层抽样

分层抽样又称分类抽样，是将总体单位按照某个变量分成不同类型的组，然后在各组中随机抽取样本单位。实际上它是将总体先进行分组（或分类），然后再在各组（或各类）中进行简单随机抽样。例如，在一所大学抽取学生进行调查时，可以先把总体分为男生和女生两大类，然后采用简单随机抽样技术，分别从男生和女生中各抽取 100 名学生。这样，由这 200 名学生所构成的就是一个由分层抽样所得到的样本。

设总体中的 N 个单位可以划分为 k 类，第 $i(i=1,2,\cdots,k)$ 类包含 N_i 个单位，因此，$N = N_1 + N_2 + \cdots + N_k = \sum N_i$。从第 i 类中随机抽取 n_i 个单位，则从 k 类中一共抽取了 $n = n_1 + n_2 + \cdots + n_k = \sum n_i$ 个单位，n 就是样本容量。

分层抽样按照确定各组单位数的方法的不同，分为等比例分层抽样和不等比例分层抽样。

（1）等比例分层抽样。它是按照统一的比例来确定各组的样本单位数，也就是抽取的各类单位数占该类总体单位数的比重是相等的，即

$$\frac{n_1}{N_1} = \frac{n_2}{N_2} = \cdots = \frac{n_k}{N_k} = \frac{n}{N}$$

等比例分层抽样确定各组的单位数的公式如下：

$$n_i = N_i \cdot \frac{n}{N} = n \cdot \frac{N_i}{N}$$

这种方式因考虑了各类单位数的比重大小的不同影响，从而使样本单位能合理地分配于总体之中，因此较简单随机抽样有更好的抽样效果。

（2）不等比例分层抽样。它是指各类所抽选的单位数按各类变量的变动程度来确定，变动程度大的多抽选一些单位，变动程度小的少抽选一些单位，没有统一的比例关系。

在实际工作中，由于事先很难了解各类变量的变异程度，因此，大多数分层抽样采用等比例分层抽样法。

3. 系统抽样

系统抽样又称等距抽样，它先将总体单位按一定的顺序排列，根据总体单位数和样本单位数计算出抽选间隔，也即距离，用 k 表示，$k=N/n$，然后按照此距离抽选样本。例如，从 1 000 名职工中抽选 20 名（即按 2% 的比例抽选）进行调查，那么抽选间隔为 50（=1 000÷20），即将全体职工按一定顺序排列后，从每 50 名职工中抽取 1 名进行调查。它是最容易的一种抽样组织方式，并且其抽样误差小于纯随机抽样，故在实际工作中被广泛采用。

等距抽样按样本单位抽选的方法不同，分为随机起点等距抽样、半距起点等距抽样和对称等距抽样。

（1）随机起点等距抽样。在前 k 个单位中按随机原则抽取第一个单位，以后每隔 k 个单位再抽取另外的样本单位。如果第一次抽取的单位为第 i 号单位，则第 2 次抽取的单位为第 $i+k$ 号单位，第 3 次抽取的单位为第 $i+2k$ 号单位，依此类推，第 n 次抽取的单位为第 $i+(n-1)k$ 号单位。

当总体的排队顺序与研究变量无关时，随机起点等距抽样是适用的。但当总体的排队顺序与研究变量有关时，随机起点等距抽样则不适用，因为容易产生系统性的偏差。例如，假设第一个单位在前 k 个单位中的变量值是偏高的，则后面选取的单位在以后各组中的变量值也是偏高的，从而引起样本平均数的偏高，以此推断总体平均数肯定是偏高的。

（2）半距起点等距抽样。它是将总体单位排列后，让第一个样本单位位于前 k 个单位的中间位置，以后再每隔 k 个单位选取其他的样本单位，也即每个样本单位都选在各组的

中点。

无论总体的排列顺序与研究变量是否有关，都可以采用这种方法，长期以来它在大规模社会经济调查中被广泛运用。这种方法的缺点是随机性不明显，当总体排列确定、样本容量确定时，则样本单位也随之确定了。此外，只能抽取一个样本，不能进行样本轮换，抽样框的利用率太低。

（3）对称等距抽样。首先在第一组中随机抽取一个样本单位，假设顺序号为 i，在第二组与第一个样本单位对称的位置抽取第二个样本单位，顺序号为 $2k-i$。在第三组与第二组样本单位对称的位置抽取第三个样本单位，顺序号为 $2k+i$。依次抽取后面的样本单位，顺序号依次为 $4k-i, 4k+i, 6k-i, 6k+i, \cdots$。这种方法保留了半距起点等距抽样的优点，又避免了它的缺点，具有随机性，样本可轮换，是一种较好的方法。

等距抽样的最主要优点是简便易行，并且当对总体结构有一定了解时，充分利用已有信息对总体单位进行排队后再抽样，则可提高抽样效率。

4. 整群抽样

整群抽样又称群体抽样。这种抽样技术是先将总体分为若干群或组，然后以群作为抽样单位，从中随机抽取一些群，对中选群内的所有单位进行全面调查。例如，检验产品质量时，每隔 1h 抽出 5min 内生产的全部产品来检验。又如，调查农民家庭经济情况时，用简单随机抽样的方法抽选村，对抽中村的所有农户全部进行调查。整群抽样与前三种抽样技术有较大不同，前三种技术均属个体抽样，整群抽样的抽样单位不是单个个体，而是由总体单位组成的群。整群抽样与分层抽样相比，虽然两者都是将总体划分为多个组，但划分组的作用却不同。分层抽样划分的组称为"类"，分类的作用使得每个组的组内方差尽量的小，抽取的样本仍是总体单位；整群抽样划分的组称为"群"，分群的作用却是要扩大群内方差，抽取的样本是群。

整群抽样的优点是编制名单和抽选工作较为集中、省力、方便，确定一个群就可以抽出许多单位进行观察。但是，正因为以群为单位进行抽选，抽选单位比较集中，显著地影响了在总体中各单位分布的均匀性，因此，整群抽样和其他抽样技术相比，在抽样单位数相同的条件下，抽样误差较大，代表性较低。为此，在统计工作实践中采用整群抽样时，一般都要比其他抽样技术抽选更多的单位，借以降低抽样误差，提高抽样结果的准确度。

5. 多阶段抽样

以上介绍的四种抽样技术都是只经过一次抽选就可确定样本单位，属于单阶段抽样，在调查范围较小、调查单位比较集中时可采用单阶段抽样。但如果调查单位很多、分布面很广，难以从总体中直接抽取样本单位，就必须采用多阶段抽样。多阶段抽样是把抽取样本单位的过程分成两个或更多阶段进行，即先从总体中抽选若干大的样本单位，也称第一阶段单位；然后从被抽中的这些大的样本单位中再抽选较小的样本单位，也称第二阶段单位；依此类推，直到最后抽出最终样本单位。如果第二阶段单位是最终样本单位，这就是二阶段抽样；如果第三阶段单位是最终样本单位，这就是三阶段抽样。若对农民生活水平进行调查，可以按省、(市)县、乡、村、户进行多阶段抽样。

多阶段抽样具有整群抽样简单易行的优点，它保证了样本相对集中，从而节约了大量的调查费用。由于不需要包含所有低阶段抽样单位的抽样框（抽样单位的名单），所以便于实施抽样工作，在调查单位分布范围比较广、调查规模比较大时，经常采用多阶段抽样。

2.3.2　非随机抽样技术

研究者并不总是用到最有论证力的随机抽样技术，在某些场合下，会使用非随机抽样技术。常用的非随机抽样技术主要有方便抽样、判断抽样、自愿样本、配额抽样和滚雪球抽样。

1. 方便抽样

方便抽样又称随意抽样、偶遇抽样，是为了某一研究目的而由调查者在特定的时间和地点，随意选择回答者的非随机抽样技术。也就是说，研究者所选择的样本单位是"便于选择"的，调查过程中由调查者依据方便的原则，自行确定抽选样本的单位。这种抽样技术适用于对一些特殊情况的调查，例如，在一些突发性事件（违章驾车、骚乱、聚众闹事等）中，通过在当场抽取样本询问当事者、目击者、旁观者和过往的行人，可以了解事件发生的经过、原因，以及他们对事件的看法和态度。

方便抽样的优点是容易实施，调查的成本低；缺点是由于样本单位的确定带有随意性，方便样本无法代表有明确意义的总体，所以由方便样本的数据无法推断总体的特征。因此，如果研究的目的是对总体的相关参数进行推断，使用方便抽样不合适。但在科学研究中，使用方便样本可以产生一些想法和对研究内容的初步认识，或者建立假设。

2. 判断抽样

判断抽样是指研究人员根据经验、推断和对研究对象的了解，有目的地选择一些单位作为样本，因此又称目的抽样。判断抽样是主观的，样本选择的好坏取决于调研者的经验、专业程度和创造性，根据实施时的不同目的，有重点抽样、典型抽样等方式。

（1）重点抽样。它是指在所调查的对象中，选择一部分少数重点单位进行调查。重点抽样的关键是选择好重点单位，这些重点单位虽然只是总体中的少数部分，但就调查的变量值来说，却在总量中占很大比重，目的是了解总体的基本情况。重点单位可以是一些企业、部门，也可以是一些地区、城市等。例如，要了解我国船舶工业的基本情况，只要对全国最大的几家造船企业进行调查，就能掌握我国船舶工业的基本情况。

（2）典型抽样。它是根据调查研究的目的和要求，在对调查对象进行全面分析的基础上，有意识地选择若干典型单位进行深入调研，目的是通过典型单位来描述或揭示所研究问题的本质和发展规律。因此，典型抽样的关键在于选择好典型单位。选择典型单位必须以调查目的和调查研究对象的情况为根据。如果调查目的是了解总体的一般情况，可以选择中等的单位；如果调查目的是总结经验教训，可以选择最先进的单位和最落后的单位；如果调查目的是研究新情况、新问题，可以选择出现这些苗头的单位；如果调查目的是研究事物发展的过程和规律，就要选择发展形态完整的单位；如果调查目的是近似地估计、推算总体的数值，就要把总体划分为若干类型，然后在每一类型中选择有代表性的单位进行调查。

判断抽样适用于调查者对总体情况比较了解，同时又能比较准确地选择有代表性典型单位的情况。判断抽样的操作成本低，方便快捷，因此它在商业性调研中较多被使用。但该类抽样结果受研究人员的倾向性影响大，一旦主观判断偏差较大，抽样误差就较大，从而不能直接对调查总体进行推断。因此，要充分发挥判断抽样的积极作用，对总体的基本特征必须相当清楚，做到心中有数。这样才可能使所选定的样本具有代表性、典型性，从而透过对所选样本的调查研究，了解、掌握总体情况。

3. 自愿样本

自愿样本是指被调查者自愿成为样本中的一分子，向调查人员提供有关信息。例如，乘客自愿参与飞机上的问卷调查；人们在微信朋友圈自愿填写问卷；观众向某类节目拨打热线电话，等等，这些都属于自愿样本。自愿样本与抽样的随机性无关，样本的组成往往集中于某类特定的人群，尤其集中于对该调查活动感兴趣的人群，因此，这种样本是有偏的。我们不能依据样本的信息对总体状况进行估计，但自愿样本仍可以给研究人员提供许多有价值的信息，它可以反映某类群体的一般看法。

自愿样本集中于某些特定的群体，只有能够接触到调查问卷的群体才有机会参与调查，所以这类调查的样本结构具有独特性，通常会与总体结构有差距，因而调查结果不能反映总体状况。但这种自愿参与性的调查组织方便、成本低廉，而且参与者大多是调查内容的关心者，调查人员能够了解这个特定群体的意见和看法，这对于了解情况、分析问题、查找原因都是十分重要的信息。

4. 配额抽样

配额抽样又称定额抽样，是指调查人员先将调查总体按某个变量进行分类，分配各类的样本数额，然后在各类中按照配额数目进行方便抽样或判断抽样的抽样技术。例如，某学院的男女生比例为3∶7，那么研究人员会让其样本的男女比例也是3∶7，若抽200名学生，则男生抽取60名，女生抽取140名。

配额抽样和分层抽样相似，都是事先对总体中所有单位按某一变量进行分类，例如，市场调查中消费者按性别、收入或文化程度等进行分类。但不同的是，分层抽样中各层的子样本是随机抽取的，完全排除主观因素，是客观地、等概率地在各层中进行抽样；而配额抽样中各类的子样本是非随机抽取的，它在各类中按配额数目主观判断选定样本。

尽管如此，由于配额抽样的样本结构与总体结构比较类似，因此在市场调研中有广泛的应用。

5. 滚雪球抽样

滚雪球抽样又称裙带抽样、推荐抽样，是指先随机选择若干具有所需特征的人作为最初的调查对象，再请他们提供另外一些属于研究总体的调查对象，根据所提供的线索选择此后的调查对象，依此类推，样本如同滚雪球般由小变大，形成滚雪球效应。滚雪球抽样往往适用于对稀少群体的调查，第一批被访者是采用概率抽样得来的，之后的被访者都属于非概率抽样，此类被访者彼此之间较为相似。例如，对爵士舞爱好者进行调查，首先随机找到若干爵士舞爱好者，然后通过他们可以找到更多的爵士舞爱好者。

滚雪球抽样的成本比较低，然而这种成本的节约是以调查质量的降低为代价的。整个样本很可能出现偏差，因为那些个体的名单来源于那些最初被调查过的人，而他们之间可能十分相似，因此，样本的代表性可能不是很好。但是，在特定总体的成员难以找到时，滚雪球抽样是最适合的一种抽样方式，譬如针对无家可归者、流动劳工及非法移民等获取样本就十分适用。

2.3.3 随机抽样与非随机抽样的比较

随机抽样与非随机抽样是性质不同的两种抽样技术，在调查中采用哪种抽样技术取决于很多因素，例如，调查的目的、调查的经费、调查对象的特征、调查的时间等。随机抽样与非随机抽样的比较如表2-5所示。

表2-5 随机抽样与非随机抽样的比较

抽样方式	抽样原则	抽样误差	特点	作用
随机抽样	随机抽取样本，客观性强	误差可以计算与控制	抽样推断科学规范，但是费时、成本高、不够灵活方便	可以由样本数据推断总体特征
非随机抽样	非随机抽取样本，主观性强	误差不能计算与控制	操作简便、快速、成本低，抽样技术要求不高	研究总体的局部现象，不能推断总体

有时在一个研究项目中，也可以把随机抽样与非随机抽样相结合，发挥各自的优势，满足研究中的不同需求。

由于大多数的统计推断是建立在随机抽样的基础上进行的，所以本书后面在对统计方法的阐述中，均假定样本来自随机抽样。

■ 思考题

1. 统计数据可分为哪几种类型？分类数据、顺序数据和数值型数据各有什么特点？
2. 举例说明统计数据和变量的区别。

3. 判断以下数据的类型,以某高校教师数据为例。
   (1) 教师的职称数据　　　　　(4) 教师的工资数据
   (2) 教师的性别数据　　　　　(5) 教师所在的学院数据
   (3) 教师的年龄数据　　　　　(6) 教师的学科方向数据
4. 统计数据的主要来源是什么?
5. 数据收集的方法有哪些?
6. 常用的随机抽样技术有哪几种?常用的非随机抽样技术有哪几种?
7. 简述配额抽样与分层抽样的区别。

第3章

数据可视化

在数据可视化领域,"一图胜千言"的说法被广为流传,通过查阅资料发现,这句话早期主要出现在传媒行业。从字面上看,这句话的意思是,一张图片有时比起详细的解释能更好地说明一个概念或主题。在当下的数据可视化领域,我们常常会把"千言"从文字范畴延伸到数据范畴。因此,这句话的意思就可以被理解为,图形化的展示往往能比数据本身更直观地展现数据的规律或价值。下面我们通过一个例子来进一步说明。

例 3-1 表 3-1 列示的是某公司的产品月度销售数据,你能从中找出什么规律吗?

表 3-1 某公司的产品月度销售数据

年份	月份											
	1	2	3	4	5	6	7	8	9	10	11	12
2009	7.01	8.09	10.01	10.3	10.58	11.51	14.03	16.1	13.52	11.45	8.82	9.13
2010	7.85	9.06	11.2	11.48	11.86	12.84	15.49	17.88	14.98	12.77	9.73	10.11
2011	8.67	10.01	12.32	12.77	13.05	14.26	17.16	19.6	16.47	14.01	10.71	11.07
2012	9.55	10.99	13.49	13.89	14.33	15.49	18.78	21.46	17.95	15.23	11.67	12.06
2013	10.34	11.94	14.7	15.13	15.47	16.82	20.37	23.31	19.54	16.51	12.62	13.05
2014	11.21	12.89	15.9	16.29	16.75	18.14	21.88	24.98	21.04	17.71	13.58	13.98
2015	12.08	13.89	17.03	17.45	17.93	19.45	23.48	26.87	22.46	19	14.57	15.01
2016	12.89	14.79	18.22	18.72	19.14	20.82	25.06	28.69	23.93	20.28	15.51	16.02
2017	13.72	15.74	19.43	19.87	20.36	22.08	26.63	30.41	25.47	21.55	16.5	17
2018	14.6	16.73	20.58	21.06	21.61	23.43	28.3	32.22	27.06	22.83	17.43	17.95
2019	15.4	17.66	21.72	22.28	22.86	24.67	29.86	34.12	28.55	24.1	18.36	18.92
2020	16.27	18.65	22.97	23.51	24.09	26.04	31.39	35.89	30.01	25.3	19.38	19.91
2021	17.04	19.58	24.1	24.75	25.27	27.41	33.02	37.69	31.56	26.56	20.35	20.89
2022	17.94	20.57	25.25	25.83	26.52	28.7	34.67	39.55	32.96	27.86	21.28	21.89
2023	18.73	21.51	26.47	27.08	27.76	30.03	36.24	41.29	34.52	29.09	22.23	22.9

如果直接用观察法来寻找该公司的销售规律，确实有些难度，但是如果用可视化的方法进行图形展示，那么这件事情会变得容易一些。

我们借助数据可视化工具，将上述数据绘制为热图（heat map），如图 3-1 所示。在这张图中，右侧条状图形是色标，用来表示颜色与数值之间的关系。可以看出，颜色越深，对应数据的数值就越大。图的左侧就是将这种数值与颜色的对应关系展现在每个数据单元格的填充色上。因此我们可以很轻松地得出两个规律：①从总体上看，每年的对应月份同比销售额是递增的；②每年的销售旺季集中在 7 月、8 月和 9 月这三个月份上。

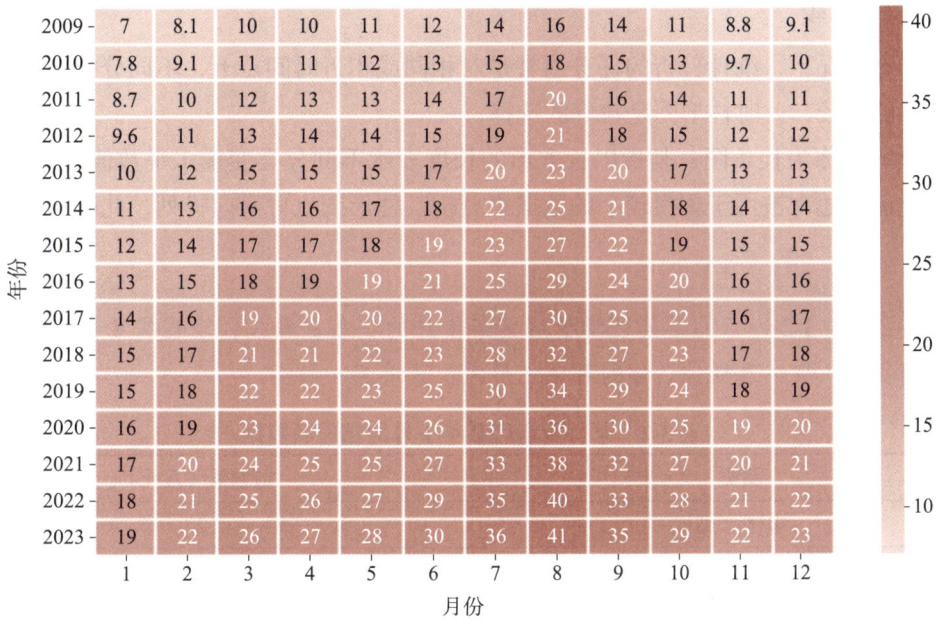

图3-1　某公司的产品月度销售数据热图

定义 3-1　数据可视化是指运用图形化手段，清晰有效地传递数据信息。在这个定义中，需要强调的是，图形化只是手段和方式，"清晰有效地传递数据信息"才是数据可视化的关键。

随着信息化技术的发展，目前具有数据可视化功能的工具有很多，如果将这些工具按照相应工作需要代码的比例来划分，可以分为低代码（或无代码）工具和高代码工具，其中低代码工具包括 Excel、SPSS、Tableau 等；高代码工具包括 Python、R、MATLAB 等。

3.1　数据可视化的形式

数据可视化的形式有很多，我们可以按照数据类型、数据维度、统计分析目标等标准对数据可视化的形式进行划分。下面我们将以统计分析目标为标准，逐一介绍各类别中的部分重要可视化形式。

3.1.1 比较

在统计分析中，我们经常需要对数据进行分组比较，以此为统计决策提供依据。比较又分为静态比较和动态比较，其中，静态比较是指对相同或相近时间点的数据进行比较；动态比较往往是指在不同时间点上进行比较，通常需要比较两组或两组以上数据的趋势。

1. 静态比较

在静态情况下，统计分析的任务通常是对相同或相近时间点上，不同分类变量水平下数值变量的比较，此时柱形图是较好的选择。

柱形图又称为长条图，是指以长方形的长度表示不同分类变量水平数值的统计图形。该可视化形式通常被用于规模较小的数据集分析。柱形图也可横向排列，此时通常被称为条形图。

例 3-2　表 3-2 列示的是某百货商店某年 1 月的销售额数据，现在需要比较不同品类商品的销售额，应该选择什么样的可视化形式？又该怎么做？

表 3-2　某百货商店某年 1 月的销售额数据

品类	销售额（万元）
电子产品	127
食品	101
服装	83

分析：在这个数据中有两个变量，一个是分类变量（品类），另一个是数值变量（销售额）。为了比较不同品类的销售额，可以选择柱形图或条形图。

柱形图操作流程（Excel 2016）：

全选数据→单击菜单"插入"→单击"插入柱形图或者条形图"（见图 3-2）→单击"二维柱形图"→单击"簇状柱形图"

柱形图及其图表元素如图 3-3 所示。

图3-2　"插入"菜单中的"插入柱形图或者条形图"

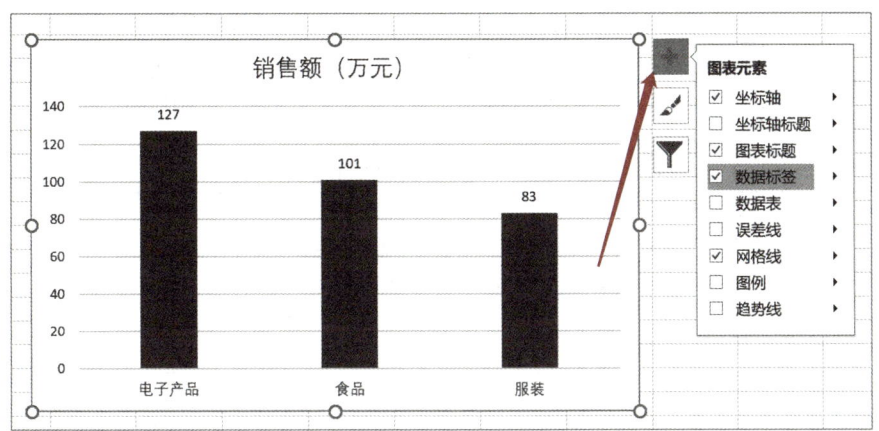

图3-3　柱形图及其图表元素

条形图操作流程（Excel 2016）：

全选数据→单击菜单"插入"→单击"插入柱形图或者条形图"（见图3-2）→单击"二维条形图"→单击"簇状条形图"

条形图及其图表元素如图3-4所示。

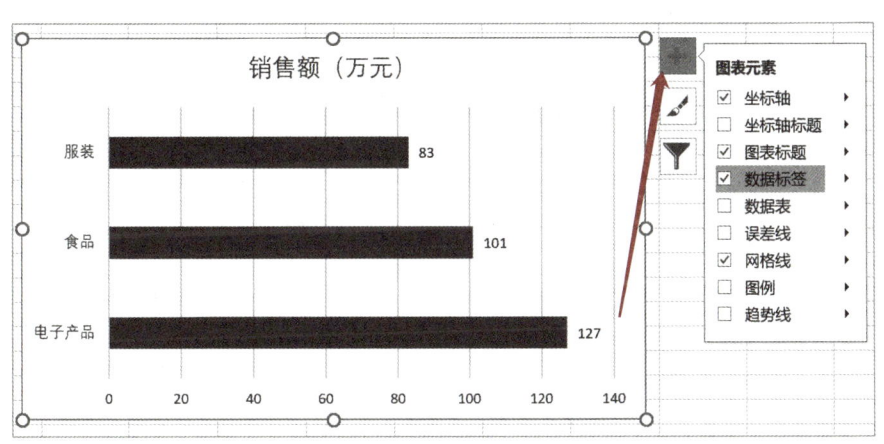

图3-4　条形图及其图表元素

从柱形图和条形图中我们可以清晰地发现，电子产品的销售额要远高于其他品类的商品。

2. 动态比较

在动态情况下，统计分析的任务通常是对不同时间点上数值变量的比较。在这种情形下，折线图是较好的选择。折线图的横轴通常代表时间（如月、季、年），纵轴则是对应时间点的数值。

例 3-3　表 3-3 列示的是两家百货商店 2022 年和 2023 年的月度销售额数据，现在需要比较两者的销售额，应该选择什么样的可视化形式？又该怎么做？

表 3-3　两家百货商店 2022 年和 2023 年的月度销售额数据　　（单位：万元）

时间	百货商店 A 销售额	百货商店 B 销售额	时间	百货商店 A 销售额	百货商店 B 销售额
2022 年 1 月	196.38	226.90	2023 年 1 月	190.17	189.00
2022 年 2 月	199.06	239.06	2023 年 2 月	206.71	238.12
2022 年 3 月	159.66	162.27	2023 年 3 月	208.47	239.37
2022 年 4 月	122.40	92.67	2023 年 4 月	156.16	169.60
2022 年 5 月	113.06	85.56	2023 年 5 月	130.41	79.58
2022 年 6 月	161.33	140.53	2023 年 6 月	139.16	145.89
2022 年 7 月	177.42	247.00	2023 年 7 月	157.75	168.82
2022 年 8 月	212.94	275.09	2023 年 8 月	216.90	274.85
2022 年 9 月	168.57	217.03	2023 年 9 月	196.83	229.08
2022 年 10 月	128.36	131.90	2023 年 10 月	188.62	203.39
2022 年 11 月	116.23	117.91	2023 年 11 月	129.68	122.84
2022 年 12 月	158.26	155.38	2023 年 12 月	130.37	140.76

分析： 这显然是一个动态问题，我们可以选择折线图来进行比较分析。

折线图操作流程（Excel 2016）：

全选数据→单击菜单"插入"→单击"插入折线图或者面积图"（见图 3-5）→单击"二维折线图"→单击"折线图"

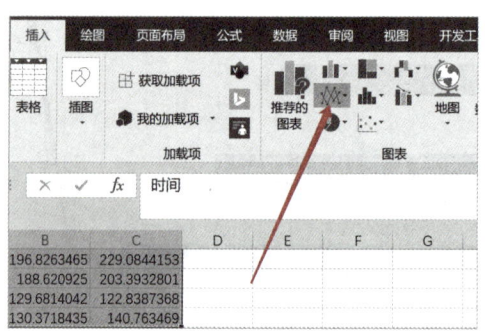

图3-5　"插入"菜单中的"插入折线图或者面积图"

这两家百货商店 2022 年和 2023 年的月度销售额折线图如图 3-6 所示。

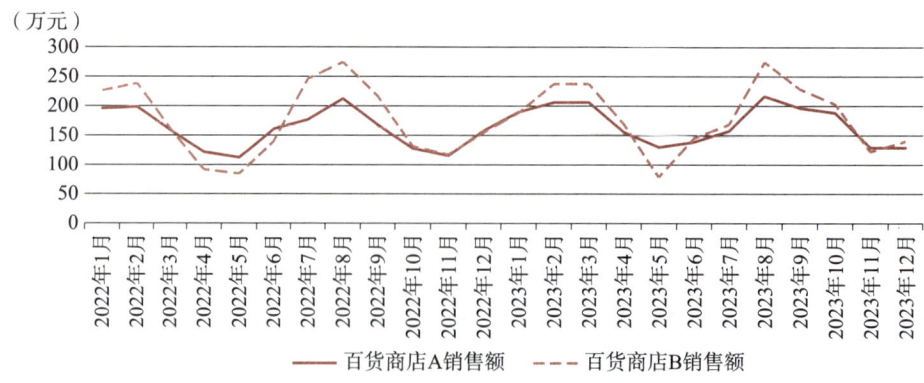

图3-6　两家百货商店2022年和2023年的月度销售额折线图

从折线图中我们可以得到一些有价值的信息：①百货商店 B 销售额的离散程度要比百货商店 A 更大，也就是说百货商店 B 的峰值更高，谷值更低；②两家百货商店的销售额都存在一定程度的季节性特征，即 2 月、8 月的销售额较高，但 5 月、11 月的销售额较低。

3.1.2 分布

获得数值型数据之后，通常需要先行了解数据的分布，这将有助于我们初步把握数据的特征，为开展下一步的研究奠定基础。

1. 一维分布

面对一个变量时，我们可以选择直方图和箱线图来呈现数据分布。直方图是数值型数据分布的图形表示，其横轴表示每个组的区间，纵轴表示频数，每个矩形的高代表各组对应的频数。

直方图和柱形图的区别如下。①意义不同，直方图呈现的是数据的分布，而柱形图呈现的则是数据的大小。②横轴作用不同，直方图的横轴表示数值型数据，柱形图的横轴表示分类数据。因此直方图中的矩形无法相互调换位置，而柱形图中的矩形排列与位置顺序无关。③矩形的形态不同，直方图上的矩形宽度是可以不一样的，这依赖于每组的组距。换言之，直方图的矩形宽度是有数值意义的，而柱形图的矩形宽度是一致的，并没有明确的数值意义。

例 3-4 表 3-4 列示的是某电商平台客户单次消费金额（客单价）数据，请选择合适的可视化形式，描述客单价数据的分布。

表 3-4　某电商平台客单价数据

序号	客单价（元）
1	394
2	540
3	427
4	423
5	526
6	522
⋮	⋮

分析：由于这里只有一个数值变量，因此可以考虑用直方图来呈现数据分布。

直方图操作流程（Excel 2016）：

全选数据（变量：客单价）→单击菜单"插入"→单击"插入统计图表"（见图 3-7）→单击"直方图"

图3-7 "插入"菜单中的"插入统计图表"

某电商平台客单价直方图如图 3-8 所示。

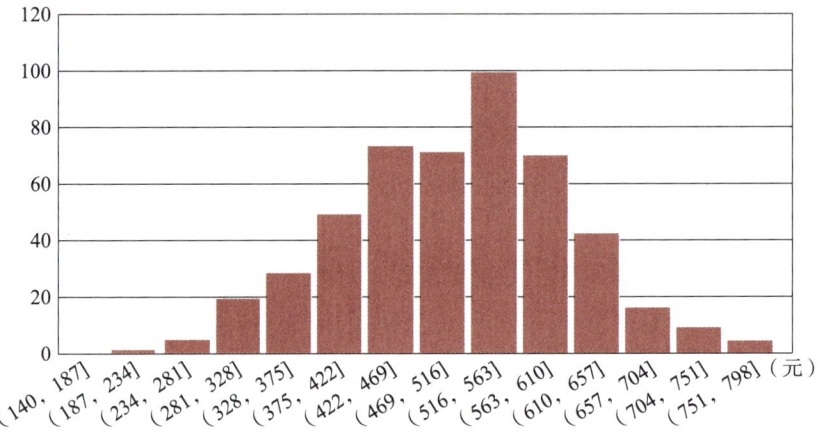

图3-8 某电商平台客单价直方图

从直方图中我们可以大致判断出,客单价的分布总体上是对称的,呈现出单峰形态,大部分的客单价集中在 234~751 元,少部分客单价低至 140 元左右。

箱线图操作流程(Excel 2016):

全选数据(变量:客单价)→单击菜单"插入"→单击"插入统计图表"(见图 3-7)→单击"箱线图"

图 3-9 是某电商平台客单价箱线图。

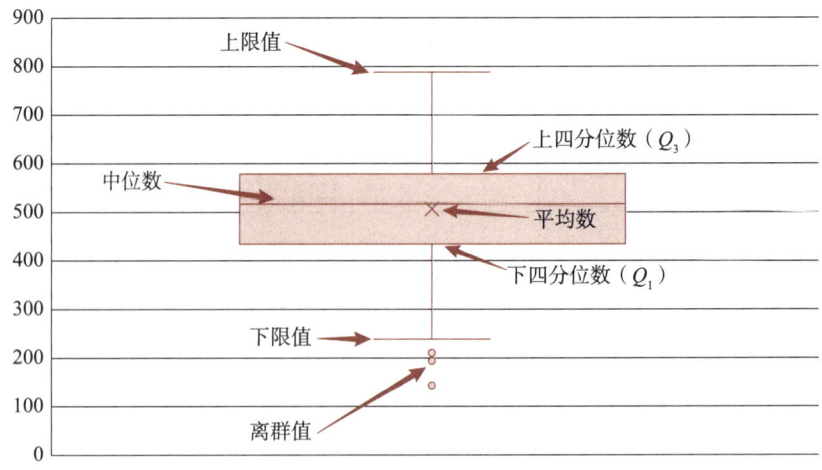

图3-9 某电商平台客单价箱线图

箱线图表达的分布信息与直方图是类似的。直方图的形态更为直观，箱线图则在数值上更为准确。箱线图中的箱体上边为 Q_3（上四分位数），下边为 Q_1（下四分位数），这两条边中间覆盖了 50% 的数据（见图 3-9）。如果这个箱体的高度越小，则 Q_1 与 Q_3 的数值越接近，那么就意味着中间的数据越集中；反之，则越分散。此外，箱线图还会给出离群值，离群值一般定义为大于 $Q_3 + 1.5 \times (Q_3 - Q_1)$ 的值，或者小于 $Q_1 - 1.5 \times (Q_3 - Q_1)$ 的值。上限值和下限值则分别为去除离群值之后的最大值和最小值。

2. 二维分布

当数据是二维数据，即有两个数值变量时，我们就无法用直方图来描述分布了。此时，二维密度图就是不错的选择。图 3-10 是由 Python 中的 Seaborn 库 jointplot 函数绘制的二维密度图。图 3-10a 是数据的散点图，也就是将两个变量的数据以点的形式，逐一落在二维平面上。图 3-10a 的上方和右侧分别是两个变量的一维直方图，刻画一维分布。图 3-10b 是其密度图形式，中间的密度图颜色越深，意味着个案的频数越高；反之，则频数越低。图 3-10b 的上方和右侧则用密度曲线替代了直方图。

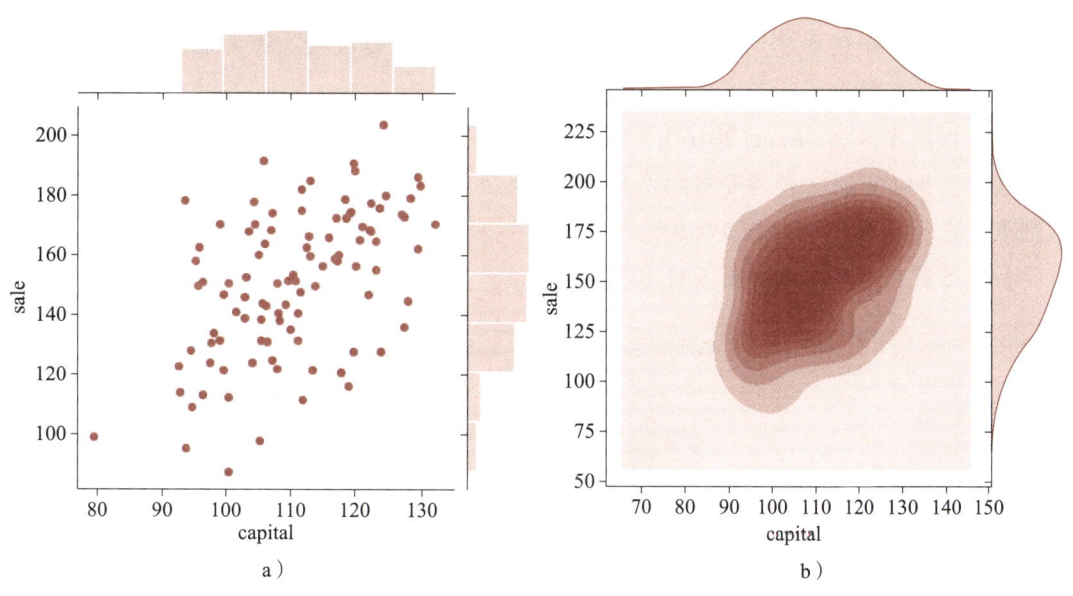

图3-10 二维密度图示例

3.1.3 关系

在统计分析中，有时需要对数据中变量之间的关系进行探索。当变量都是数值变量时，我们通常会依据不同的变量数，选择散点图或气泡图进行数据可视化。

散点图就是由一些分散点组成的图形，这些点的位置（横纵坐标）分别由两个数值变量的值来确定。

气泡图是用于展示三个数值变量之间关系的图形,它是在散点图的基础上增加一个维度,即用散点大小表示第三个维度上数值的大小。

例 3-5 表 3-5 列示的是不同地区的"林业用地面积""人均可支配收入""财政收入"数据,请选择数据可视化形式呈现"人均可支配收入"与"财政收入"的关系,并进一步用可视化的方式呈现三个变量。

表 3-5 不同地区的林业用地面积、人均可支配收入、财政收入

地区	林业用地面积	人均可支配收入	财政收入
A1	0.023 804 391	1	0.424 323
A2	0.004 531 947	0.631 592 592	0.148 803
A3	0.172 396 242	0.390 817 179	0.296 077
A4	0.174 976 718	0.363 136 216	0.177 700
A5	1	0.453 625 025	0.158 714
⋮	⋮	⋮	⋮

注:数据经过处理(忽略单位)。

分析: 第一个任务是呈现"人均可支配收入"与"财政收入"的关系,两者都是数值变量,因此选择散点图就可以了。

散点图操作流程(Excel 2016):

全选数据(变量:"人均可支配收入"和"财政收入")→单击菜单"插入"→单击"插入散点图或气泡图"→单击"散点图"

散点图及其图表元素如图 3-11 所示。

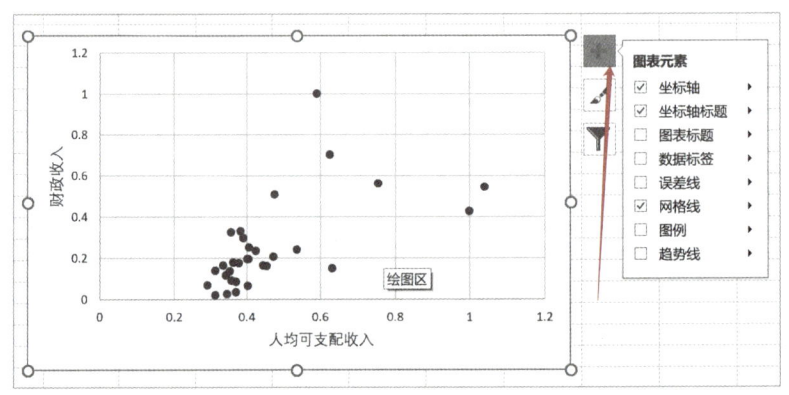

图3-11 散点图及其图表元素

从这幅散点图中我们可以大致判断出,这两个变量在数值上存在相关性,财政收入越大的地区,其人均可支配收入大概率也越高。这部分线性相关性的概念,我们将在后续的章节中深入探讨。

当把"林业用地面积"考虑进来时,我们就需要在原来的散点图基础上再增加一个维度,这个维度可以用散点的大小来表示,这时候就得到了气泡图,如图 3-12 所示。

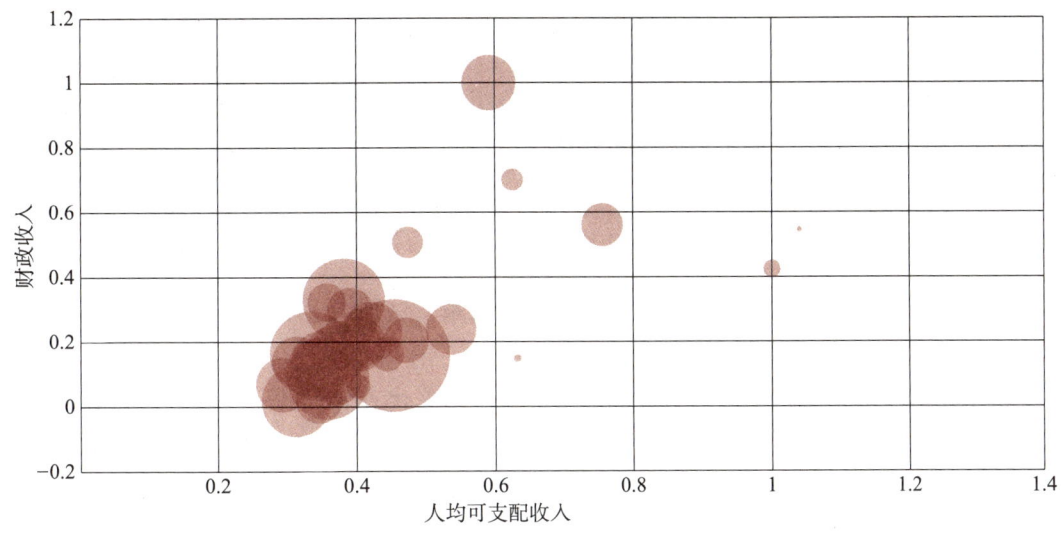

图3-12　气泡图

气泡图操作流程（Excel 2016）：

单击菜单"插入"→单击"插入散点图或气泡图"→单击"气泡图"→得到空白图→右击空白图并单击"选择数据"→单击"添加"（见图3-13）

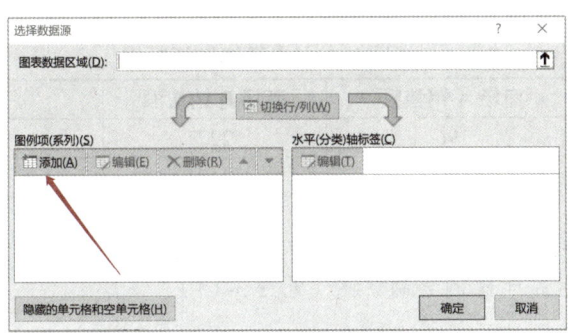

图3-13　选择数据窗口

在"X轴系列值"的区域框选中"人均可支配收入"所有数据（不包括标题），在"Y轴系列值"的区域框选中"财政收入"所有数据，在"系列气泡大小"区域框中选中"林业用地面积"所有数据，并单击"确定"按钮（见图3-14）。

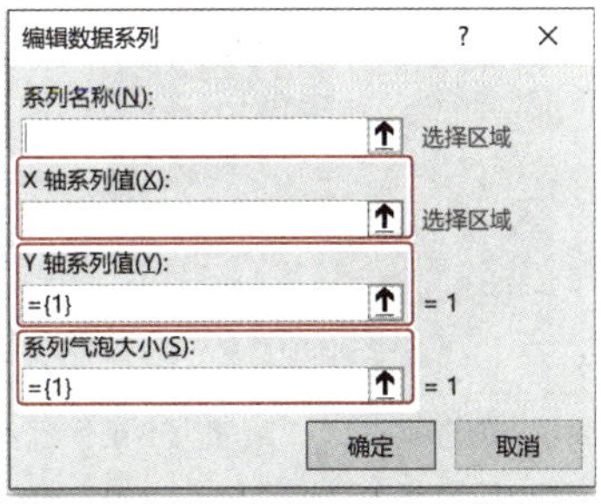

图3-14　添加数据窗口

3.1.4 组合

在统计问题中,如果一个整体由若干个部分组合而成,那么我们将会对各个部分在整体中所占的比重感兴趣。如果我们希望对这类组合问题进行数据可视化,饼图、环形图和面积图就是不错的选择。

1. 静态组合

静态组合是指在相同或相近时间点下的组合关系,这种情形下我们可以选择饼图或环形图来呈现数据。

饼图在形状上是由多个扇形组成的圆形,每个扇形代表分类的一个水平,扇形的圆心角大小则表示该水平对应数值在总量中的比例,同时,每个扇形用不同的颜色加以区分。

环形图在功能上与饼图类似,整个环被分成不同的部分,用各段圆弧对应的圆心角来表示每个数据所占的比例值。与饼图的区别在于,环形图中心的空白可用于显示其他相关圆环,因此环形图更有助于进行组合内部结构的比较。

例 3-6 已知某城市有 3 家商场,2024 年 1 月和 2 月的销售额数据如表 3-6 所示。
1. 请选择合适的可视化形式呈现 2024 年 1 月各家商场的市场份额。
2. 请选择合适的可视化形式呈现 2024 年 1 月和 2 月各家商场的市场份额。

表 3-6 某城市 3 家商场销售额数据 (单位:万元)

时间	商场 A 销售额	商场 B 销售额	商场 C 销售额
2024 年 1 月	196	227	250
2024 年 2 月	199	239	271

分析 1:要呈现 2024 年 1 月各家商场的市场份额,首先要计算出各家商场的销售额占比(见表 3-7),然后基于比例绘制饼图(见图 3-15)。

表 3-7 各家商场销售额占比

时间	商场 A 销售额占比	商场 B 销售额占比	商场 C 销售额占比
2024 年 1 月	29%	34%	37%
2024 年 2 月	28%	34%	38%

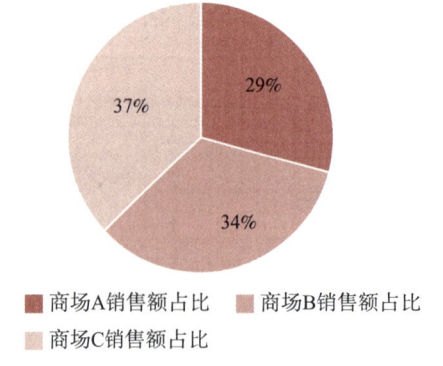

图3-15 2024年1月各家商场市场份额饼图

饼图操作流程（Excel 2016）：

全选数据（标题和比例）→单击菜单"插入"→单击"插入饼图和环形图"→单击"饼图"

分析 2：以可视化形式呈现 2024 年 1 月和 2 月各家商场的市场份额，其主要目的之一通常是比较两个月的市场份额变化，此时用饼图就不太合适了，我们可以选择环形图来实现组合份额的对比。

环形图操作流程（Excel 2016）：

全选数据（标题和两个月的比例）→单击菜单"插入"→单击"插入饼图和环形图"→单击"环形图"（见图 3-16）

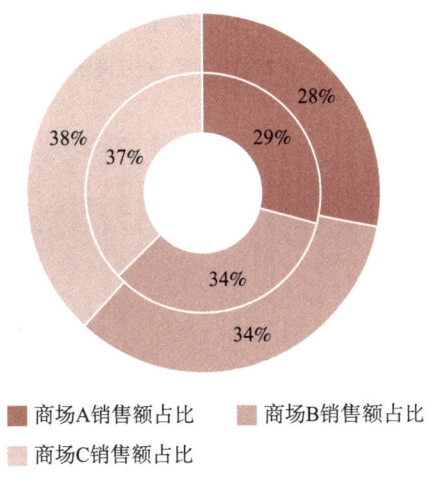

图3-16　2024年1月和2月各家商场市场份额环形图

注：内环为 2024 年 1 月数据，外环为 2024 年 2 月数据。

通过数据可视化，我们可以直观地感受到市场份额微小的变化，即商场 A 的份额略减，而商场 C 的份额略增。

2. 动态组合

之前的例子只是比较两个月的组合份额，我们选择的是环形图。如果要呈现 24 个月中组合份额的变化，环形图显然就不合适了，我们无法想象把 24 个环放在一起比较。此时，比较合适的选择就是用百分比堆积面积图。

面积图的横轴通常是时间，纵轴是各个部分的堆积百分比，总和都是 100%。因此，百分比堆积面积图可以呈现组合在不同时间点上的内部结构，即可以动态显示部分与整体的关系。

例 3-7　已知某城市有 3 家商场，各自 24 个月的销售额数据如表 3-8 所示。请选择合适的可视化形式呈现 2022 年和 2023 年各家商场的市场份额。

表 3-8　某城市 3 家商场 2022 年和 2023 年销售额数据　（单位：万元）

时间	商场 A 销售额	商场 B 销售额	商场 C 销售额
2022 年 1 月	196	227	250
2022 年 2 月	199	239	271
⋮	⋮	⋮	⋮
2023 年 12 月	130	141	145

分析： 问题中有 3 家商场，时间段为 24 个月，考虑到需要动态呈现比例，我们可以选择百分比堆积面积图。

百分比堆积面积图操作流程（Excel 2016）：

全选数据（3 家商场 24 个月的销售额）→单击菜单"插入"→单击"推荐的图表"→单击"所有图表"→单击"面积图"→单击"百分比堆积面积图"（见图 3-17）

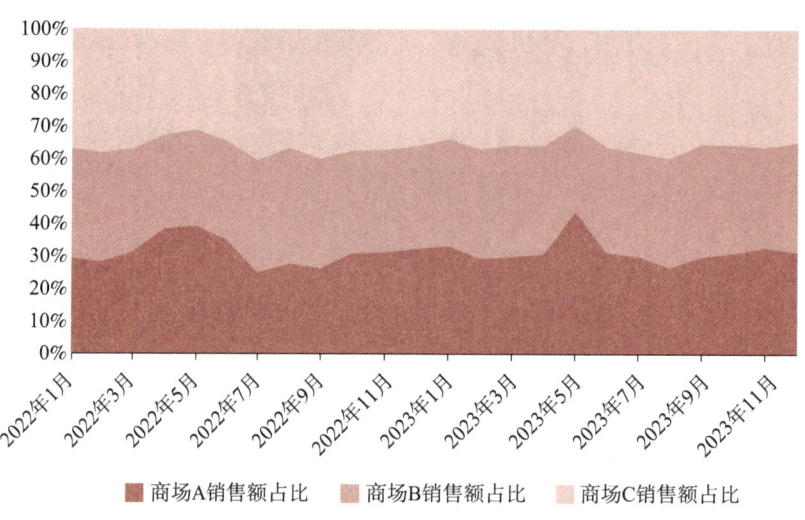

图3-17　某城市3家商场2022年和2023年市场份额面积图

3.2　数据可视化要点

3.2.1　合适

我们已经介绍了很多不同的可视化形式，那么是不是只要运用数据把图形画出来，就完成了数据可视化呢？我们来看一个例子。

例 3-8　有一家市场调查公司，调查甲、乙、丙三款产品在某个群体中受欢迎的程度，其中甲产品受到 70% 的用户欢迎，乙受到 40% 的用户欢迎，丙受到 30% 的用户欢迎，为了呈现这一结果，调查公司制作的可视化图形如图 3-18 所示，你觉得合适吗？

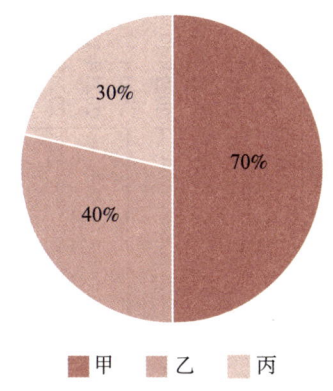

图3-18 三款产品的受欢迎程度（饼图）

分析：可以清楚地看到，这里的三个百分比相加已经超过了100%。这里的"受欢迎"并不具备排他性，用户可以喜欢甲产品，也可以同时喜欢乙和丙产品，因此，这里的可视化问题并不是呈现组合内部的结构，而是比较不同产品的受欢迎程度，所以用柱形图就能清晰有效地传递数据信息（见图 3-19）。

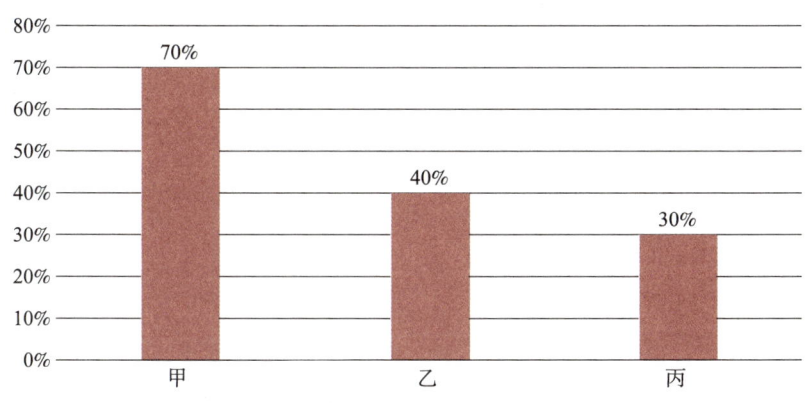

图3-19 三款产品的受欢迎程度（柱形图）

这个例子告诉我们，数据可视化并不只是用图形表示数据，更重要的是只有选择了合适的可视化形式，才能达成"清晰有效地传递数据信息"的目标。

3.2.2 合情

选择了合适的可视化形式是不是就能够清晰有效地传递数据信息了呢？我们继续来看一个例子。

例 3-9 某生产厂家制造产品 A，并且在2022年调整了制造工艺，将其2022年和2023年的产量以图 3-20 所示的折线图形式呈现（忽略单位），我们可否认为2023年的产量正在逐步提升？

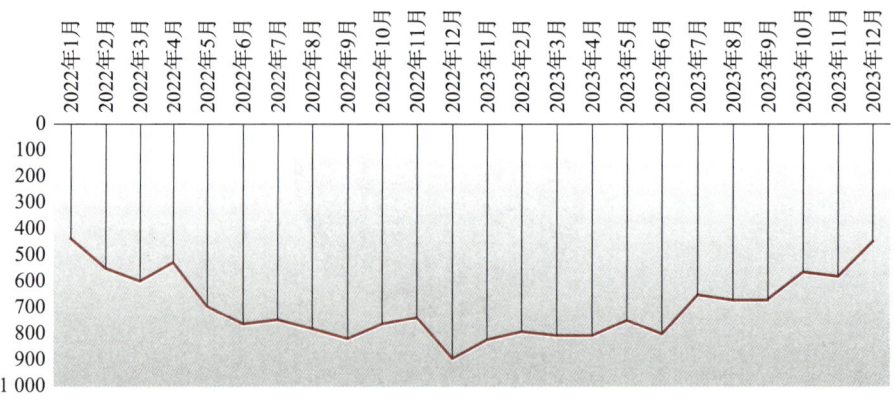

图3-20　A产品产量折线图1

分析：如果我们只是观察折线和日期，确实容易得出"2023年的产量正在逐步提升"的结论，但是如果仔细观察，我们就会发现这里的纵轴是逆序排列的，这并不是我们一般的习惯。而就是这个"不符合情理"的设置，才容易造成我们对于可视化意义的误读。

按照一般的"情理"重新绘制折线图（见图3-21，忽略单位），此时我们就可以清晰地看到，在调整工艺之后，产量并没有提升，而是正在逐步下降。

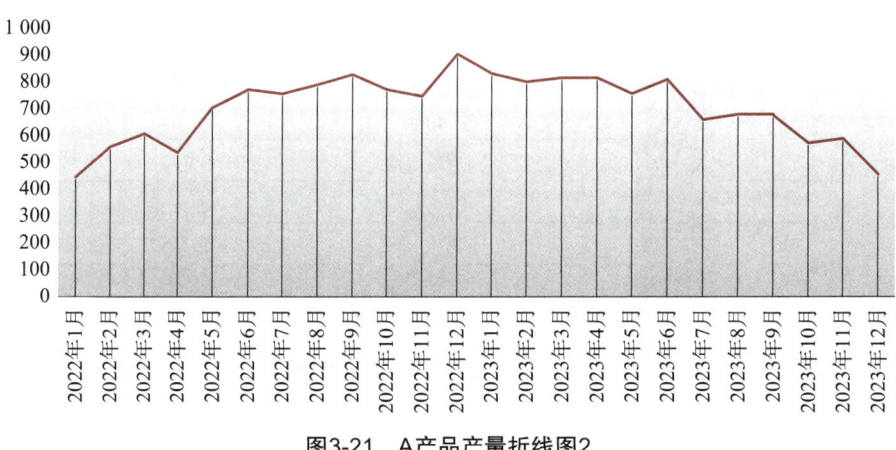

图3-21　A产品产量折线图2

这个例子告诉我们，可视化的设置需要尊重读者的一般阅读习惯，尊重一般的"情理"，否则就有可能造成读者的误读并失去可视化的意义。

3.2.3　合规

除了"合适"与"合情"以外，还有哪些值得我们关注的要点呢？我们还是通过一个例子来进行说明。

例 3-10　某企业研发了一款新产品，该产品在第三方打分系统中得分88分，老产品得分84分，该研发团队运用柱形图来对比新老产品（见图3-22，忽略单位），你觉得这个数据可视化合适吗？

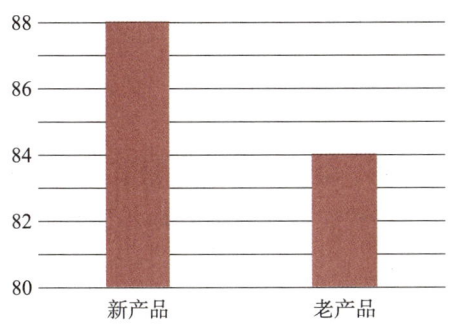

图3-22　新老产品得分对比柱形图1

分析：从"合适"与"合情"的角度来看，这个图形并没有什么问题。从图形上看，新产品的得分似乎比老产品的得分要高出很多，但实际上只是高出4分，还不到5%。那么，为什么我们的视觉感受会和实际情况产生这么大的差距呢？秘密也许就在图形的纵轴刻度里，这里的刻度是从80开始计数的，因此图形上的差异就显得十分巨大了。换言之，这个图形的问题就出在其图形的尺寸并没有符合规范，也就是并不合规。

那么，在数据可视化中，是否有规范尺寸可以参考呢？这里我们介绍一种由爱德华·塔夫特（Edward Tufte）在其1991年出版的《定量信息的视觉显示》（*The Visual Display of Quantitative Information*）一书中所提出的谎言因子（lie factor，LF），即

$$\text{LF} = \frac{\text{图形元素尺寸的变化量}}{\text{真实数据的变化量}}$$

考虑到图形绘制中可能存在的合理误差，因此谎言因子的值应在0.95和1.05之间。如果该值小于或大于此范围，则表示存在失真。

回到我们的例题，从图形面积的角度看，如果将老产品得分的矩形面积记为1，那么新产品得分的矩形面积就是2（=8÷4）；从真实数据的角度看，如果将老产品得分记为1，那么新产品得分就记为1.048（=88÷84）。此时，谎言因子的值为

$$\text{LF} = \frac{2-1}{1.048-1} = 20.83$$

我们可以看出这个谎言因子远远超出了合理范围，因此上面的图形是失真的。为了解决这个失真问题，我们只需要将纵轴的起始刻度调为0就可以了（见图3-23，忽略单位）。现在看看，似乎新产品并没有明显的优势。

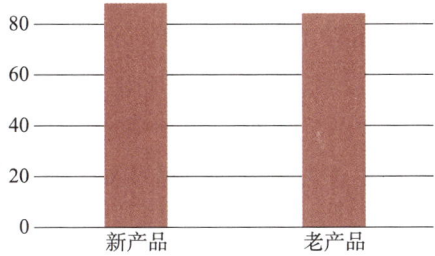

图3-23　新老产品得分对比柱形图2

3.2.4 合理

前面我们已经介绍了"合适""合情""合规"这三个数据可视化要点，那么是否意味着只要符合这三个要点，可视化就能够清晰有效地传递数据信息了呢？我们来看下面的例子。

例 3-11 某地区开展了关于居民"收入"(x)与"支出"(y)情况的调查，随机抽查了60位居民，他们的收入、支出情况如图 3-24 所示。

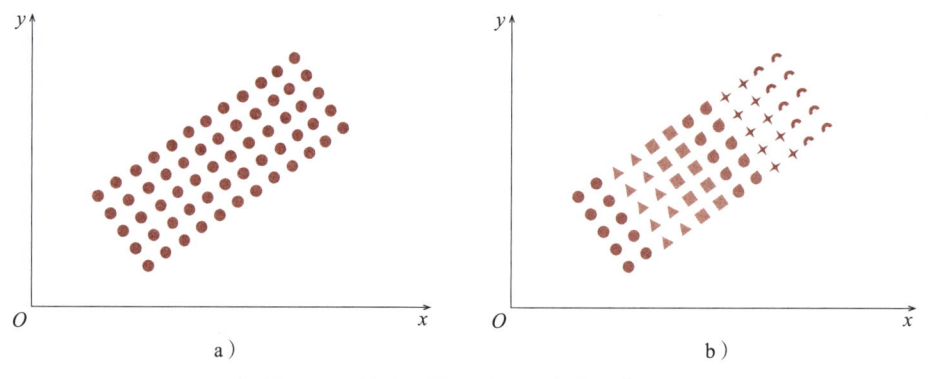

图3-24 某地区居民收入、支出散点图

1. 请结合图 3-24a 分析这个地区居民的收入和支出在数量上的关系。
2. 由于这些居民来自 6 个不同的社区，我们用不同的散点形状区分不同的社区，如图 3-24b 所示，请进一步分析这个地区居民的收入和支出在数量上的关系。

分析：这是一个很有趣的问题，如果首先看图 3-24a，大部分读者会毫不犹豫地得出"收入与支出正相关"的结论，即收入越高，支出大概率也越高，反之亦然。但是当加入不同社区分析图 3-24b 时，我们发现需要推翻之前的观点，并且得出"收入与支出负相关"的结论。

那么同一组数据，为什么会得出截然相反的结论呢？这个例题里的本质问题涉及"辛普森悖论"（E. H. Simpson，1951），它指的是对于某个条件下的多组数据，分别讨论时都会满足某种性质，可是一旦合并考虑，却可能产生相反的结论。

因此，在数据可视化的时候要尽可能呈现包括分组信息在内的完整信息，这样才能清晰有效地传递数据信息，帮助读者做出合理的判断。

事实上，在数据可视化中需要注意的要点并不止上述 4 点，还包括：①可视化中变量的维度不宜太高；②可视化中的重点信息需要重点标注；③可视化中的非重要信息避免使用动图，防止分散读者注意力；等等。这些要点还需要读者在实践中不断总结归纳。

■ 思考题

1. 箱线图的中间横线代表（　　）。
   A. 均值　　　　　　B. 中位数　　　　　C. 众数　　　　　　D. 以上都不是
2. 箱线图中，Q_1到Q_3的距离被称为（　　）。
   A. IQR　　　　　　B. 极差　　　　　　C. 内差　　　　　　D. SSA
3. 某数据分析员希望探索企业的广告投入与营业收入之间的关系，采用以下哪种图形比较合适？（　　）。
   A. 散点图　　　　　B. 气泡图　　　　　C. 玫瑰花图　　　　D. 折线图
4. 分析员希望展示某电商平台5年来月度访问量数据，采用以下哪个图形比较合适？（　　）。
   A. 散点图　　　　　B. 饼图　　　　　　C. 箱线图　　　　　D. 折线图
5. 某企业希望展示其A产品在8个不同地区的市场占有率，比较合适的可视化图形选择是（　　）。
   A. 散点图　　　　　B. 折线图　　　　　C. 柱状图　　　　　D. 面积图
6. 某公司为了对比两家子公司员工的学历结构，比较合适的可视化图形选择是（　　）。
   A. 箱线图　　　　　B. 饼图　　　　　　C. 环形图　　　　　D. 茎叶图
7. 找一找：在我们的身边（包括网络空间），有哪些可视化图形并不符合要求，甚至可能误导读者，你能举出一些例子并给出说明吗？
8. 练一练：通过对某银行用户的调查，调查者获得了本题的数据（虚拟），请依据以下要求选择合适的可视化形式，绘制相应的图形。
   （1）绘制"所在地区"与"累积交易"的图形。
   （2）绘制"开户时长"与"累积交易"的图形。
   （3）绘制"是否线上"与"是否投诉"的图形。

第4章

数据的概括性度量

数据的可视化描述可以让我们对数据分布的形态和特征有一个大致的了解,但是要完全了解数据的分布特征,需要计算反映数据分布特征的各个代表性指标。数据分布的特征可以从三个方面进行描述:一是数据分布的集中趋势,反映各数据向其中心值靠拢或聚集的程度,可以用平均指标描述;二是数据分布的离中趋势,反映各数据远离其中心值的程度,可以用变异指标描述;三是数据分布的偏斜程度和陡峭程度,反映数据分布的形态,可以用偏度和峰度描述。

4.1 数据集中趋势的度量

集中趋势是指数据分布以某一数值为中心的倾向。作为中心的数值就被称为中心值,它反映数据分布中心点的位置所在。对于绝大多数的数据,总是接近中心值的较多,远离中心值的较少,使得数据呈现出向中心值靠拢的态势,这种态势就是数据分布的集中趋势。数据分布的集中趋势主要用一类平均数来描述。平均数是描述定量数据的集中趋势最常用的一种测度值。根据所掌握数据的类型不同,平均数有不同的计算形式和计算公式,主要包括数值平均数和位置平均数两大类。

4.1.1 数值平均数

数值平均数是根据总体各单位的变量值计算得到的平均值,主要用于对数值型数据的集中趋势度量，有算术平均数、调和平均数和几何平均数三种计算形式。

1. 算术平均数

算术平均数就是总体中各变量值的总和除以变量值个数的商，是集中趋势测定中最重要的一种形式，它是所有平均数中应用最广泛的平均数。根据所掌握资料的分组情况不同，算术平均数可分为简单算术平均数和加权算术平均数。

（1）未分组资料。若总体资料未进行分组，则先计算各变量值的总和，再用总体单位数去除，这样计算的结果就是简单算术平均数。其计算公式为

$$\bar{x} = \frac{x_1 + x_2 + \cdots + x_n}{n} = \frac{\sum x}{n}$$

式中，$\bar{x}$ 表示算术平均数；x 表示各个变量值；n 表示总体单位数；$\sum$ 表示总和。

例 4-1 某品牌洗衣机 90 天的网上销售量如表 4-1 所示（已经按照销售量的大小排序），试计算该品牌洗衣机平均每天的网上销售量。

表 4-1　某品牌洗衣机 90 天的网上销售量　　　　　（单位：台）

51	76	85	92	97	102	108	117	127
58	77	85	92	98	102	109	118	128
59	79	88	93	98	103	110	118	129
61	81	88	93	99	104	110	119	133
64	81	89	94	99	105	112	120	135
66	83	89	94	99	106	112	121	136
68	83	90	95	100	106	113	122	139
71	83	90	96	100	107	115	122	141
73	83	91	96	101	107	116	125	147
74	84	91	97	101	108	117	126	148

解：容易计算 90 天的网上销售量总计为 9 018 台，则平均每天的网上销售量为

$$\bar{x} = \frac{\sum x}{n} = \frac{9\ 018}{90} = 100.20 \text{（台）}$$

因此，该品牌洗衣机平均每天的网上销售量约为 100 台。

（2）单项分组资料。若总体资料已经分组，且每组只有一个变量值，此时的分组被称为单项分组。当分析的变量为离散变量且取值个数不多、变量值波动范围不大时，可对数据进行单项分组。这时，通常有多少个不同的变量值就分为多少个组。连续变量不能进行单项分组。

在单项分组资料中，将各组变量值乘以其出现的次数，然后加总求和，再除以总体单位数，所得结果为加权算术平均数。其计算公式为

$$\bar{x} = \frac{x_1 f_1 + x_2 f_2 + \cdots + x_n f_n}{f_1 + f_2 + \cdots + f_n} = \frac{\sum xf}{\sum f}$$

式中，$\bar{x}$ 表示算术平均数；x 表示各个变量值；f 表示各个变量值出现的次数（又称为权数）；$\sum xf$ 表示各变量值的总和；$\sum f$ 表示总体单位数。

（3）组距分组资料。若所获得的资料已经分组，而且以变量的一段变动区间为一组，此时的分组称为组距分组。每组的变量最大值称为上限，变量最小值称为下限，上限、下限统称为组限。组距分组适用于连续变量或离散变量且变量取值个数很多、变量波动范围很大的情况。

在组距分组资料中，加权算术平均数公式中每组的 x 可用各组的组中值代入。组中值的计算如下：

$$组中值 = \frac{上限 + 下限}{2}$$

缺上限的组中值计算如下：

$$组中值 = 下限 + \frac{邻组组距}{2}$$

缺下限的组中值计算如下：

$$组中值 = 上限 - \frac{邻组组距}{2}$$

例如，某分析变量的组距分组为 750 以下、750~800、800 以上，则第一组的组中值为 725，第二组的组中值为 775，第三组的组中值为 825。这里，第一组和第三组分别为缺下限和缺上限的组，其邻组的组距都是 50。

组距分组确定组限时应注意：最小组的下限应低于或等于最小变量值，而最大组的上限应高于或等于最大变量值。因为只有如此，才能把所有的变量值都包括在各组中，但组限和变量值的距离又不要差距过大，必要时，可采用开口组（缺上限或缺下限的组）。离散变量相邻组的组限可以重叠，也可以是顺序两个变量值，但是，连续变量相邻组的组限一定是重叠的。当组限重叠时，通常采用"上限不在内，下限在内"的原则，即分组计数时，上限不在本组，而在下限的这组内计数。例如，组距分组为 750 以下、750~800、800 以上，则变量值 750 在第二组，800 不在第二组，而在第三组。

例 4-2 若对例 4-1 中的数据进行组距分组，如表 4-2 所示，试计算该品牌洗衣机平均每天的网上销售量。

表 4-2　某品牌洗衣机 90 天网上销售量的分组数据情况

网上销售量/台	天数 f	组中值 x	xf
80 以下	13	70	910
80～100	33	90	2 970
100～120	28	110	3 080
120 以上	16	130	2 080
合计	90	—	9 040

注：当组限重叠时，通常采用"上限不在内，下限在内"的原则，全书采用此原则。

解：因为是组距分组，将组中值作为各组变量值的代表值代入加权算术平均数公式，则

$$\bar{x} = \frac{\sum xf}{\sum f} = \frac{9\ 040}{90} = 100.44 \text{（台）}$$

用组中值计算的加权算术平均数是真正平均数的一个近似值。从表中可知，以组中值计算的 90 天的网上销售总量为 9 040 台，显然是一个近似值，因此，计算的 90 天内平均每天的网上销售量 100.44 台也是真实平均数 100.20 台的一个近似值。

2. 调和平均数

调和平均数是总体各变量值倒数的算术平均数的倒数，也称倒数平均数。按其计算方法不同，调和平均数可分为简单调和平均数和加权调和平均数。

简单调和平均数是先计算各变量值倒数的简单算术平均数，然后求其倒数。其计算公式为

$$\bar{x}_H = \frac{n}{\sum \frac{1}{x}}$$

加权调和平均数是先计算总体各变量值倒数的加权算术平均数，然后求其倒数。其计算公式为

$$\bar{x}_H = \frac{\sum m}{\sum \frac{m}{x}}$$

其中，m 表示调和平均数的权数。

在统计分析中，计算多个单位的平均利润率、平均计划完成程度等，需要用到调和平均数。加权调和平均数大多数情况下是作为加权算术平均数的一种变形来使用的。设总体各变量值为 x，它由分子 m 与分母 f 相除得到，那么，如果知道该变量的分子资料，则用加权调和平均数公式计算该变量的平均数；如果知道该变量的分母资料，则用加权算术平均数公式计算该变量的平均数。计算公式为

$$\bar{x}_H = \frac{\sum m}{\sum \frac{m}{x}} = \frac{\sum xf}{\sum f}$$

例 4-3 某公司有 A、B、C 三家子公司，已知各子公司的销售计划完成程度及实际销售情况如表 4-3 所示，试求这三家子公司的平均销售计划完成程度。

表 4-3　某公司三家子公司的销售计划完成程度及实际销售情况

子公司	销售计划完成程度 x（%）	实际销售 m（万元）	m/x
A	110	3 190	2 900
B	115	2 530	2 200
C	105	2 940	2 800
合计	—	8 660	7 900

解： 由题意，已知的是实际销售，也就是质量指标的分子资料，因此计算平均销售计划完成程度，应采用加权调和平均法，即三家子公司的平均销售计划完成程度为

$$\bar{x}_H = \frac{\sum m}{\sum \frac{m}{x}} = \frac{8\ 660}{7\ 900} = 109.62\%$$

上述例题中，如果已知三家子公司的销售计划完成程度和计划销售情况，则不能调和平均数计算三家子公司的平均销售计划完成程度，而应该用加权算术平均数形式来计算。

例 4-4 某公司有 A、B、C 三家子公司，已知各子公司的销售计划完成程度及计划销售情况如表 4-4 所示，试求这三家子公司的平均销售计划完成程度。

表 4-4　某公司三家子公司的销售计划完成程度及计划销售情况

子公司	销售计划完成程度 x（%）	计划销售 f（万元）	xf
A	110	2 900	3 190
B	115	2 200	2 530
C	105	2 800	2 940
合计	—	7 900	8 660

解： 由题意，已知的是计划销售情况，也就是质量指标的分母资料，因此计算平均销售计划完成程度，应采用加权算术平均法，即三家子公司的平均销售计划完成程度为

$$\bar{x} = \frac{\sum xf}{\sum f} = \frac{8\ 660}{7\ 900} = 109.62\%$$

调和平均数也容易受极端数值的影响，而且受极小值的影响大于受极大值的影响。调和平均数的应用范围较小，当变量值中有一项为 0 时，无法计算调和平均数。

3. 几何平均数

几何平均数是 n 个比率乘积的 n 次方根,即把若干个变量连乘,得其乘积再开 n 次方根。社会经济统计中,几何平均数适用于计算平均比率和平均速度。

几何平均数按计算方法不同分为简单几何平均数和加权几何平均数。

简单几何平均数的计算公式为

$$\bar{x}_G = \sqrt[n]{x_1 x_2 \cdots x_n} = \sqrt[n]{\Pi x}$$

式中,$\bar{x}_G$ 表示几何平均数;x 表示变量值;n 表示变量值个数;Π 为连乘符号。

加权几何平均数的计算公式为

$$\bar{x}_G = \sqrt[\Sigma f]{x_1^{f_1} x_2^{f_2} \cdots x_n^{f_n}} = \sqrt[\Sigma f]{\Pi x^f}$$

4.1.2 位置平均数

位置平均数是根据变量值在数据中出现次数的多少或出现的位置确定的,有众数和中位数两种计算形式。

1. 众数

众数(mode)是总体中出现次数最多的变量值,一般用字母 M_o 表示。众数不受极端数值的影响,可以反映一种最普遍、最常见的现象,不仅适用于对分类数据集中趋势的测定,也适用于对顺序数据与数值型数据集中趋势的测定,在实际工作中应用比较广泛。在数据偏斜程度较大时,众数常常用来代替算术平均数,反映现象的一般水平。例如,大多数人穿戴的服装、鞋子、帽子等的尺寸,大多数人对某一事件的看法,大多数家庭中的人口数,等等,都是众数。众数只有在总体单位数多且具有明显的集中趋势时,才有合理的代表性和现实意义;当总体单位数少,或者总体单位数虽多但无明显集中趋势时,就不存在众数了。

根据资料的不同情况,可采用不同的方法确定众数。

以采用直接观察法确定众数为例。如果资料只进行了单项分组,确定众数就比较简单,只需找出哪一组次数最多,则该组对应的变量值即为众数。

例 4-5 目前消费的支付方式有很多种,常见的支付方式有现金支付、刷储蓄卡支付、刷信用卡支付、微信或支付宝二维码支付等。某课题组为了调查现阶段消费者支付方式的偏好情况,调查了 1 000 位消费者,询问他们最习惯于用哪种支付方式,调查结果如表 4-5 所示。

表 4-5 1 000 位消费者的支付方式偏好调查结果

支付方式	现金	刷储蓄卡	刷信用卡	微信或支付宝	其他方式
人数	80	140	200	560	20

解： 从表 4-5 中可知，用微信、支付宝支付方式的人最多，占到 56%，所以众数 M_o 为"微信或支付宝"。现在大部分商户也都开通了微信或支付宝收付款方式，这种方式的便捷之处就是可以通过银行卡转入现金或绑定储蓄卡、信用卡进行支付，因此单纯用储蓄卡和信用卡刷卡的比重较小，用现金支付的更少，10% 都不到。可见，现阶段大多数人已经习惯了出门只带一部安装有微信、支付宝软件的手机就可以把想要的东西都买回来的方式。

例 4-5 针对的是用单项分组数据计算众数，这种计算众数的方法适用于任何类型的数据。此例是用分类数据计算众数。如果数据是数值型数据且数据资料进行了组距分组，则确定众数时，首先要根据出现的最多次数确定众数所在组（简称众数组），然后利用公式计算众数的近似值。其计算公式为

下限公式：$M_o = L + \dfrac{\Delta_1}{\Delta_1 + \Delta_2} \times d$

上限公式：$M_o = U - \dfrac{\Delta_2}{\Delta_1 + \Delta_2} \times d$

式中，M_o 表示众数；L 表示众数组的下限；U 表示众数组的上限；Δ_1 表示众数组次数与前一组次数之差；Δ_2 表示众数组次数与后一组次数之差；d 表示众数组的组距。

例 4-6 引用表 4-2 的分组数据资料，计算某品牌洗衣机 90 天网上销售量的众数。

解： 首先找出网上销售量的众数所在组，网上销售量为 80~100 台的天数有 33 天，即出现次数最多，该组为众数所在组。然后利用公式计算网上销售量众数的近似值。

用下限公式计算：

$$M_o = L + \frac{\Delta_1}{\Delta_1 + \Delta_2} \times d = 80 + \frac{33 - 13}{33 - 13 + 33 - 28} \times 20 = 96$$

用上限公式计算：

$$M_o = U - \frac{\Delta_2}{\Delta_1 + \Delta_2} \times d = 100 - \frac{33 - 28}{33 - 13 + 33 - 28} \times 20 = 96$$

利用下限公式与上限公式计算的网上销售量众数的结果相同。

显然，利用组距分组资料计算的众数也是一个近似值，不是原始数据的众数。表 4-1 的原始数据中，83 出现了 4 次，出现的次数最多，因此众数为 83。所以，只有在掌握二手资料，如组距分组资料时，才可以利用上述的公式近似计算众数。

众数也可以根据各组次数占总次数的比重来确定。数列中比重最大的变量值为众数。其确定方法与绝对数表示的次数相同，这里不再重述。

2. 中位数

将总体中的各个变量值按大小顺序排列，处于数列中点位置的数值为中位数（median），

一般用 M_e 表示。中位数将数列分为相等的两部分，一部分的数值小于中位数，另一部分的数值大于中位数。在有些情况下，不易计算平均值，可用中位数代表总体的一般水平。中位数主要适用于对定序数据的集中趋势测定，也适用于对数值型数据的集中趋势测定，但不能用于定类数据。例如，人口年龄中位数，可表示人口总体年龄的一般水平；集贸市场上某种商品的价格中位数，可表示该种商品的价格水平。

中位数与众数一样，不受极端数值的影响。中位数的大小仅取决于它在数列中的位置，因此，在总体数据差异很大的情况下，中位数具有较强的代表性。

根据资料的不同情况，可采用不同的方法确定中位数。根据未分组资料确定中位数时，首先将变量值按大小顺序排列，其次确定中点位次 $O_m=(n+1)/2$，最后根据中位数的位次找出对应的数值。当总体单位数 n 是奇数时，中位数就是处于中间位置的数值；当 n 是偶数时，中位数则是中间的两个数值的算术平均数。

$$M_e = \begin{cases} x_{\frac{n+1}{2}} & (n \text{ 为奇数}) \\ \dfrac{x_{\frac{n}{2}} + x_{\frac{n}{2}+1}}{2} & (n \text{ 为偶数}) \end{cases}$$

例如，根据表 4-1 中的数据，因为 $n=90$ 为偶数，所以中点位置为 45.5。由于第 45 个数据和第 46 个数据都是 99，所以中位数为 99。

由组距分组确定中位数，只能适用于数值型数据。根据组距分组确定中位数，可用下面的公式计算中位数的近似值。

下限公式：$M_e = L + \dfrac{\dfrac{\Sigma f}{2} - S_{m-1}}{f_m} \times d$

上限公式：$M_e = U - \dfrac{\dfrac{\Sigma f}{2} - S_{m+1}}{f_m} \times d$

式中，L 表示中位数组的下限；U 表示中位数组的上限；f_m 表示中位数组的次数；S_{m-1} 表示中位数组以前各组的次数之和；S_{m+1} 表示中位数组以后各组的次数之和；d 表示中位数组的组距。

例 4-7 引用表 4-2 的分组数据资料，计算某品牌洗衣机 90 天网上销售量的中位数。

解：由表 4-2 可知，排在中间的变量值在 80~100 这一组。利用下限公式计算网上销售量的中位数为

$$M_e = L + \dfrac{\dfrac{\Sigma f}{2} - S_{m-1}}{f_m} \times d = 80 + \dfrac{45-13}{33} \times 20 = 99.39 \text{（台）}$$

利用上限公式计算，可以得到同样的结果。

利用组距分组资料计算的中位数也是一个近似值,例 4-1 中的原始数据的中位数是 99。

3. 算术平均数与位置平均数之间的相互关系

不同的平均数适用于不同数据类型的集中趋势测定,它们具有自己的含义、特点和应用场合。当总体分布为正态分布时,如果对同一资料同时计算众数、中位数和算术平均数,则它们三者之间存在一定的数量关系。

(1)当存在对称正态分布时有 $M_o = M_e = \bar{x}$。

(2)当存在非对称正态分布时,三者之间有差异。当变量的次数分布左偏时,有 $M_o > M_e > \bar{x}$;当变量的次数分布右偏时,有 $M_o < M_e < \bar{x}$。左偏、右偏的示意如图 4-1 所示。

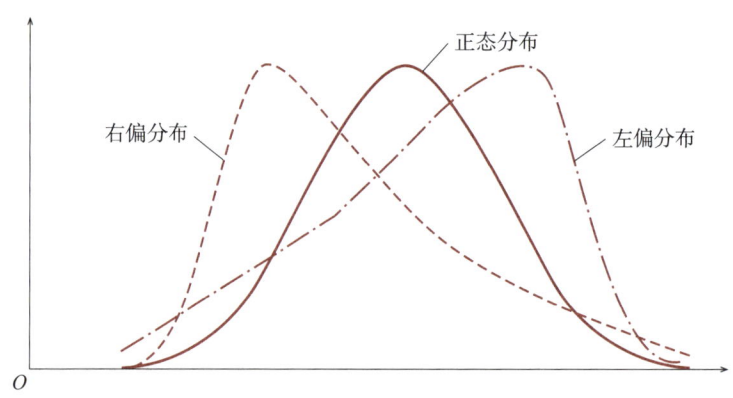

图4-1　偏态分布示意

例 4-1 中给出的原始数据,其平均数为 100.20,众数为 83,中位数为 99,因此 $M_o < M_e < \bar{x}$,是一组右偏的数据。

4.2 数据离中趋势的度量

离中趋势是指数据分布中各变量值背离中心值的倾向。如果说集中趋势是数据分布同质性的体现,那么离中趋势就是数据分布变异性的体现。对离中趋势的描述,就是要反映数据分布中各变量值远离中心值的程度,主要用变异指标来反映。

变异指标是反映总体各单位变量值之间变异程度的综合指标,即反映数据分布中各变量值远离中心值程度的指标。因此,变异指标不仅可以综合地显示变量值的离中趋势,说明数据的离散程度,还可以用来判别平均数的代表性。平均指标反映总体的一般水平,可以说明数据的集中趋势,但它本身无法说明其代表性的大小。变异指标则正好可以弥补这一缺点,它可以说明平均数代表性的大小,说明数据的离散程度。一般来说,变异指标越小,说明数据离散程度越小,平均数的代表性就越大;变异指标越大,说明数据离散程度越大,平均数的代表性就越小。常用的变异指标有四分位差、全距、标准差、标准分和离散系数。

1. 四分位差

把变量值从小到大排序，并把它们分为四等份，形成三个分割点，这三个分割点的数值就称为四分位数，记为 Q_1（第一四分位数，也称下四分位数）、Q_2（第二四分位数，也称中位数）、Q_3（第三四分位数，也称上四分位数）。Q_1 和 Q_3 的计算如下：

$$Q_1 = 第 \frac{n+1}{4} 个变量值$$

$$Q_3 = 第 \frac{3(n+1)}{4} 个变量值$$

由上式计算的位置有时不是整数，因此，可以利用以下规则计算四分位数。

规则1：如果求得的位置是整数，则该位置上的数值就是四分位数。例如，样本数大小为 $n=7$，第一四分位数为 (7+1)/4=2，即第2个顺序排列的数值。

规则2：如果求得的位置处于两个整数之间，则它们相应的数值的平均数就是四分位数。例如，样本数大小为 $n=9$，第一四分位数为 (9+1)/4=2.5，即第2.5个顺序排列的数值，介于第2个和第3个数值之间。因此，第一四分位数等于第2个数值与第3个数值的平均数。

规则3：如果求得的位置既不是整数也不是两个整数的中间值，则先找出这两个整数对应位置的两个数据，可以分别称其为低值和高值，然后可以通过如下公式计算四分位数：

四分位数 = 低值 + (高值 − 低值) × 位置的小数部分

例如，样本数大小为 $n=10$，第一四分位数为 (10+1)/4=2.75，即第2.75个顺序排列的数值，介于第2个数值与第3个数值之间，0.75是位置的小数部分，因此 Q_1 为

$$Q_1 = 第2个数值 + (第3个数值 − 第2个数值) × 0.75$$

而第三四分位数为 3×(10+1)/4=8.25，即第8.25个顺序排列的数值，介于第8个数值与第9个数值之间，0.25是位置的小数部分，因此 Q_3 为

$$Q_3 = 第8个数值 + (第9个数值 − 第8个数值) × 0.25$$

四分位差就是第三四分位数 Q_3 与第一四分位数 Q_1 之差，用 Q.D. 表示，其公式为

$$Q.D. = Q_3 − Q_1$$

四分位差仅用中间50%的数据来反映数据的离散程度。其数值越小，说明中间的数据越集中；数值越大，说明中间的数据越分散。四分位差不受极端数值的影响。由于中位数处于数据的中间位置，因此，四分位差的大小从一定的程度上也说明了中位数代表性的大小。四分位差越大，中位数代表性越差；四分位差越小，中位数代表性越好。四分位差主要适用于测定顺序数据的离散程度，也适用于数值型数据离散程度的测定，但不适用于分类数据离散程度的测定。

例 4-8 仍然引用例 4-1 中的数据，计算某品牌洗衣机 90 天网上销售量的四分位差。

解： 计算四分位数的位置

$$Q_1 = \frac{90+1}{4} = 22.75$$

$$Q_3 = \frac{3}{4} \times (90+1) = 68.25$$

从表 4-1 可知，排在第 22 和第 23 位置的网上销售量是 85 台和 88 台，排在第 68 和第 69 位置的网上销售量是 115 台和 116 台。其四分位数分别为

$$Q_1 = 85 + (88-85) \times 0.75 = 87.25$$
$$Q_3 = 115 + (116-115) \times 0.25 = 115.25$$

因此，某品牌洗衣机 90 天网上销售量的四分位差为

$$\text{Q.D.} = Q_3 - Q_1 = 115.25 - 87.25 = 28 \text{（台）}$$

即有 50% 的天数，其网上销售量的变化范围不超过 28 台。

因为四分位差不考虑比 Q_1 小且比 Q_3 大的变量值，所以不受极端数值的影响。

2. 全距

全距又称极差，它是总体中某变量值的最大值与最小值之差，用 R 表示。其计算公式为

$$R = x_{\max} - x_{\min}$$

全距可以说明总体中数据变动的范围。全距越大，说明总体中数据变动的范围越大，从而说明总体中数据的差异越大；全距越小，说明总体中数据变动的范围越小，从而说明总体中数据的差异越小。

例 4-9 从两个班级中各随机抽取 10 位同学，其成绩数据如下（单位：分）。

甲班级：60 65 70 72 75 76 78 80 82 85

乙班级：40 55 65 70 73 75 83 85 90 95

试比较两个班级的平均成绩，说明成绩的差异程度。

解： 首先，计算两个班级的样本平均成绩，甲班为 74.3 分，乙班为 73.1 分，两个班级的平均成绩相差不是很大。其次，从全距看，甲班的全距为 25 分，乙班的全距为 55 分，因此，乙班的成绩差异大于甲班。总体来说，甲班的成绩比较稳定，其平均数的代表性比乙班要好。

若根据组距分组数据计算全距，可用数列中最高一组的上限减去最低一组的下限求得全距的近似值。

全距测定数据变异程度的优点是计算简单，但由于它取决于总体中两个极端数值的差距，与数据数列的其他数值无关，其提供的信息是不全面的，因而不能全面反映数据的离散程度。如果极端数值相差较大而中间数值分布比较均匀，全距便不能确切反映其离散程度。

3. 标准差

标准差是各变量值与其算术平均数的离差平方的算术平均数，最后开平方，用 σ 表示。标准差表示各变量值与算术平均数的平均距离，因而比全距更能反映总体各单位的差异程度。标准差越大，说明数据差异程度越大，平均数的代表性越差；标准差越小，说明数据差异程度越小，平均数的代表性越好。

根据掌握的资料不同，标准差也有两种计算方法：简单平均法和加权平均法。

简单平均法根据未分组的资料计算标准差，将每个变量值与算术平均数的离差平方和除以总体单位数后再开平方求得。其计算公式为

$$\sigma = \sqrt{\frac{\sum (x-\mu)^2}{N}}$$

式中，x 是变量值；μ 为总体均值；N 为总体单位数。因此，σ 是总体标准差。若是样本数据，则在计算时往往用 $n-1$ 代替上述公式中的 N，此时，$\bar{x}$ 为样本均值，样本标准差记为 s。其计算公式为

$$s = \sqrt{\frac{\sum (x-\bar{x})^2}{n-1}}$$

标准差的平方称为方差，它也是描述变量之间差异程度的一个重要指标，在统计中非常有用。在抽样推断中，经常用样本的方差 s^2 来推断总体的方差 σ^2。

例 4-10 根据例 4-9 中的数据，计算两个班级的样本标准差。

解：根据例 4-9 和表 4-6 的计算结果，可得甲、乙两个班级成绩的样本标准差分别为

$$s_\text{甲} = \sqrt{\frac{\sum (x-\bar{x})^2}{n-1}} = \sqrt{\frac{538.10}{9}} = 7.73 \text{（分）}$$

$$s_\text{乙} = \sqrt{\frac{\sum (x-\bar{x})^2}{n-1}} = \sqrt{\frac{2\,506.90}{9}} = 16.69 \text{（分）}$$

表 4-6 甲、乙两个班级成绩样本标准差计算表

甲班级			乙班级		
成绩	离差	离差平方	成绩	离差	离差平方
x	$x-\bar{x}$	$(x-\bar{x})^2$	x	$x-\bar{x}$	$(x-\bar{x})^2$
60	−14.3	204.49	40	−33.1	1 095.61
65	−9.3	86.49	55	−18.1	327.61
70	−4.3	18.49	65	−8.1	65.61
72	−2.3	5.29	70	−3.1	9.61
75	0.7	0.49	73	−0.1	0.01

(续)

甲班级			乙班级		
成绩 x	离差 $x-\bar{x}$	离差平方 $(x-\bar{x})^2$	成绩 x	离差 $x-\bar{x}$	离差平方 $(x-\bar{x})^2$
76	1.7	2.89	75	1.9	3.61
78	3.7	13.69	83	9.9	98.01
80	5.7	32.49	85	11.9	141.61
82	7.7	59.29	90	16.9	285.61
85	10.7	114.49	95	21.9	479.61
合计	—	538.10	合计	—	2 506.90

计算结果表明，甲班成绩的样本标准差远远小于乙班成绩的样本标准差，因此，甲班成绩平均数 74.3 分的代表性比乙班成绩平均数 73.1 分的代表性要大。

加权平均法是在分组情况下计算标准差，将各组组中值与算术平均数的离差平方乘以各组次数（权数），求和后除以总次数，再开平方。其计算公式为

$$\sigma = \sqrt{\frac{\sum(x-\mu)^2 f}{\sum f}}$$

需要注意的是，实际中样本标准差在计算时往往用 $\sum f - 1$ 代替上述公式中的 $\sum f$，并记为 s。其计算公式为

$$s = \sqrt{\frac{\sum(x-\bar{x})^2 f}{\sum f - 1}}$$

例 4-11 继续引用例 4-2 中的分组数据（见表 4-2），计算某品牌洗衣机 90 天网上销售量的样本标准差。

解： 计算过程如表 4-7 所示。

表 4-7 某品牌洗衣机 90 天网上销售量的标准差计算表

按网上销售量分组（台）	组中值 x	天数 f	离差 $x-\bar{x}$	离差平方 $(x-\bar{x})^2$	离差平方 × 权数 $(x-\bar{x})^2 f$
80 以下	70	13	−30.44	926.59	12 045.720
80～100	90	33	−10.44	108.99	3 596.789
100～120	110	28	9.56	91.39	2 559.021
120 以上	130	16	29.56	873.79	13 980.700
合计	—	90	—	—	32 182.230

注：重叠的组限，采用"上限不在内，下限在内"的原则。

根据表中资料可以计算网上销售量的样本标准差为

$$s = \sqrt{\frac{\sum(x-\bar{x})^2 f}{\sum f - 1}} = \sqrt{\frac{32\,182.230}{89}} = 19.02\,(台)$$

即该品牌洗衣机 90 天网上销售量的差异程度不是很大，其标准差只有 19 台。

4. 标准分

运用标准差还可将原来不能直接比较的离差标准化，使之可以相加、相减、平均或相互比较。为此，我们引入一个新的变量，用符号 Z 表示，它被定义为变量 x 的标准分（也称为 Z 分数或 Z 得分）：

$$Z = \frac{x - \bar{x}}{s}$$

由公式可以看出（以样本均值和样本标准差为例），Z 分数是以离差与标准差的比值来测定变量 x 与 $\bar{x}$ 的相对位置的，它有三个特性。

（1）对于给定资料，由于算术平均数和标准差都是确定值，所以 Z 是和 x 对应的变量。

（2）Z 分数没有单位，是一个不受原资料单位影响的相对数，因而也适用于不同单位资料的比较。

（3）Z 分数实际表达了变量值距算术平均数 $\bar{x}$ 有几个标准差。例如，$Z=2$，表示该变量值离 $\bar{x}$ 有 2 个 s 的距离；$Z=1.5$，表示变量值离 $\bar{x}$ 有 1.5 个 s 的距离。因为 Z 分数和正态分布有密切关系，所以求 Z 分数的过程，也称为变量标准化的过程。均值不同和方差不同的正态分布，经 Z 分数标准化后，其均值为 0，方差等于 1，成为标准正态分布，所以 Z 也有标准正态变量之称。按 Z 值大小编制出的标准正态分布表，其用途十分广泛。

5. 离散系数

全距、标准差、标准分适用于对数值型数据的集中趋势进行测定，都是用绝对数表示的，它们的计量单位与平均数的计量单位相同。当两个不同计量单位的数列进行比较时，很难对二者直接进行对比。因此，在比较两个数列的平均数代表性大小时，如果它们的平均水平不同或计量单位不同，就不能用前述的变异指标直接比较它们的差异程度，而应该用变异指标的相对指标即离散系数进行比较。

常用的离散系数是标准差系数，其计算公式为

$$V_\sigma = \frac{\sigma}{\mu} \times 100\%$$

标准差系数是统计中最常用的分析指标，它消除了不同水平和不同计量单位的影响，从而比较不同总体各单位之间的离散程度。如果是样本数据，公式中的总体标准差 σ 可用样本标准差 s 代替，μ 可用 $\bar{x}$ 代替。

例 4-12 甲、乙两种产品的销售量和相关资料如表 4-8 所示，试比较两种产品销售量的平均数代表性的大小。

表 4-8　甲、乙两种产品销售量和相关资料

产品	平均数 $\bar{x}$	标准差 σ	标准差系数 V_σ
甲	1 000t	40t	4.0%
乙	2 000kg	50kg	2.5%

解：从表中资料可知，由于计量单位不同，所以甲、乙两种产品销售量的标准差是无法比较的。因此，只能用标准差系数比较两种产品销售量的平均数代表性的大小。由于乙产品的标准差系数小于甲产品的标准差系数，所以，乙产品销售量平均数 2 000kg 的代表性要比甲产品销售量平均数 1 000t 要大。

4.3　数据分布形态的度量

平均数与变异指标被用于描述数据分布的集中趋势与离中趋势，而偏度与峰度被用于描述数据的分布形态。数据的分布形态是指数据分布的对称程度、偏斜程度、陡峭程度等。

1. 偏度的测定

偏度（skewness）是描述数据分布形态对称程度的指标。资料没有分组时，偏度的计算公式为

$$\mathrm{SK} = \frac{n}{(n-1)(n-2)} \sum \left(\frac{x - \bar{x}}{s} \right)^3$$

资料分组时，偏度的计算公式为

$$\mathrm{SK} = \frac{\sum (x - \bar{x})^3 f}{n s^3}$$

上式表明，当分布对称时，正负总偏差相等，偏度值为 0；当分布不对称时，正负总偏差不等，偏度值大于 0 或小于 0。偏度值大于 0 表示正偏差值大，可以判断为正偏或右偏；偏度值小于 0 表示负偏差值大，可以判断为负偏或左偏。偏度绝对值越大，表示数据分布形态的偏斜程度越大。

2. 峰度的测定

峰度（kurtosis）是描述数据分布形态陡峭程度的指标。资料没有分组时，峰度的计算公式为

$$K = \frac{n(n+1) \sum (x - \bar{x})^4 - 3 \left[\sum (x - \bar{x})^2 \right]^2 (n-1)}{(n-1)(n-2)(n-3) s^4}$$

资料分组时，峰度的计算公式为

$$K = \frac{\sum(x-\bar{x})^4 f}{ns^4} - 3$$

上式表明，当峰度值等于 0 时，数据分布与标准正态分布的陡峭程度相同，为正态分布；当峰度值大于 0 时，数据分布比标准正态分布更陡峭，为尖峰分布；当峰度值小于 0 时，数据分布比标准正态分布平缓，为平峰分布。

例 4-13 继续引用例 4-2 中的分组数据（见表 4-2），计算某品牌洗衣机 90 天网上销售量的偏度和峰度。计算过程如表 4-9 所示。

表 4-9　某品牌洗衣机 90 天网上销售量的偏度和峰度计算表

按网上销售量分组（台）	组中值 x	天数 f	$(x-\bar{x})^3 f$	$(x-\bar{x})^4 f$
80 以下	70	13	−366 671.62	11 161 484.09
80～100	90	33	−37 550.48	392 026.96
100～120	110	28	24 464.24	233 878.12
120 以上	130	16	413 269.42	12 216 244.09
合计	—	90	33 511.57	24 003 633.26

注：重叠的组限，采用"上限不在内，下限在内"的原则。

解： 根据表 4-2 可计算出网上销售量的平均数为 100.44 台，样本标准差为 19.02 台。由表 4-9 进一步计算可得：

$$SK = \frac{\sum(x-\bar{x})^3 f}{ns^3} = \frac{33\ 511.57}{90 \times 19.02^3} = 0.054$$

偏度为正值，但数值不是很大，说明某品牌洗衣机 90 天网上销售量的数据分布为右偏分布，但偏斜程度很小，与正态分布的形状差异不大。

$$K = \frac{\sum(x-\bar{x})^4 f}{ns^4} - 3 = \frac{24\ 003\ 633.26}{90 \times 19.02^4} - 3 = -0.96$$

峰度小于 0，说明某品牌洗衣机 90 天网上销售量的数据分布比标准正态分布稍平缓一些，属于平峰分布。

值得注意的是，利用组距分组计算的偏度与峰度是个近似值，与真正的原始数据计算出来的偏度与峰度相比有一定的误差。若是原始数据，可以直接通过 Excel "数据分析"选项中的"描述统计"或 SPSS 中的描述统计过程计算偏度与峰度，以及其他描述统计指标数值，如算术平均数、中位数、众数、标准差、方差等。

■ 思考题

1. 数据集中趋势主要用什么指标来描述？分别有哪几种计算形式？
2. 算术平均数、众数、中位数的特点以及应用场合是什么？
3. 数据离中趋势主要用什么指标来描述？
4. 数据的分布形态主要用什么指标来描述？
5. 表4-10是30个网络用户某年某月的网购消费金额。

表 4-10　30 个网络用户某年某月的网购消费金额　　　　（单位：元）

1 900	1 500	826	790	3 224	4 180
3 300	2 000	912	809	2 118	5 620
3 000	3 461	219	1 230	1 516	2 876
2 000	2 700	567	4 500	2 000	2 342
4 100	2 000	468	3 120	923	1 198

计算分析以下问题：

（1）计算众数、中位数。
（2）计算四分位数。
（3）计算平均数和标准差。
（4）计算偏度和峰度。
（5）综合分析分布特征。

6. 一家大型物业公司需要购买一批灯泡，想了解某品牌灯泡的使用寿命情况。为此，该公司从市场随机抽取了100个该品牌的灯泡随机样本，得到灯泡使用寿命分组数据如表4-11所示。

表 4-11　某品牌灯泡使用寿命

灯泡使用寿命 /h	灯泡数
800～1 000	10
1 000～1 200	30
1 200～1 400	50
1 400 以上	10
合计	100

注：重叠的组限，采用"上限不在内，下限在内"的原则。

计算灯泡使用寿命的样本平均数和样本标准差。

7. 某公司旗下有甲、乙两家子公司，两家子公司的生产总值相差不多，但甲公司认为，甲公司的生产稳定性要比乙公司好。为了比较两家子公司的生产情况，公司总部随机抽取两家子公司的员工进行调查。调查结果如表4-12所示。

表 4-12　甲、乙两家子公司的生产情况调查结果

子公司	平均产值（万元）	标准差（万元）
甲	30	5
乙	25	3.5

请根据调查结果评估一下这两家子公司的生产稳定性。你支持甲公司的观点吗？

第 5 章

统计量及其抽样分布

本章主要涵盖统计量及其抽样分布的概念和相关内容。在统计学中,我们常常使用统计量来对总体进行推断和研究。在本章中,我们将探讨不同类型的统计量,如样本均值、样本比例、样本方差等。此外,本章还将研究抽样分布,其可以帮助我们了解统计量的性质,并用于后续章节推断总体参数的区间估计,以及开展假设检验等。

5.1 统计量与常用分布

5.1.1 统计量

在开展统计分析的时候,我们需要从总体中抽取样本 $X_1, X_2, \cdots, X_n$,由于样本中含有总体的各方面信息,因此我们希望运用样本信息对总体的性质或特征进行推断。然而,样本的信息分散于每一个抽取的个案 X_i 之中,无法被有效地利用,因此我们有必要对样本做进一步的加工,从而实现样本信息的提取,并以此来推断总体某些方面的性质或特征。

基于不同的统计分析目的构造不同的样本函数是提取样本信息的有效方式,我们将该样本函数称为统计量。

定义 5-1 设 $X_1, X_2, \cdots, X_n$ 是来自某总体的一个容量为 n 的样本,若样本函数

$$T = T(X_1, X_2, \cdots, X_n)$$

中不包含任何未知参数,那么就称 T 为统计量或样本统计量。若 $x_1, x_2, \cdots, x_n$ 为样本

的一组观察值，由于所有参数都是已知的，将其代入统计量中，就可以得到统计量值 $T(x_1, x_2, \cdots, x_n)$。

例 5-1 设 $X_1, X_2, \cdots, X_n$ 是来自某总体 X 的一个容量为 n 的样本，以下哪些是统计量？

（1） $T_1 = \dfrac{\sum\limits_{i=1}^{n} X_i}{n}$ （2） $T_2 = \dfrac{\sum\limits_{i=1}^{n} (X_i - \bar{X})^2}{n-1}$ （3） $T_3 = \dfrac{\sum\limits_{i=1}^{n} [X_i - E(X)]^2}{n}$

解： 容易得到 $T_1 = \dfrac{\sum\limits_{i=1}^{n} X_i}{n}$ 和 $T_2 = \dfrac{\sum\limits_{i=1}^{n} (X_i - \bar{X})^2}{n-1}$ 都是统计量，都是关于样本的函数且没有未知参数。这里的 T_1 和 T_2 就是样本均值和样本方差。$T_3 = \dfrac{\sum\limits_{i=1}^{n} [X_i - E(X)]^2}{n}$ 不是统计量，这是因为 T_3 中包含总体期望 $E(X)$，这是未知参数。

为了反应不同的总体特征信息，我们构建的样本统计量也会不同，下面我们就来介绍几种常见样本统计量，如表 5-1 所示。

表 5-1 常见样本统计量

反应总体特征信息	统计量	公式
总体均值信息	样本均值	$\bar{X} = \dfrac{\sum\limits_{i=1}^{n} X_i}{n}$
总体方差信息	样本方差	$S^2 = \dfrac{\sum\limits_{i=1}^{n} (X_i - \bar{X})^2}{n-1}$
总体偏度信息	样本偏度	$b_1 = \dfrac{\dfrac{1}{n}\sum\limits_{i=1}^{n}(X_i - \bar{X})^3}{\left[\dfrac{1}{n-1}\sum\limits_{i=1}^{n}(X_i - \bar{X})^2\right]^{\frac{3}{2}}}$
总体峰度信息	样本峰度	$b_2 = \dfrac{\dfrac{1}{n}\sum\limits_{i=1}^{n}(X_i - \bar{X})^4}{\left[\dfrac{1}{n}\sum\limits_{i=1}^{n}(X_i - \bar{X})^2\right]^2} - 3$

当我们根据研究目的构造出统计量之后，接下来的工作就是要给出不同统计量的抽样分布。事实上，有了抽样分布以后，我们就能够度量统计量在不同区间范围内的概率，这对于我们后面开展统计推断非常重要。在实际的统计问题中，有时候总体的分布是已

知的，这时我们可以得到统计量 $T(X_1, X_2, \cdots, X_n)$ 的精确分布，而有时总体的分布是未知的，这种情况下，我们就会借助已有的理论去尝试获得统计量的近似分布。为了使得后面的抽样分布部分更具有可读性，这里我们先来回顾一下几个重要且常用的分布。

5.1.2 常用分布

在介绍后续内容中常用的统计量及其抽样分布之前，我们首先介绍几个常用分布。

1. 正态分布

（1）一般的正态分布。在统计学中，正态分布（normal distribution）又称高斯分布、钟形分布（密度函数的曲线像一口钟），它是随机变量的一种连续概率分布。若一个随机变量 X 服从正态分布，就记为 $X \sim N(\mu, \sigma^2)$，其中，μ 和 σ^2 分别是随机变量 X 的数学期望和方差，即 $E(X) = \mu$，$D(X) = \sigma^2$。正态分布概率密度函数的一般形式为 $f(x) = \dfrac{1}{\sigma\sqrt{2\pi}} e^{-\frac{1}{2}\left(\frac{x-\mu}{\sigma}\right)^2}$，密度曲线如图 5-1 所示。

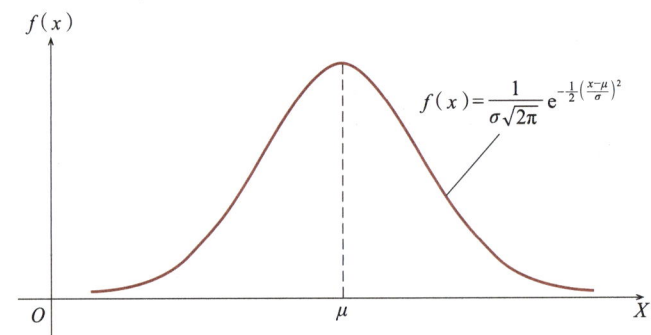

图5-1　正态分布的密度曲线

通过密度函数的形式我们不难发现，正态分布的密度曲线是关于 $x = \mu$ 对称，也就是有

$$P(X \leqslant \mu) = \int_{-\infty}^{\mu} \frac{1}{\sigma\sqrt{2\pi}} e^{-\frac{1}{2}\left(\frac{x-\mu}{\sigma}\right)^2} dx = P(X > \mu) = \int_{\mu}^{-\infty} \frac{1}{\sigma\sqrt{2\pi}} e^{-\frac{1}{2}\left(\frac{x-\mu}{\sigma}\right)^2} dx = 0.5$$

并且当 $x = \mu$ 时，密度函数取到最大值。为了进一步说明 μ 和 σ^2 这两个参数的意义，我们考虑两个随机变量都服从正态分布，并且有以下两种情况。

1）考虑 $X_1 \sim N(\mu_1, \sigma^2)$，$X_2 \sim N(\mu_2, \sigma^2)$，如果 $\mu_1 > \mu_2$，那么密度函数就如图 5-2 所示，它们是不同数学期望的正态分布，相当于密度曲线发生了平移。

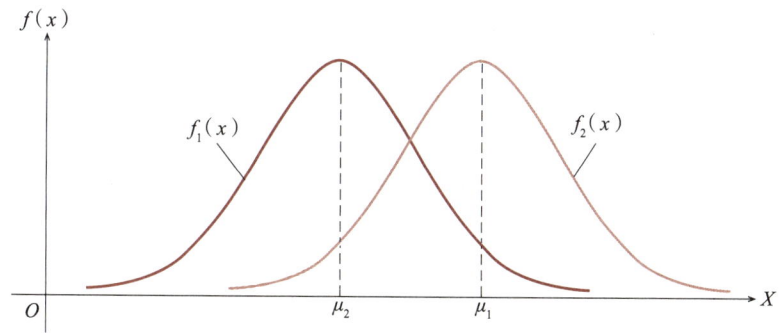

图5-2 不同数学期望的正态分布

2)考虑 $X_1 \sim N(\mu, \sigma_1^2)$, $X_2 \sim N(\mu, \sigma_2^2)$,如果 $\sigma_1^2 > \sigma_2^2$,那么密度函数就如图 5-3 所示,它们是不同方差的正态分布,X_2 的密度函数曲线 $f_2(x)$ 在 X_1 的密度函数曲线 $f_1(x)$ 的基础上进行了压缩。

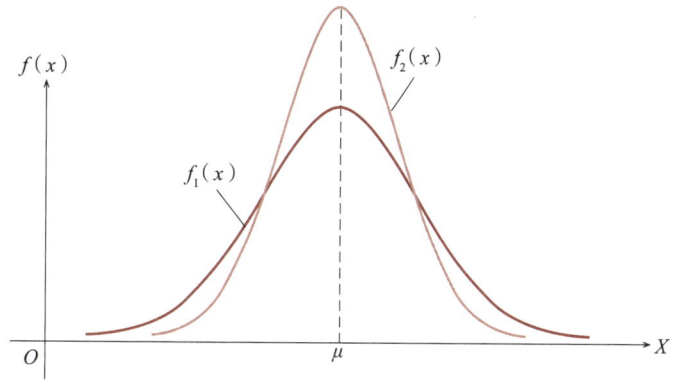

图5-3 不同方差的正态分布

正是由于正态分布拥有这样的性质,因此我们会将一些总体假设为正态分布。例如,我们可以将某个需要研究群体的身高假设为服从正态分布,也就是说,我们假设任意从该群体中抽取一位,其身高处于中间水平是大概率的;反之,其身高特别高或者比较矮的概率就相对较低了。

(2)标准正态分布。如果有随机变量 $X \sim N(\mu,\sigma^2)$,我们可以对其进行线性变换,即令 $Z = \dfrac{X-\mu}{\sigma}$,则 $Z \sim N(0,1)$,我们称 Z 服从标准正态分布。对于标准正态分布,其满足数学期望为 0 和方差为 1,也就是 $E(Z)=0$,$D(Z)=1$。标准正态分布的密度函数为

$$\varphi(z) = \dfrac{1}{\sqrt{2\pi}} e^{-\dfrac{z^2}{2}}$$

标准正态分布图如图 5-4 所示。

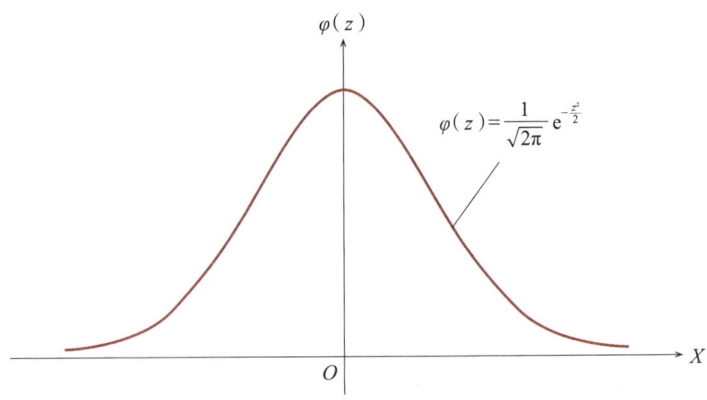

图5-4 标准正态分布

标准正态分布的分布函数可以记为

$$\Phi(z) = \int_{-\infty}^{z} \frac{1}{\sqrt{2\pi}} e^{-\frac{t^2}{2}} dt$$

由于该密度函数是关于 y 轴对称的，因此可以有

$$\Phi(-z) = \int_{-\infty}^{-z} \frac{1}{\sqrt{2\pi}} e^{-\frac{t^2}{2}} dt = 1 - \int_{-\infty}^{z} \frac{1}{\sqrt{2\pi}} e^{-\frac{t^2}{2}} dt = 1 - \Phi(z)$$

若 $P(X > z_\alpha) = \frac{1}{\sqrt{2\pi}} \int_{z_\alpha}^{+\infty} e^{-\frac{x^2}{2}} dx = \alpha$，那么我们就称 z_α 为标准正态分布的上 α 分位点，如图 5-5 所示。也就是说，随机变量落在 z_α 右侧的概率为 α。

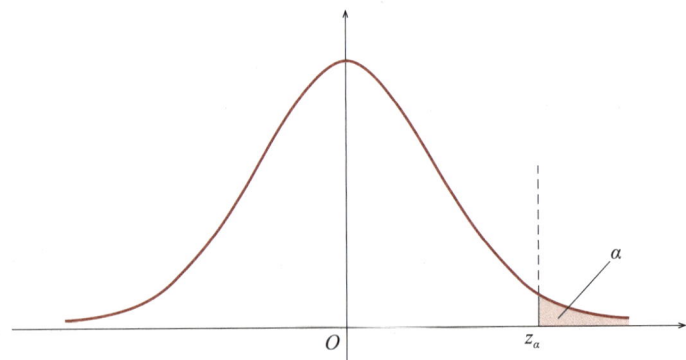

图5-5 标准正态分布分位点

2. 卡方分布

在统计学中，自由度为 n 的卡方分布（也称 χ^2 分布）是 n 个独立标准正态随机变量的平方和分布。也就是说，如果 $Z_1, Z_2, \cdots, Z_n$ 是独立的且服从标准正态分布的随机变量，则

它们的平方和

$$\chi^2 = Z_1^2 + Z_2^2 + \cdots + Z_n^2$$

服从自由度为 n 的 χ^2 分布，记为 $\chi^2 \sim \chi^2(n)$。不同自由度的卡方分布如图5-6所示。

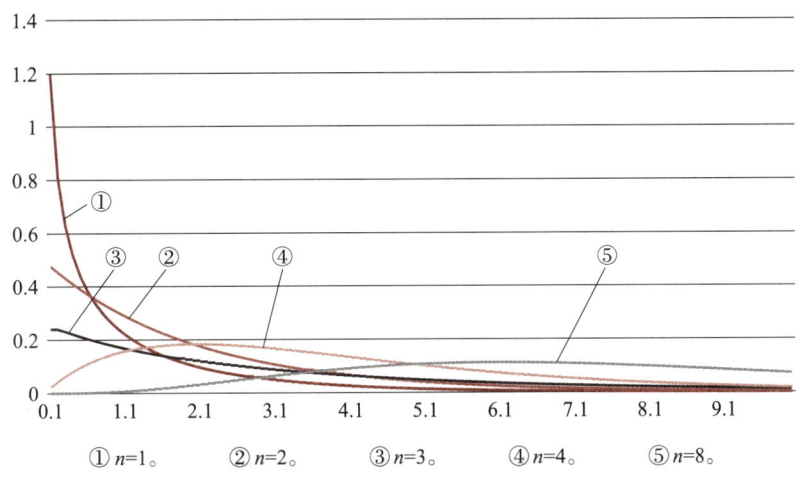

① $n=1$。　　② $n=2$。　　③ $n=3$。　　④ $n=4$。　　⑤ $n=8$。

图5-6　不同自由度的卡方分布

性质 5-1：可加性。

设 $\chi_1^2 \sim \chi^2(n_1)$，$\chi_2^2 \sim \chi^2(n_2)$，并且 χ_1^2, χ_2^2 独立，则 $\chi_1^2 + \chi_2^2 \sim \chi^2(n_1 + n_2)$。

性质 5-2：期望与方差。

若 $\chi^2 \sim \chi^2(n)$，则 $E(\chi^2) = n$，$D(\chi^2) = 2n$。

证明：若 $Z_i \sim N(0,1)$，$i = 1, 2, \cdots, n$，那么就有 $E(Z_i) = 0$ 和 $D(Z_i) = 1$，并由此可得 $E(Z_i^2) = D(Z_i) + \left[E(Z_i)\right]^2 = 1$。

$$\begin{aligned} E(Z_i^4) &= \frac{1}{\sqrt{2\pi}} \int_{-\infty}^{\infty} x^4 \mathrm{e}^{-\frac{x^2}{2}} \mathrm{d}x \\ &= 2 \frac{1}{\sqrt{2\pi}} \int_0^{\infty} x^4 \mathrm{e}^{-\frac{x^2}{2}} \mathrm{d}x \\ &= \sqrt{\frac{2}{\pi}} \int_0^{\infty} x^3 \mathrm{e}^{-\frac{x^2}{2}} (x \, \mathrm{d}x) \\ &= \sqrt{\frac{2}{\pi}} \int_0^{\infty} (2u)^{\frac{3}{2}} \mathrm{e}^{-u} \mathrm{d}u \\ &= \frac{4}{\sqrt{\pi}} \int_0^{\infty} u^{\frac{3}{2}} \mathrm{e}^{-u} \mathrm{d}u \\ &= \frac{4}{\sqrt{\pi}} \Gamma\left(\frac{5}{2}\right) = \frac{4}{\sqrt{\pi}} \times \frac{3}{2} \Gamma\left(\frac{3}{2}\right) = \frac{4}{\sqrt{\pi}} \times \frac{3}{2} \times \frac{1}{2} \Gamma\left(\frac{1}{2}\right) = \frac{4}{\sqrt{\pi}} \times \frac{3}{2} \times \frac{1}{2} \sqrt{\pi} = 3 \end{aligned}$$

可得 $D(Z_i^2) = E(Z_i^4) - \left[E(Z_i^2)\right]^2 = 3 - 1 = 2$

因此有

$$E(\chi^2) = E\left(\sum_{i=1}^{n} Z_i^2\right) = \sum_{i=1}^{n} E(Z_i^2) = n$$

$$D(\chi^2) = D\left(\sum_{i=1}^{n} Z_i^2\right) = \sum_{i=1}^{n} D(Z_i^2) = 2n$$

如果 $P[\chi^2 > \chi_\alpha^2(n)] = \alpha$,那么点 $\chi_\alpha^2(n)$ 为 $\chi^2(n)$ 分布的上 α 分位点,如图 5-7 所示。

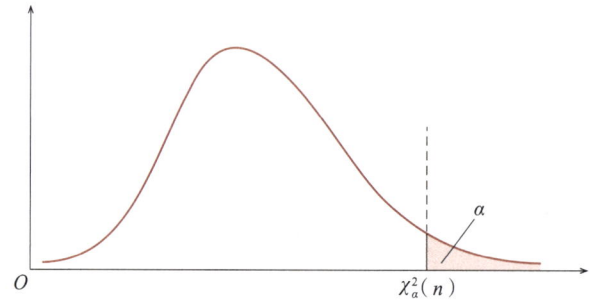

图5-7　卡方分布分位点

3. t 分布

设 $Z \sim N(0,1)$,$Y \sim \chi^2(n)$,且 Z、Y 独立,$t = \dfrac{Z}{\sqrt{Y/n}}$ 服从自由度为 n 的 t 分布,并且记为 $t \sim t(n)$。t 分布是由英国统计学家威廉·西利·戈塞(William Sealy Gosset)以笔名"学生"(student)提出的,因此也称为学生氏分布。t 分布的密度函数为

$$f(t) = \frac{\Gamma\left(\dfrac{n+1}{2}\right)}{\sqrt{\pi n}\,\Gamma\left(\dfrac{n}{2}\right)}\left(1 + \frac{t^2}{n}\right)^{-\frac{n+1}{2}}, \quad -\infty < t < +\infty$$

由图 5-8 我们可以发现,t 分布的密度函数曲线是关于 $t=0$ 对称的,t 分布的密度函数曲线要比标准正态分布扁平一些,并且有 $\lim\limits_{n \to \infty} f(t) = \dfrac{1}{\sqrt{2\pi}} e^{-\frac{t^2}{2}}$,也就是说,当自由度充分大的时候,$t$ 分布近似于标准正态分布,但是如果自由度比较小,二者还是存在着较大的差异。

对于给定的 α,$0 < \alpha < 1$,如果 $P[t > t_\alpha(n)] = \alpha$,那么点 $t_\alpha(n)$ 为 t 分布的上 α 分位点,如图 5-9 所示。

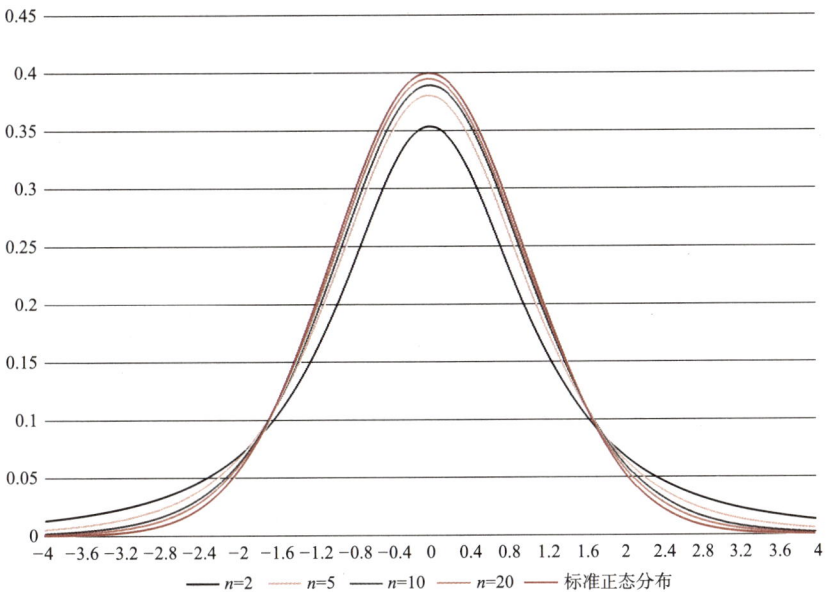

图5-8 不同自由度的t分布与标准正态分布

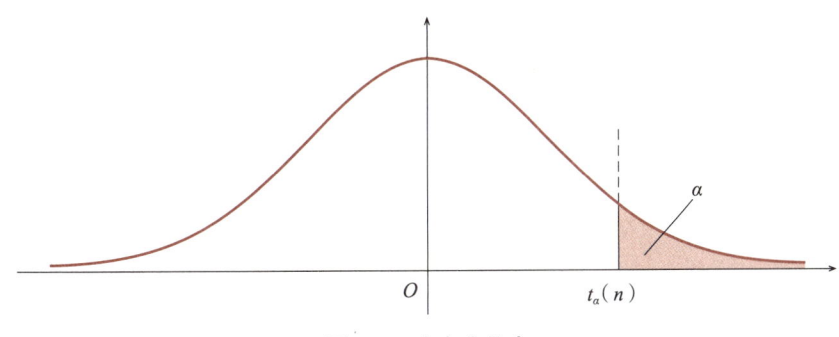

图5-9 t分布分位点

4. F分布

如果有两个随机变量服从卡方分布,即 $U \sim \chi^2(n_1)$, $V \sim \chi^2(n_2)$,那么随机变量 $F = \dfrac{U/n_1}{V/n_2}$ 服从自由度为 (n_1, n_2) 的 F 分布,并且记为 $F \sim F(n_1, n_2)$。不同自由度的 F 分布如图 5-10 所示。

若 $F \sim F(n_1, n_2)$,由于随机变量 $F = \dfrac{U/n_1}{V/n_2}$,其结构是个分式,因此显然有 $\dfrac{1}{F} \sim F(n_2, n_1)$。

对于给定的 α,$0 < \alpha < 1$,如果 $P[F > F_\alpha(n_1, n_2)] = \alpha$,那么点 $F_\alpha(n_1, n_2)$ 为 F 分布的上 α 分位点,如图 5-11 所示。

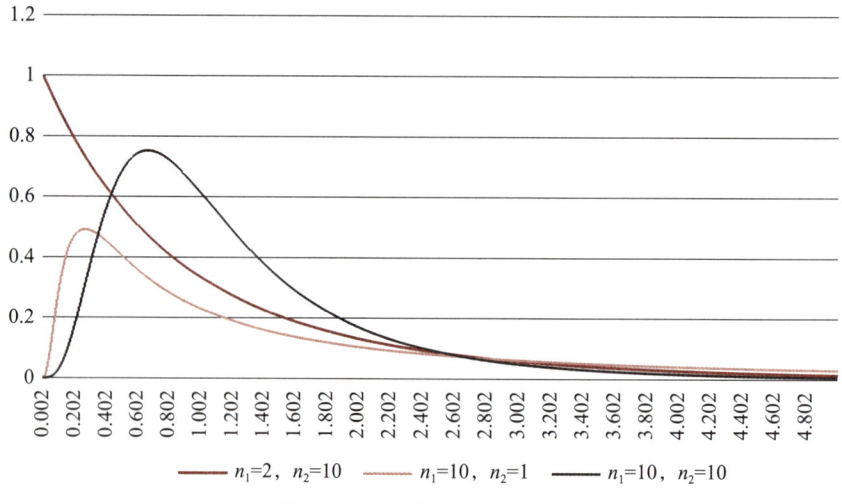

图5-10 不同自由度的F分布

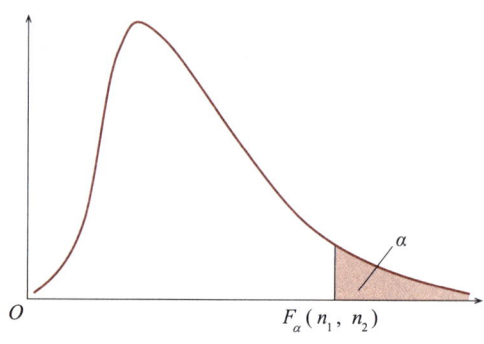

图5-11 F分布分位点

5.2 抽样分布

定义 5-2 统计量的概率分布称为抽样分布。

在总体分布已知的情况下,研究统计量的抽样分布实际上就是研究样本函数的分布。抽样分布对于我们后续的学习是非常重要的,有了抽样分布,我们就可以测度统计量在不同区间内的概率,这对于我们后续开展点估计的评价、置信区间的建立,以及假设检验中拒绝区域的划定都有着至关重要的作用。常见的抽样分布可以分为以下三类。

(1) 精确抽样分布。在总体分布是已知的情况下,我们可以得到统计量 $T(X_1, X_2, \cdots, X_n)$ 的具体表达式,这样的抽样分布称为精确抽样分布。精确抽样分布对于小样本条件下的统计推断非常重要。

(2) 渐进抽样分布。在实际的统计分析问题中,由于总体分布未知,或者统计量的精确分布无法得到,又或者统计量的精确分布非常复杂,那么这个时候,我们就会尝试寻求样本量趋向无穷大时 $T(X_1, X_2, \cdots, X_n)$ 的极限分布，并且当样本量很大时（大样本情形），我们就会用这个极限分布作为当前样本量下抽样分布的近似，将其称为样本量的渐进抽样分布。渐进抽样分布对于在大样本情形下开展统计推断发挥了重要的作用。

（3）近似抽样分布。当精确抽样分布和渐进抽样分布都无法或难以获得的时候，我们需要尝试寻找统计量的近似抽样分布，例如，用模拟的方法获得统计量的近似抽样分布。

下面我们将对几类后续章节会用到的抽样分布进行介绍。

5.2.1 样本均值及其分布

1. 样本均值

定理 5-1： 在服从正态分布 $N(\mu,\sigma^2)$ 的总体中抽取样本 $X_1, X_2, \cdots, X_n$，n 是样本量，$\bar{X}$ 是样本均值，于是有 $\bar{X} \sim N\left(\mu, \dfrac{\sigma^2}{n}\right)$，即 $\dfrac{\bar{X}-\mu}{\sigma/\sqrt{n}} \sim N(0,1)$。

需要说明的是，这里的定理考虑的都是可重复抽样，也就是放回的抽样。若考虑不可重复抽样，则 $\bar{X} \sim N\left[\mu, \dfrac{\sigma^2}{n}\left(\dfrac{N-n}{N-1}\right)\right]$，$\dfrac{N-n}{N-1}$ 被称为修正因子，这里的 N 表示总体中的个案数。在无限总体的情况下，$\dfrac{N-n}{N-1}$ 收敛于 1，这就使得可重复抽样和不可重复抽样下的样本均值抽样分布是一样的。在总体中个案数很大的情况下，$\dfrac{N-n}{N-1}$ 会非常接近于 1，我们也可以用可重复抽样的结果来近似不可重复抽样的结果。本教材在没有特殊说明的情况下，都考虑可重复抽样情形。

定理 5-2： 在服从正态分布 $N(\mu,\sigma^2)$ 的总体中抽取样本 $X_1, X_2, \cdots, X_n$，n 是样本量，$\bar{X}$ 和 S 是样本均值和样本标准差，于是有

$$\frac{\bar{X}-\mu}{S/\sqrt{n}} \sim t(n-1)$$

证明：

$$\frac{\bar{X}-\mu}{S/\sqrt{n}} = \frac{\dfrac{\bar{X}-\mu}{\sigma/\sqrt{n}}}{S/\sigma} = \frac{\dfrac{\bar{X}-\mu}{\sigma/\sqrt{n}}}{\sqrt{S^2/\sigma^2}} = \frac{\dfrac{\bar{X}-\mu}{\sigma/\sqrt{n}}}{\sqrt{\dfrac{(n-1)S^2/\sigma^2}{n-1}}}$$

由于 $\dfrac{\bar{X}-\mu}{\sigma/\sqrt{n}} \sim N(0,1)$，$\dfrac{(n-1)S^2}{\sigma^2} \sim \chi^2(n-1)$，由 t 分布的定义可知 $\dfrac{\bar{X}-\mu}{S/\sqrt{n}} \sim t(n-1)$。

前面的两个定理都需要总体服从正态分布，那么如果总体的分布未知，我们还可以得到样本均值的抽样分布吗？这里就需要用到林德伯格－列维（Lindeberg-Levy）中心极限定理。

定理 5-3（林德伯格－列维中心极限定理）： 设随机变量 $X_1, X_2, \cdots, X_n$ 独立同分布，且具有有限的数学期望和方差 $E(X_i) = \mu, D(X_i) = \sigma^2 \neq 0 (i=1,2,\cdots,n)$。记

$$\bar{X} = \frac{1}{n}\sum_{i=1}^{n} X_i, \zeta_n = \frac{\bar{X}-\mu}{\sigma/\sqrt{n}}$$

则 $\lim\limits_{n \to \infty} P(\zeta_n \leqslant z) = \Phi(z)$，其中，$\Phi(z)$ 是标准正态分布的分布函数。

林德伯格－列维中心极限定理给了我们一个非常有用的结论，简单来说就是只要满足定理的条件，那么样本均值的抽样分布就会收敛于正态分布，该结论并不会随总体分布的变化而变化。

图 5-12～图 5-14 中，左边的子图表示总体和一次抽样的样本，其中高的部分是总体的分布，矮的部分是一次抽样观察值的分布。不难发现，从上至下，三个总体分别是双峰分布、右偏分布和均匀分布。我们运用编程软件完成了 1 000 次可重复抽样，计算每一次抽样观察值的样本均值，并且在右侧绘制出样本均值的频数分布图。结果显示，无论总体分布如何，只要满足林德伯格－列维中心极限定理的条件，样本均值都会呈现出"钟形"的正态分布形态。

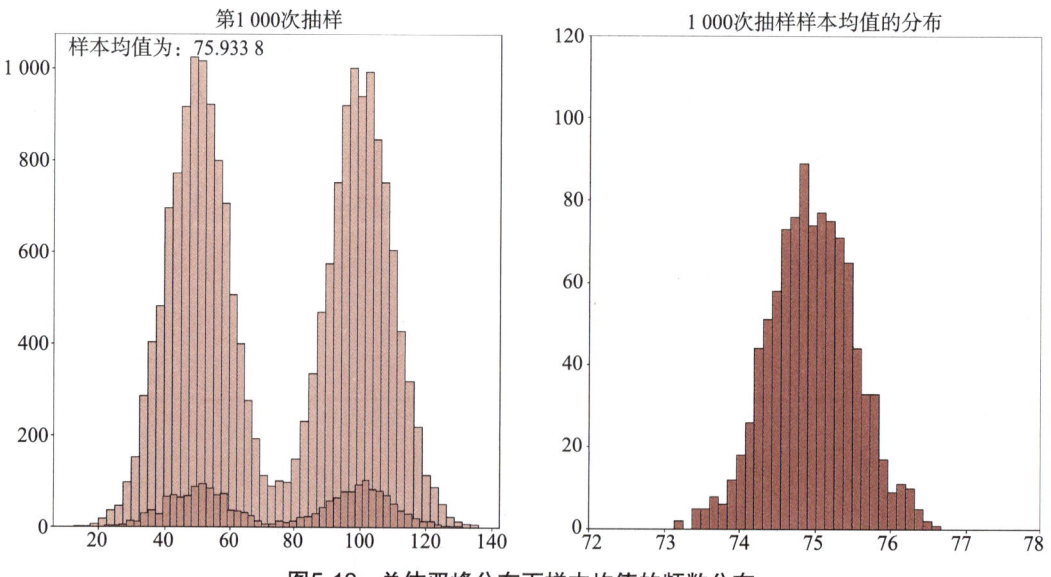

图5-12　总体双峰分布下样本均值的频数分布

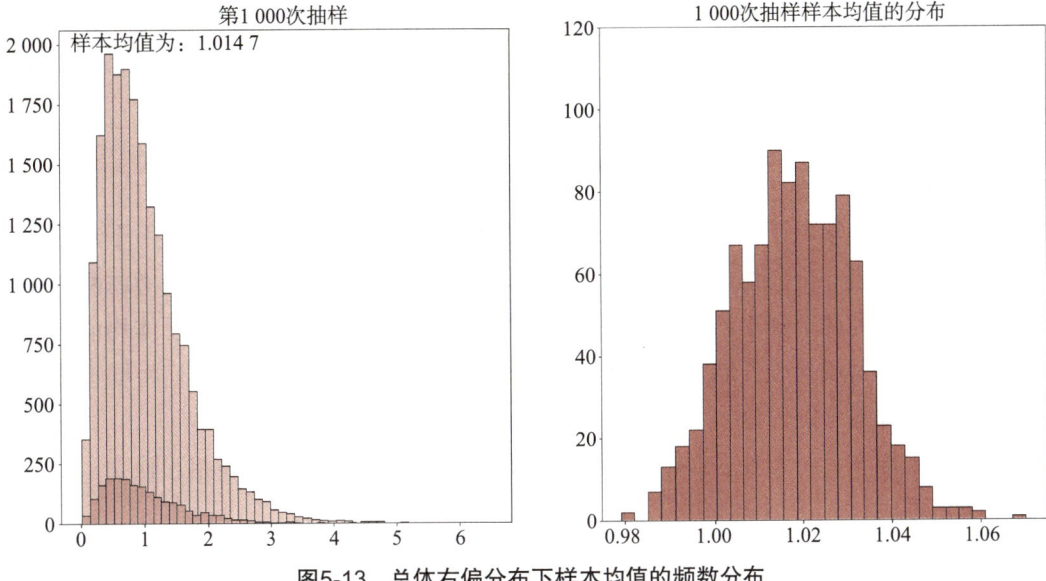

图5-13 总体右偏分布下样本均值的频数分布

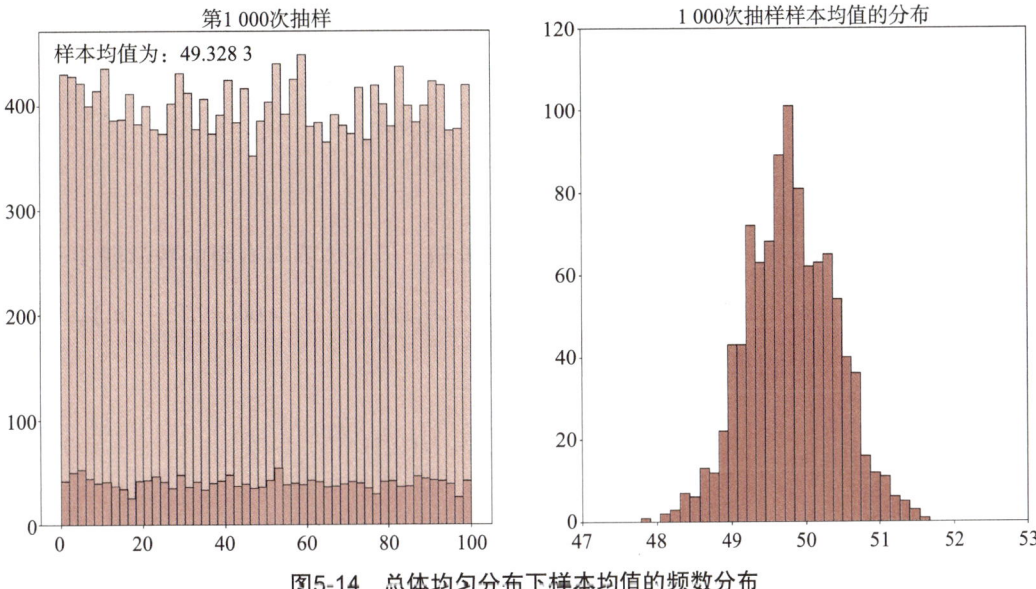

图5-14 总体均匀分布下样本均值的频数分布

在实际的统计分析中，我们无法做到样本量趋向于无穷大，依据经验，通常只要是大样本情形（$n \geq 30$），我们就可以将正态分布作为样本均值的渐进抽样分布。也就是说，在总体中抽取样本 $X_1, X_2, \cdots, X_n$，n 是样本量且满足大样本条件（$n \geq 30$）。如果总体具有有限的数学期望和方差 $E(X_i) = \mu$，$D(X_i) = \sigma^2 \neq 0 (i = 1, 2, \cdots, n)$，$\bar{X}$ 和 S 是样本均值和样本标准差，那么就有

$$\frac{\bar{X} - \mu}{\sigma / \sqrt{n}} \sim N(0,1)$$

如果总体标准差 σ 未知，那么可以用样本标准差 S 来估计，也可以得到

$$\frac{\bar{X}-\mu}{S/\sqrt{n}} \sim N(0,1)$$

2. 样本均值差

我们之前已经学习了不同情形下样本均值的抽样分布，该分布对于构建一个总体均值的置信区间和开展一个总体均值的假设检验非常重要。接下来，我们进一步考虑两个总体下的问题，即研究两个样本均值之差的抽样分布，该分布将用于后续两个总体均值之差的置信区间构建和假设检验开展。为了研究两个样本均值差的抽样分布，我们将样本分为独立样本和匹配样本分别讨论。

（1）独立样本。所谓独立样本，是指两个样本毫不相关，样本之间相互独立，独立样本有如下定理。

定理 5-4： 在服从正态分布 $N(\mu_1,\sigma_1^2)$ 和 $N(\mu_2,\sigma_2^2)$ 的两个总体中抽取相互独立的样本 $X_1,X_2,\cdots,X_{n_1}$ 与 $Y_1,Y_2,\cdots,Y_{n_2}$。两个正态分布的参数已知，$\bar{X}$ 与 $\bar{Y}$ 分别是两个样本的样本均值，n_1 和 n_2 是样本量。那么就有

$$\frac{(\bar{X}-\bar{Y})-(\mu_1-\mu_2)}{\sqrt{\frac{\sigma_1^2}{n_1}+\frac{\sigma_2^2}{n_2}}} \sim N(0,1)$$

与样本均值的抽样分布类似，如果总体分布未知，但总体具有有限的数学期望和方差 $E(X_i)=\mu_1, D(X_i)=\sigma_1^2 \neq 0 (i=1,2,\cdots,n_1)$，$E(Y_i)=\mu_2, D(Y_i)=\sigma_2^2 \neq 0 (i=1,2,\cdots,n_2)$，那么由林德伯格－列维中心极限定理可得

$$\frac{(\bar{X}-\bar{Y})-(\mu_1-\mu_2)}{\sqrt{\frac{\sigma_1^2}{n_1}+\frac{\sigma_2^2}{n_2}}} \sim N(0,1)$$

当两个总体方差未知的时候，也可以用样本方差作为总体方差的估计，并且得到

$$\frac{(\bar{X}-\bar{Y})-(\mu_1-\mu_2)}{\sqrt{\frac{S_1^2}{n_1}+\frac{S_2^2}{n_2}}} \sim N(0,1)$$

定理 5-5： 在服从正态分布 $N(\mu_1,\sigma^2)$ 和 $N(\mu_2,\sigma^2)$ 的两个总体中抽取相互独立的样本 $X_1,X_2,\cdots,X_{n_1}$ 与 $Y_1,Y_2,\cdots,Y_{n_2}$。$\bar{X}$ 与 $\bar{Y}$ 分别是两个样本的样本均值，S_1^2 和 S_2^2 分别是两个样本的样本方差，n_1 和 n_2 是样本量。那么就有

$$\frac{(\bar{X}-\bar{Y})-(\mu_1-\mu_2)}{S_p\sqrt{\dfrac{1}{n_1}+\dfrac{1}{n_2}}} \sim t(n_1+n_2-2)$$

其中，$S_p = \sqrt{\dfrac{(n_1-1)S_1^2+(n_2-1)S_2^2}{n_1+n_2-2}}$。

证明：由独立样本的条件可知

$$\bar{X}-\bar{Y} \sim N\left(\mu_1-\mu_2, \frac{\sigma^2}{n_1}+\frac{\sigma^2}{n_2}\right)$$

因此通过标准化可得

$$Z = \frac{(\bar{X}-\bar{Y})-(\mu_1-\mu_2)}{\sigma\sqrt{\dfrac{1}{n_1}+\dfrac{1}{n_2}}} \sim N(0,1)$$

由于 $\dfrac{(n_1-1)S_1^2}{\sigma^2} \sim \chi^2(n_1-1)$ 且 $\dfrac{(n_2-1)S_2^2}{\sigma^2} \sim \chi^2(n_2-1)$，由卡方分布的可加性可得

$$\chi^2 = \frac{(n_1-1)S_1^2}{\sigma^2} + \frac{(n_2-1)S_2^2}{\sigma^2} \sim \chi^2(n_1+n_2-2)$$

$$\frac{(\bar{X}-\bar{Y})-(\mu_1-\mu_2)}{S_p\sqrt{\dfrac{1}{n_1}+\dfrac{1}{n_2}}} = \frac{\dfrac{(\bar{X}-\bar{Y})-(\mu_1-\mu_2)}{\sigma\sqrt{\dfrac{1}{n_1}+\dfrac{1}{n_2}}}}{\dfrac{S_p}{\sigma}}$$

$$= \frac{\dfrac{(\bar{X}-\bar{Y})-(\mu_1-\mu_2)}{\sigma\sqrt{\dfrac{1}{n_1}+\dfrac{1}{n_2}}}}{\sqrt{\dfrac{\dfrac{(n_1-1)S_1^2}{\sigma^2}+\dfrac{(n_2-1)S_2^2}{\sigma^2}}{n_1+n_2-2}}}$$

$$= \frac{Z}{\sqrt{\dfrac{\chi^2}{n_1+n_2-2}}}$$

依据 t 分布的定义可知

$$\frac{(\bar{X}-\bar{Y})-(\mu_1-\mu_2)}{S_p\sqrt{\dfrac{1}{n_1}+\dfrac{1}{n_2}}} \sim t(n_1+n_2-2)$$

如果两个样本是从两个总体中独立抽取的，两个总体都服从正态分布，即服从

$N(\mu_1, \sigma_1^2)$ 和 $N(\mu_2, \sigma_2^2)$，σ_1^2 与 σ_2^2 均未知但不相等，即 $\sigma_1^2 \neq \sigma_2^2$，我们就有

$$\frac{(\bar{X}_1 - \bar{X}_2) - (\mu_1 - \mu_2)}{\sqrt{\frac{S_1^2}{n_1} + \frac{S_2^2}{n_2}}} \sim t(df)$$

这里的自由度需要用到韦尔奇－萨特思韦特（Welch-Satterthwaite）方程的结果来近似，即

自由度 df 为 $\dfrac{\left(\dfrac{S_1^2}{n_1} + \dfrac{S_2^2}{n_2}\right)^2}{\dfrac{S_1^4}{n_1^2(n_1-1)} + \dfrac{S_2^4}{n_2^2(n_2-1)}}$ 的取整，这里 n_1, n_2, S_1^2, S_2^2 分别为样本量和样本方差。[1]

（2）匹配样本。如果两个样本并不是从两个总体中独立抽取的，而是同一对象先后测量两次，两个样本的样本量相同，两个样本的顺序是一一对应的，这样的样本就称为匹配样本。例如，抽取同一批学生完成的两张试卷并比较平均分；又如，抽取同一批志愿者分别在两种不同的环境下入睡并比较深度睡眠时长的平均值；等等。这些都是同一组对象先后的两次试验，都属于匹配样本。匹配样本的数据形式如表 5-2 所示。

表 5-2　匹配样本的数据形式

观察序号	样本 1	样本 2	差值
1	x_{11}	x_{21}	$x_{D_1} = x_{11} - x_{21}$
2	x_{12}	x_{22}	$x_{D_2} = x_{12} - x_{22}$
⋮	⋮	⋮	⋮
n	x_{1n}	x_{2n}	$x_{D_n} = x_{1n} - x_{2n}$

对于匹配样本，其个案都是一一对应的，也就是有 $\bar{X}_1 - \bar{X}_2 = \bar{X}_D$。因此，可以直接将均值之差的抽样分布转化为差值均值的抽样分布，其主要结论就与一个均值的抽样分布非常类似了。

情形 1：若两个总体的期望分别为 μ_1 和 μ_2，两个总体观察值的匹配差服从正态分布 $N(\mu_1 - \mu_2, \sigma^2)$，方差 σ^2 已知，n 是样本量，那么就有

$$\frac{\bar{X}_D - (\mu_1 - \mu_2)}{\frac{\sigma}{\sqrt{n}}} \sim N(0,1)$$

情形 2：若两个总体的期望分别为 μ_1 和 μ_2，两个总体观察值的匹配差服从正态分布 $N(\mu_1 - \mu_2, \sigma^2)$，方差 σ^2 未知，n 是样本量，那么就有

---

[1] WELCH B L. The significance of the difference between two means when the population variances are unequal[J]. Biometrika, 1938, 29(3-4): 350-362.

$$\frac{\bar{X}_D - (\mu_1 - \mu_2)}{\frac{S_D}{\sqrt{n}}} \sim t(n-1)$$

情形 3：若两个总体的期望分别为 μ_1 和 μ_2，两个总体观察值的匹配差不服从正态分布，样本量 $n \geq 30$，即大样本情形，总体方差未知。那么，依据林德伯格 – 列维中心极限定理，并且用匹配差的样本标准差作为总体标准差的估计，那么就有

$$\frac{\bar{X}_D - (\mu_1 - \mu_2)}{\frac{S_D}{\sqrt{n}}} \stackrel{.}{\sim} N(0,1)$$

5.2.2 样本比例及其分布

定理 5-6 [棣莫弗 – 拉普拉斯（De Moivre–Laplace）定理]：设随机变量 η_n（$n=1,2,\cdots$）服从参数为 n、$p(0<p<1)$ 的二项分布，则对于任意 x，恒有

$$\lim_{n\to\infty} P\left\{\frac{\eta_n - np}{\sqrt{np(1-p)}} \leq x\right\} = \int_{-\infty}^{x} \frac{1}{\sqrt{2\pi}} e^{-\frac{t^2}{2}} dt = \Phi(x)$$

下面我们用编程软件对棣莫弗 – 拉普拉斯定理进行模拟试验，考虑总体比例为 60%，总体个案数为 50 000，样本量为 1 000，并进行 1 000 次的抽样，将累积到当前次数的样本比例观察值放在右侧，绘制频数分布图，如图 5-15～图 5-17 所示。不难发现，每次抽样的样本比例不同（第 20 次为 0.611，第 500 次为 0.599，第 1 000 次为 0.601），但随着抽样次数的增加，样本比例的频数分布呈现出"钟形"的正态分布。

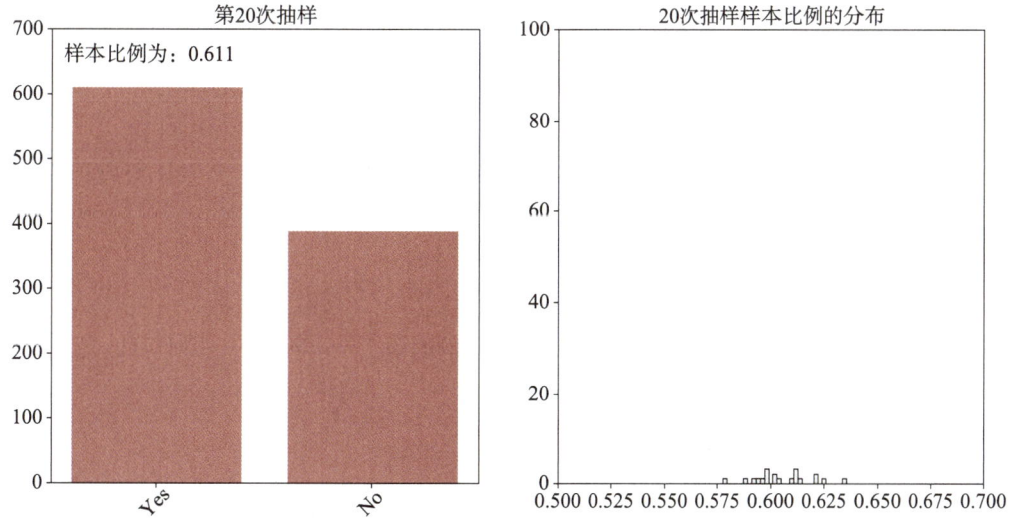

图5-15　第20次抽样的样本比例与累积频数分布

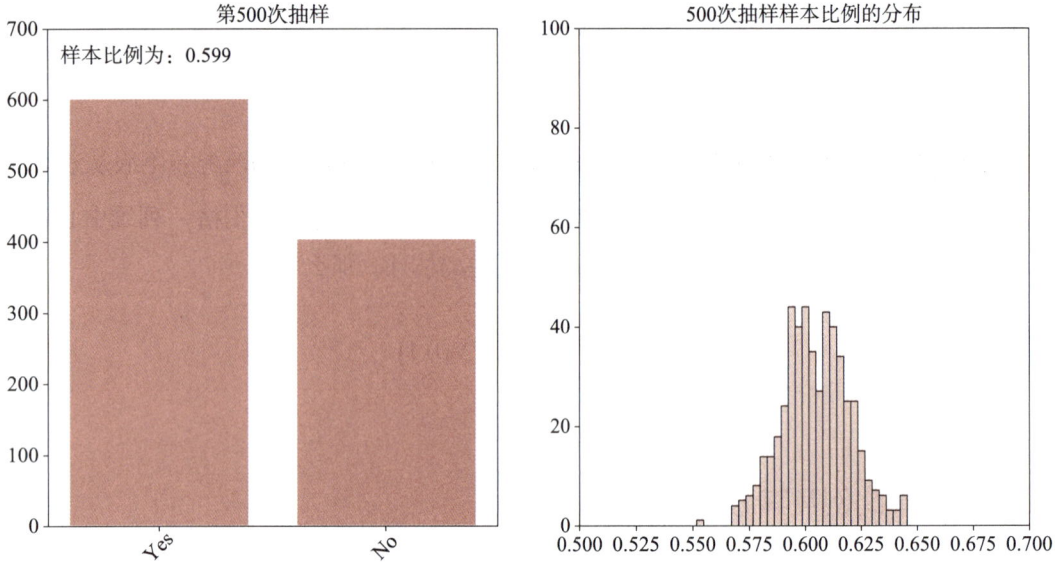

图5-16 第500次抽样的样本比例与累积频数分布

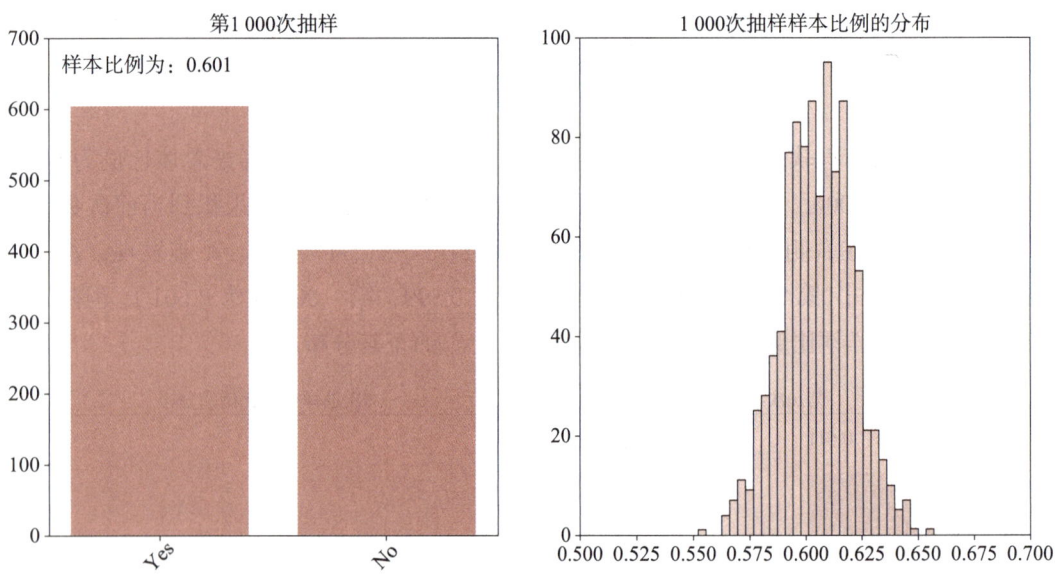

图5-17 第1 000次抽样的样本比例与累积频数分布

由棣莫弗-拉普拉斯定理可知,当 n 足够大的时候,$\dfrac{\dfrac{\eta_n}{n}-p}{\sqrt{\dfrac{p(1-p)}{n}}} \dot\sim N(0,1)$。因此,对于样本比例的抽样分布,我们可以总结如下。

当总体服从两点分布 $b(1,p)$ 时,这里考虑大样本情形,依经验为 $n\hat{p}>5$,$n(1-\hat{p})>5$,这里的 $\hat{p}$ 为样本比例估计值。对于独立样本 $X_1, X_2, \cdots, X_n$,$X_i \sim b(1,p), i=1,2,\cdots,n$,样本

比例可以记为 $\hat{P} = \dfrac{\sum_{i=1}^{n} X_i}{n} = \dfrac{\eta_n}{n}$，于是有

$$\frac{\hat{P} - p}{\sqrt{\dfrac{p(1-p)}{n}}} \sim N(0,1)$$

当两个总体分别服从两点分布 $b(1, p_1)$ 和 $b(1, p_2)$ 时，从中抽取两个独立样本，满足大样本条件 $[n_i \hat{p}_i > 5, n_i(1-\hat{p}_i) > 5, i=1,2]$。这里 n_i 表示样本量，$\hat{p}_i$ 表示样本比例的观察值，那么样本比例差的抽样分布就满足

$$\frac{(\hat{P}_1 - \hat{P}_2) - (p_1 - p_2)}{\sqrt{\dfrac{p_1(1-p_1)}{n_1} + \dfrac{p_2(1-p_2)}{n_2}}} \sim N(0,1)$$

5.2.3 样本方差及其分布

定理 5-7： 在服从正态分布 $N(\mu, \sigma^2)$ 的总体中抽取样本 $X_1, X_2, \cdots, X_n$，n 是样本量，S 是样本标准差，于是有

$$\frac{(n-1)S^2}{\sigma^2} \sim \chi^2(n-1)$$

证明：取

$$Y_1 = \frac{1}{\sqrt{n}} X_1 + \frac{1}{\sqrt{n}} X_2 + \cdots + \frac{1}{\sqrt{n}} X_n$$

$$Y_2 = \frac{1}{\sqrt{2}} X_1 - \frac{1}{\sqrt{2}} X_2$$

$$Y_3 = \frac{1}{\sqrt{2 \times 3}} (X_1 + X_2) - \frac{2}{\sqrt{2 \times 3}} X_3$$

$$\vdots$$

$$Y_n = \frac{1}{\sqrt{n \times (n-1)}} (X_1 + X_2 + \cdots + X_{n-1}) - \frac{n-1}{\sqrt{n \times (n-1)}} X_n$$

我们也可以将其写成矩阵形式，即令

$$\boldsymbol{Y} = (Y_1, Y_2, \cdots, Y_n)^{\mathrm{T}}, \quad \boldsymbol{X} = (X_1, X_2, \cdots, X_n)^{\mathrm{T}}$$

$$A = \begin{bmatrix} \dfrac{1}{\sqrt{n}} & \dfrac{1}{\sqrt{n}} & \dfrac{1}{\sqrt{n}} & \cdots & \dfrac{1}{\sqrt{n}} \\ \dfrac{1}{\sqrt{2}} & -\dfrac{1}{\sqrt{2}} & 0 & \cdots & 0 \\ \dfrac{1}{\sqrt{2\times 3}} & \dfrac{1}{\sqrt{2\times 3}} & -\dfrac{2}{\sqrt{2\times 3}} & \cdots & 0 \\ \vdots & \vdots & \vdots & \ddots & \vdots \\ \dfrac{1}{\sqrt{n\times(n-1)}} & \dfrac{1}{\sqrt{n\times(n-1)}} & \dfrac{1}{\sqrt{n\times(n-1)}} & \cdots & -\dfrac{n-1}{\sqrt{n\times(n-1)}} \end{bmatrix}$$

就有 $Y = AX$。

由于总体服从正态分布 $N(\mu, \sigma^2)$，因此得到

$$Y_1 \sim N(\sqrt{n}\mu, \sigma^2), \quad Y_i \sim N(0, \sigma^2), \text{ 且 } \mathrm{cov}(Y_i, Y_j) = 0, \; i = 2, 3, \cdots, n$$

进一步可得

$$\frac{Y_i}{\sigma} \sim N(0,1)$$

$$\sum_{i=1}^{n} Y_i^2 = Y^{\mathrm{T}} Y = X^{\mathrm{T}} A^{\mathrm{T}} A X = X^{\mathrm{T}} X = \sum_{i=1}^{n} X_i^2$$

$$Y_1 = \sqrt{n}\bar{X}$$

$$\frac{(n-1)S^2}{\sigma^2} = \frac{\sum_{i=1}^{n}(X_i - \bar{X})^2}{\sigma^2} = \frac{\sum_{i=1}^{n} X_i^2 - n\bar{X}^2}{\sigma^2} = \frac{\sum_{i=1}^{n} Y_i^2 - Y_1^2}{\sigma^2} = \frac{\sum_{i=2}^{n} Y_i^2}{\sigma^2} = \sum_{i=2}^{n}\left(\frac{Y_i}{\sigma}\right)^2$$

依据卡方分布的定义可得

$$\frac{(n-1)S^2}{\sigma^2} \sim \chi^2(n-1)$$

定理 5-8：在服从正态分布 $N(\mu_1, \sigma_1^2)$ 和 $N(\mu_2, \sigma_2^2)$ 的两个总体中抽取相互独立的样本 $X_1, X_2, \cdots, X_{n_1}$ 与 $Y_1, Y_2, \cdots, Y_{n_2}$。$S_1^2$ 和 S_2^2 分别是两个样本的样本方差，n_1 和 n_2 是样本量。那么就有

$$\frac{S_1^2/S_2^2}{\sigma_1^2/\sigma_2^2} \sim F(n_1-1, n_2-1)$$

证明：由前面可知

$$\frac{(n_1-1)S_1^2}{\sigma_1^2} \sim \chi^2(n_1-1), \quad \frac{(n_2-1)S_2^2}{\sigma_2^2} \sim \chi^2(n_2-1)$$

两项各自除以自由度，再做比值可得

$$\left.\frac{(n_1-1)S_1^2}{(n_1-1)\sigma_1^2}\right/\frac{(n_2-1)S_2^2}{(n_2-1)\sigma_2^2} \sim F(n_1-1, n_2-1)$$

整理后就可以得到定理 5-8 的结论。

■ 思考题

一、选择题

1. 如果随机变量 $X \sim t(n)$，那么 $Y = 1/X^2$ 服从（　　）。

   A. 正态分布　　　B. $\chi^2(n)$ 分布　　　C. t 分布　　　D. F 分布

2. 运用林德伯格-列维中心极限定理，可保证在样本量足够大的情形下（　　）。

   A. 样本均值收敛于总体均值　　　B. 样本方差收敛于总体方差
   C. 样本均值的分布趋近于正态分布　　　D. 样本比例收敛于总体比例

3. 设总体均值为 64，总体方差为 36，在大样本情形下，样本均值服从或近似服从（　　）。

   A. $N(36, 64/n)$　　　B. $N(8, 6/n)$　　　C. $N(64, 36/n)$　　　D. $N(6, 8/n)$

4. 设 $X \sim N(0,1), Y \sim \chi^2(10)$，且 X 与 Y 独立，则随机变量（　　）服从自由度为 10 的 t 分布。

   A. $10X/Y$　　　B. $X/10Y$　　　C. $X/\sqrt{10Y}$　　　D. $\sqrt{10}X/\sqrt{Y}$

5. 已有样本 $X_1, X_2, \cdots, X_n$，以下不是统计量的为（　　）。

   A. $5\bar{X}/\sigma$　　　　　　　　B. $\max(X_1, X_2, \cdots, X_n)$

   C. $X_1 + 5$　　　　　　　　　D. $\min(X_1, X_2, \cdots, X_n)$

6. 在某公交车站点等待公交车的时间服从均值为 10min、标准差为 2min 的右偏分布。若随机抽取 100 名乘客并记录他们等车的时间，则该样本均值的分布服从（　　）。

   A. 近似正态分布，均值为 10min，标准差为 0.2min
   B. 近似正态分布，均值为 10min，标准差为 2min
   C. 近似卡方分布，均值为 10min，标准差为 2min
   D. 近似正态分布，均值为 10min，标准差为 0.02min

7. 大样本情形下，单总体的样本比例分布服从（　　）。

   A. F 分布　　　B. 贝塔分布　　　C. 正态分布　　　D. 卡方分布

二、计算题

1. 某商店顾客单笔消费金额服从均值为 100 元、标准差为 16 元的正态分布。从总体

（考虑无限总体）中抽取一个容量为n的样本，样本均值的标准差为2元，样本容量是多少？

2. 某流水线生产的产品重量服从均值为μ、标准差为$\sigma=1$的正态分布。随机在仓库中（考虑其中有无穷多产品）抽取16件产品作为一个样本，并测量每件产品的重量。试确定样本均值偏离总体均值不超过0.1kg的概率。

3. 继续考虑上一题的问题，如果我们希望$\bar{X}$与μ的偏差在0.1kg之内的概率达到0.9，我们需要抽取多大容量的样本？

4. $X_1, X_2, \cdots, X_n$表示从$N(0,1)$中随机抽取的容量$n=10$的一个样本，试确定常数y，使得

$$P\left(\sum_{i=1}^{10} X_i^2 \leqslant y\right) = 0.9$$

5. 设从两个方差相等且互相独立的正态总体中分别抽取容量为20与30的样本，若其样本方差分别为S_1^2和S_2^2，求$P(S_1^2/S_2^2 > 1.5)$。

第6章

参数估计

从这一章开始,我们将学习如何运用样本推断总体属性(见图6-1),这一过程也被称为统计推断,下面我们将首先学习统计推断中的参数估计。

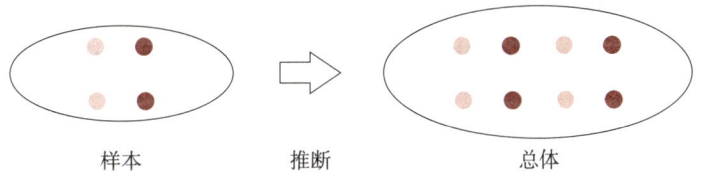

图6-1 样本推断总体

参数估计的目的是根据样本统计量来近似总体参数的值。例如,我们用样本均值 $\bar{X}$ 估计总体均值 μ,用样本比例 $\hat{P}$ 估计总体比例 p,用样本方差 S^2 估计总体比例 σ^2。参数估计包括点估计和区间估计两个部分,下面我们首先来介绍点估计。

6.1 点估计

在统计学中,点估计简单来讲就是使用样本数据来计算得到一个具体的值(在空间中标记为一个点),并将该值作为对于未知总体参数的估计值。在点估计中,根据样本构造的统计量,是作为总体未知参数(记为 θ)的估计,该统计量被称为估计量(记为 $\hat{\theta}$)。

需要说明的是,如果用 X 表示观察数据的随机变量(样本),则估计量就是随机变量的

函数 $\hat{\theta}(X)$；如果获得某一次抽样的具体观察值，即 $X=x$，我们就可以将其记为 $\hat{\theta}(x)$，即得到了总体参数的一个具体估计值。

例如，对于随机样本 $X_1, X_2, \cdots, X_n$，我们用估计量 $\bar{X} = \dfrac{\sum_{i=1}^{n} X_i}{n}$ 估计总体均值 μ，当然，$\bar{X}$ 是随机的。如果完成了一次抽样，那么我们就可以得到随机样本 $X_1, X_2, \cdots, X_n$ 的观察值 $x_1, x_2, \cdots, x_n$，此时我们就可以得到总体均值 μ 的估计值 $\bar{x} = \dfrac{\sum_{i=1}^{n} x_i}{n}$。不妨假定样本量为5，样本的观察值为5、6、7、8、9，那么总体均值 μ 的估计值为7。

通过不同的估计方法对同一个总体参数开展估计，可能会得到不同的估计量，那么我们应该选择哪一个呢？评价估计量的标准又是什么呢？接下来我们将讲解统计量的特征，这也是评价统计量的重要标准。

1. 无偏性

在估计中，我们将估计量的期望值与被估计的总体参数的真实值之间的差异称为"偏差"。也就是说，一个估计量的期望值越接近被估计参数，偏差就越小。当估计量的期望值和真实值相等时，我们就称该估计量是无偏的，或者称这个估计量是无偏估计量。

无偏估计量的具体定义可以表述为，令 $T = f(X_1, X_2, \cdots, X_n)$ 是基于随机样本 $X_1, X_2, \cdots, X_n$ 的估计量，用于估计总体参数 θ。如果 $E[T] = \theta$，那么估计量 T 就称为参数 θ 的无偏估计量。

为了更清楚地说明问题，不妨以打靶为例，打靶的目标是要打中靶心，我们可以将靶心当作待估计参数，将每次射击当作一次抽样，那么弹着点就是估计值。如图6-2所示，左图的弹着点在靶心的周围，我们可以将其认为是无偏的，但是右图的弹着点明显偏离了靶心，因此是有偏的。

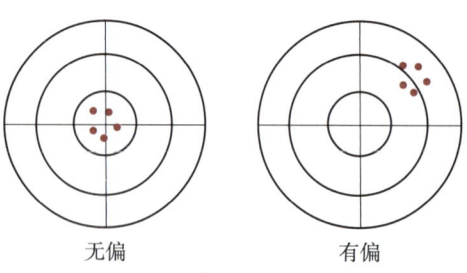

图6-2 无偏性示意图

用估计量的分布来表示也会非常直观，考虑两个估计量 T_1 和 T_2，待估计参数为 θ，图6-3中 T_1 的数学期望为 θ，是无偏的；T_2 的数学期望为 $\tilde{\theta}$，是有偏的。如果选择 T_2 作为

θ估计量，那么其估计值在θ周围的概率要比T_1小。

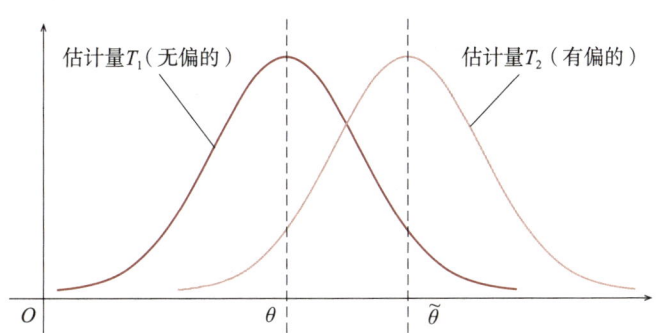

图6-3 用估计量的分布表示无偏与有偏

例6-1 样本均值是总体均值的无偏估计吗？

解： 令$X_1, X_2, \cdots, X_n$是来自总体的独立随机样本，总体均值为μ，令$\bar{X} = \dfrac{\sum\limits_{i=1}^{n} X_i}{n}$，于是我们就有

$$E\left[\bar{X}\right] = E\left[\dfrac{\sum\limits_{i=1}^{n} X_i}{n}\right] = \dfrac{1}{n}\sum_{i=1}^{n} E[X_i] = \dfrac{1}{n}\sum_{i=1}^{n}\mu = \mu$$

因此，样本均值是总体均值的无偏估计量。

例6-2 $X_1, X_2, \cdots, X_n$是来自总体的独立随机样本，总体均值为μ，总体方差为σ^2，那么$S^2 = \dfrac{1}{n}\sum\limits_{i=1}^{n}(X_i - \bar{X})^2$是总体方差$\sigma^2$的无偏估计量吗？

解： $E\left[S^2\right] = \dfrac{1}{n}\left\{\sum\limits_{i=1}^{n} E\left[X_i^2\right] - nE\left[\bar{X}^2\right]\right\}$

$= \dfrac{1}{n}\left[\sum\limits_{i=1}^{n}\left(\sigma^2 + \mu^2\right) - n\left(\dfrac{\sigma^2}{n} + \mu^2\right)\right] = \dfrac{(n-1)\sigma^2}{n}$

因此，$S^2 = \dfrac{1}{n}\sum\limits_{i=1}^{n}(X_i - \bar{X})^2$不是总体方差$\sigma^2$的无偏估计量。

2. 有效性

令T_1和T_2是相同参数θ的两个无偏估计量。如果$D(T_2) < D(T_1)$，那么我们就称估计量T_2比估计量T_1更有效。也就是说，方差越小的估计量越有效，最有效的估计量是结果

变异性最小的估计量。同样可以用到前面打靶的例子，将打靶比作估计量，虽然两位选手的打靶弹着点都在靶心的周围（都是无偏的），但是图 6-4 中左图的弹着点到靶心距离明显更近（方差更小），右图的弹着点就非常分散（方差较大）。

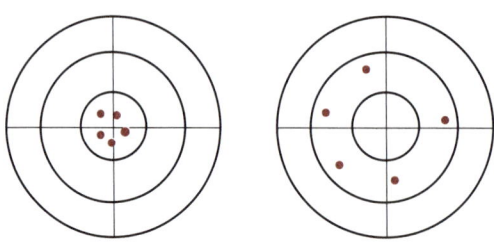

图6-4　有效性示意图

用估计量的分布来阐述就是，如图 6-5 所示，考虑两个估计量 T_1 和 T_2，待估计参数为 θ，T_1 和 T_2 的数学期望都是 θ，因此都是无偏的；T_2 分布更为扁平，方差更大；T_1 的方差更小，其估计值落在 θ 周围的概率更大，因此更有效。

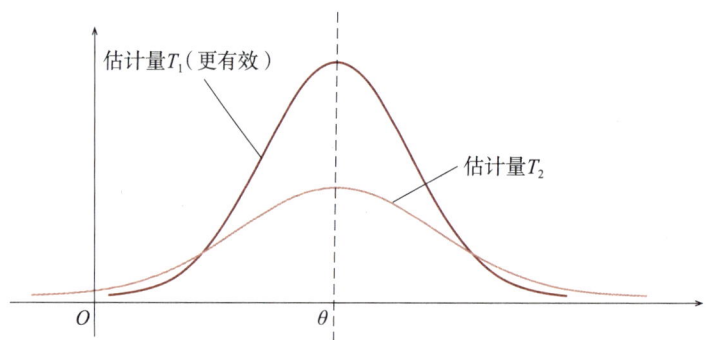

图6-5　用估计量的分布比较有效性

例 6-3　X_1, X_2, X_3 是来自总体的独立随机样本，总体均值为 μ，总体方差为 σ^2，现有两个总体均值的无偏估计量，$\bar{X} = \dfrac{X_1 + X_2 + X_3}{3}$，$\bar{X}^* = \dfrac{X_1}{4} + \dfrac{X_2}{4} + \dfrac{X_3}{2}$，请分析哪个估计量更有效。

解： $D(\bar{X}) = D\left(\dfrac{X_1 + X_2 + X_3}{3}\right) = \dfrac{1}{3^2}(3\sigma^2) = \dfrac{\sigma^2}{3}$

$D(\bar{X}^*) = D\left(\dfrac{X_1}{4} + \dfrac{X_2}{4} + \dfrac{X_3}{2}\right) = \left(\dfrac{1}{4^2} + \dfrac{1}{4^2} + \dfrac{1}{2^2}\right)\sigma^2 = \dfrac{3\sigma^2}{8}$

由此可得 $D(\bar{X}) < D(\bar{X}^*)$，因此 $\bar{X} = \dfrac{X_1 + X_2 + X_3}{3}$ 更有效。

3. 一致性

如果随着样本量的增加，估计量依概率收敛于待估计参数 θ，那么我们就称该估计量是 θ 的一致估计量。这意味着，随着样本量的增加，估计量的分布越来越集中在被估计参数的附近。

一致性的严格定义可以表述如下：

记 θ 为待估计参数，T_n 为样本量为 n 的估计量，如果对于任意 $\varepsilon > 0$，都有 $\lim\limits_{n \to \infty} P(|T_n - \theta| > \varepsilon) = 0$，那么估计量 T_n 是 θ 的一致估计量（见图6-6）。

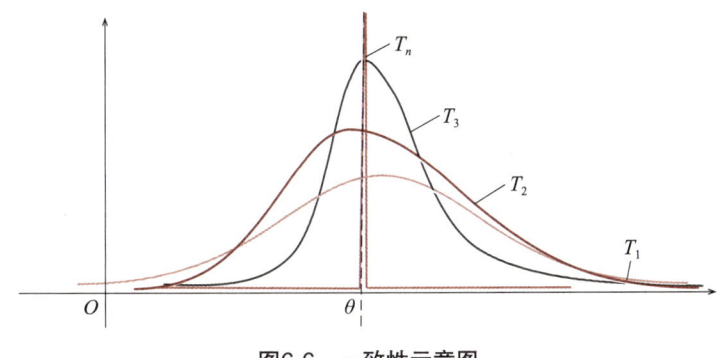

图6-6　一致性示意图

4. 充分性

如果一个估计量使用了样本可以提供的所有关于总体参数的信息，那么我们就称其为充分的。例如，如果将样本中位数作为总体均值的估计量，那么它是不充分的，因为它只使用了关于观察排名的信息，而样本均值则是充分的。

6.2 置信区间

6.2.1 置信区间的概念

如果用 X 表示观察数据的随机变量（样本），对于估计量 $\hat{\theta}(X)$，在一次抽样中获得了具体观察值，即 $X = x$，这样我们就可以得到一个估计值 $\hat{\theta}(x)$。这个值是很有意义的，这个估计值的给出，实际上就意味着告诉调查者，真实的总体参数 θ 就在 $\hat{\theta}(x)$ 附近。

例如，要估计某个区域的人均月收入，普查的成本很高，那就可以采取随机抽样的方法，当完成样本量为 1 000 的调查后，假设得到的样本均值是 $\bar{x} = 5\,000$。我们能够认为这个区域的人均月收入 μ 就是 5 000 元吗？不能，这是因为一次随机抽样得到的 $\bar{x}$ 恰好等于 μ 的概率为 0［即 $P(\bar{X} = \mu) = 0$］。因此 $\bar{x} = 5\,000$ 的意义在于，我们相信人均月收入 μ 应该在 5 000 元附近。

"附近"这一词的出现自然引出两个问题。①"附近"到底有多近呢？也就是说，当我们给出点估计的时候，估计误差是多少呢？②既然点估计恰好等于真实总体参数的概率为零，那我们能不能设置一个区间，使这个区间能够较大概率包含总体参数呢？我们将通过引入置信区间的概念来回答这些问题。

定义 6-1 设 θ 为待估计的总体参数，$X_1, X_2, \cdots, X_n$ 是来自总体的一个样本，对于给定的 α $(0 < \alpha < 1)$，构造两个统计量 $\hat{\theta}_U(X_1, X_2, \cdots, X_n)$ 和 $\hat{\theta}_L(X_1, X_2, \cdots, X_n)$，如果有

$$P\left[\hat{\theta}_L(X_1, X_2, \cdots, X_n) \leq \theta \leq \hat{\theta}_U(X_1, X_2, \cdots, X_n)\right] = 1 - \alpha$$

这里的 $1-\alpha$ 被称为置信水平，并称

$$\left[\hat{\theta}_L(X_1, X_2, \cdots, X_n), \hat{\theta}_U(X_1, X_2, \cdots, X_n)\right]$$

是 θ 在置信水平为 $1-\alpha$ 的置信区间，或者简称 $\left[\hat{\theta}_L, \hat{\theta}_U\right]$ 是 θ 的 $1-\alpha$ 置信区间，$\hat{\theta}_L$ 与 $\hat{\theta}_U$ 分别称为 $1-\alpha$ 的置信下界和置信上界。

那么，如何才能构造出 $\hat{\theta}_L$ 与 $\hat{\theta}_U$ 呢？常用的方法是借助枢轴量来构造，下面我们先来介绍枢轴量的定义。

定义 6-2 令 θ 为待估计的总体参数，$\hat{\theta}$ 是 θ 的点估计，构造一个关于 $\hat{\theta}$ 与 θ 的函数 $G(\hat{\theta}, \theta)$，使得 G 的分布（或大样本情形下的渐进分布）是已知的，且与 θ 无关，这里的 $G(\hat{\theta}, \theta)$ 就称为枢轴量。

有了枢轴量之后应该如何得到置信区间呢？我们将在接下来的具体问题中逐一讲解。

6.2.2 一个总体参数的置信区间

一个总体参数的置信区间主要包括总体均值、总体比例和总体方差的置信区间三个部分。

1. 总体均值的置信区间

在不同的前提假定下，总体均值的置信区间也是不同的，下面我们将分不同的情形进行讨论。

（1）**正态总体、总体方差已知的情形。** 当总体服从正态分布 $N(\mu, \sigma^2)$，这里的 σ^2 已知，μ 为待估计的总体均值，此时样本均值 $\bar{X} \sim N\left(\mu, \dfrac{\sigma^2}{n}\right)$。那么就有枢轴量

$$\frac{\bar{X}-\mu}{\frac{\sigma}{\sqrt{n}}} \sim N(0,1)$$

如果考虑置信水平 $1-\alpha$，这就意味着我们需要构建置信上下界，使其覆盖总体参数 μ 的概率为 $1-\alpha$。标准正态分布与分位数如图 6-7 所示。

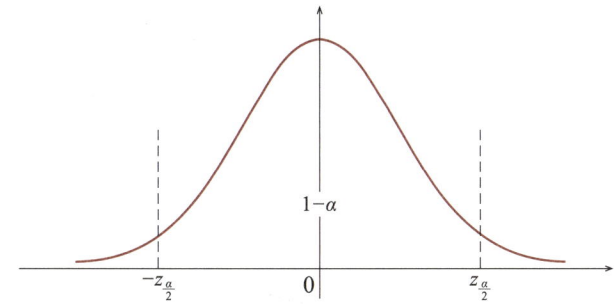

图6-7　标准正态分布与分位数

于是，我们就有

$$P\left(-z_{\frac{\alpha}{2}} \leqslant \frac{\bar{X}-\mu}{\frac{\sigma}{\sqrt{n}}} \leqslant z_{\frac{\alpha}{2}}\right)=1-\alpha$$

通过两边移项可以得到

$$P\left(\bar{X}-z_{\frac{\alpha}{2}}\frac{\sigma}{\sqrt{n}} \leqslant \mu \leqslant \bar{X}+z_{\frac{\alpha}{2}}\frac{\sigma}{\sqrt{n}}\right)=1-\alpha$$

这样我们就得到了 μ 的置信水平为 $1-\alpha$ 的置信区间：

$$\left[\bar{X}-z_{\frac{\alpha}{2}}\frac{\sigma}{\sqrt{n}}, \bar{X}+z_{\frac{\alpha}{2}}\frac{\sigma}{\sqrt{n}}\right]$$

式中，$\bar{X}$ 是点估计；$z_{\frac{\alpha}{2}}\frac{\sigma}{\sqrt{n}}$ 是估计误差；$\bar{X}-z_{\frac{\alpha}{2}}\frac{\sigma}{\sqrt{n}}$ 是置信下界；$\bar{X}+z_{\frac{\alpha}{2}}\frac{\sigma}{\sqrt{n}}$ 是置信上界。通常在解决实际问题的时候，$1-\alpha$ 需要根据情况提前给定。需要说明的是，由于 $\bar{X}$ 是随机的，因此置信区间是一个随机区间，它覆盖 μ 的概率是 $1-\alpha$。

不妨考虑置信水平 95%，假设待估计的总体参数 $\mu=50$。置信水平 95% 就是指如果反复抽样很多次（见图 6-8，我们用计算机模拟了 1 000 次），那么依据每一次抽样得到的观测值都可以计算得到该次抽样置信区间的值（图 6-8 中的一条竖直线段表示一次抽样的置信区间）。图中有些置信区间是细线的，表示覆盖了总体均值 $\mu=50$；而有些置信区间是粗线的，表示无法覆盖总体均值 $\mu=50$。这里细线的置信区间占总量的比例约为 95%。

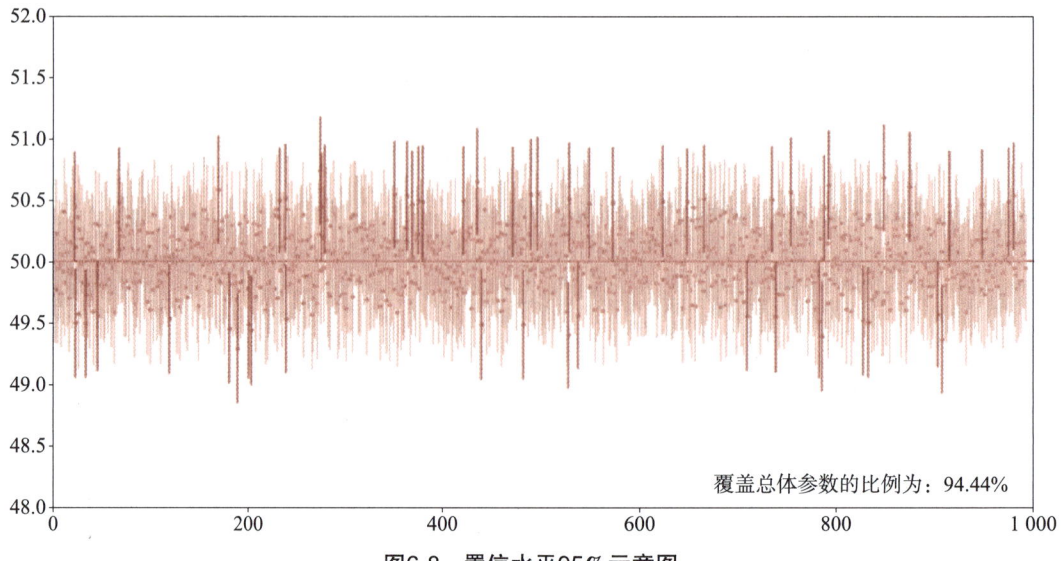

图6-8 置信水平95%示意图

例 6-4 某研究院随机对 1 000 棵某类植物的果实产量进行调查。若根据历史经验已知，这类植物的果实产量服从正态分布，标准差为 1 000g。现在已知抽取植物的果实产量均值为 4 300g，请在 95% 的置信水平下，建立这类植物的果实平均产量的置信区间。

解：（1）已知条件：$n=1\,000$，$\bar{x}=4\,300$，$\sigma=1\,000$，$1-\alpha=95\%$。

（2）选择公式：$\left[\bar{X}-z_{\frac{\alpha}{2}}\frac{\sigma}{\sqrt{n}},\ \bar{X}+z_{\frac{\alpha}{2}}\frac{\sigma}{\sqrt{n}}\right]$

（3）计算过程：

$$\left[4\,300-\frac{1\,000}{\sqrt{1\,000}}z_{0.025},\ 4\,300+\frac{1\,000}{\sqrt{1\,000}}z_{0.025}\right]$$

$$=\left[4\,300-62.5,\ 4\,300+62.5\right]=\left[4\,237.5,\ 4\,362.5\right]$$

因此，在 95% 的置信水平下，这类植物的果实平均产量的置信区间为 $[4\,237.5,\ 4\,362.5]$，估计误差为 62.5g。

注：该结论也可以有以下两种视角的解读。

第一，区间视角：这类植物的果实平均产量在 4 237.5g 与 4 362.5g 之间，这个估计的可信程度为 95%。

第二，误差视角：取 $\bar{x}=4\,300$ 作为 μ 的估计值，其误差不大于 $z_{\frac{\alpha}{2}}\frac{\sigma}{\sqrt{n}}=62.5$，这个误差的可信程度为 95%。

（2）非正态总体、大样本的情形。

情形 1：当总体并不服从正态分布，但样本量 $n>30$（30 是经验值），即大样本情形，

并且 σ^2 已知时,那么依据林德伯格 – 列维中心极限定理,$\bar{X} \sim N\left(\mu, \dfrac{\sigma^2}{n}\right)$($\sim$ 表示近似服从),此时就有枢轴量

$$\frac{\bar{X}-\mu}{\dfrac{\sigma}{\sqrt{n}}} \sim N(0,1)$$

可得置信水平 $1-\alpha$ 下的近似置信区间为 $\left[\bar{X}-z_{\frac{\alpha}{2}}\dfrac{\sigma}{\sqrt{n}}, \bar{X}+z_{\frac{\alpha}{2}}\dfrac{\sigma}{\sqrt{n}}\right]$,在实际应用中也可以省略"近似"。

情形 2:当总体并不服从正态分布,但样本量 $n>30$(30 是经验值),即大样本情形,并且 σ^2 未知,S 为样本标准差时,那么就用样本标准差来估计总体标准差,可得置信水平 $1-\alpha$ 下的近似置信区间为 $\left[\bar{X}-z_{\frac{\alpha}{2}}\dfrac{S}{\sqrt{n}}, \bar{X}+z_{\frac{\alpha}{2}}\dfrac{S}{\sqrt{n}}\right]$,在实际应用中也可以省略"近似"。

(3)正态总体、总体方差未知的情形。当总体服从正态分布 $N(\mu,\sigma^2)$,这里的 σ^2 未知,μ 为待估计的总体均值,此时就有枢轴量

$$\frac{\bar{X}-\mu}{\dfrac{S}{\sqrt{n}}} \sim t(n-1)$$

如果我们考虑置信水平 $1-\alpha$,那么接下来构建的置信区间,其覆盖总体参数 μ 的概率为 $1-\alpha$。t 分布与分位数如图 6-9 所示。

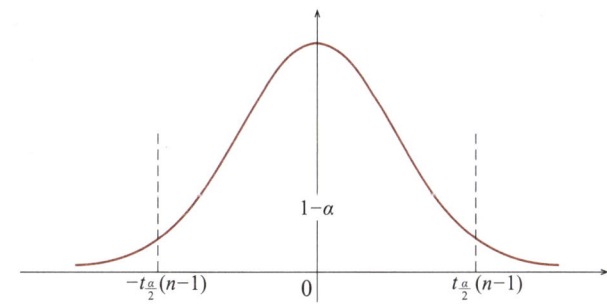

图6-9 t 分布与分位数

$$P\left[-t_{\frac{\alpha}{2}}(n-1) \leqslant \frac{\bar{X}-\mu}{\dfrac{S}{\sqrt{n}}} \leqslant t_{\frac{\alpha}{2}}(n-1)\right] = 1-\alpha$$

$$P\left[\bar{X}-t_{\frac{\alpha}{2}}(n-1)\frac{S}{\sqrt{n}} \leqslant \mu \leqslant \bar{X}+t_{\frac{\alpha}{2}}(n-1)\frac{S}{\sqrt{n}}\right] = 1-\alpha$$

由此可得 μ 的置信水平为 $1-\alpha$ 的置信区间

$$\left[\bar{X}-t_{\frac{\alpha}{2}}(n-1)\frac{S}{\sqrt{n}},\ \bar{X}+t_{\frac{\alpha}{2}}(n-1)\frac{S}{\sqrt{n}}\right]$$

例 6-5 某咖啡连锁企业计划在某创业园区内开设分店，委托调研机构开展市场调查。机构调查了 120 位园区内的员工，被调查者在过去一年内咖啡的平均支出为 560 元，标准差为 100 元，假设支出服从正态分布，请在 95% 的置信水平下，建立咖啡平均支出的置信区间。

解：（1）已知条件：$n=120$，$\bar{x}=560$，$s=100$，$1-\alpha=95\%$。

（2）选择公式：

$$\left[\bar{X}-t_{\frac{\alpha}{2}}(n-1)\frac{S}{\sqrt{n}},\ \bar{X}+t_{\frac{\alpha}{2}}(n-1)\frac{S}{\sqrt{n}}\right]$$

（3）计算过程：

$$\left[560-t_{0.025}(119)\frac{100}{\sqrt{120}},\ 560+t_{0.025}(119)\frac{100}{\sqrt{120}}\right]$$

$$=[560-18.1,\ 560+18.1]=[541.9,\ 578.1]$$

（4）结果解释：在 95% 的置信水平下，该创业园区内员工在过去一年内，咖啡平均支出的置信区间为 [541.9, 578.1]，估计误差为 18.1 元。

该创业园区内员工在过去一年内，咖啡平均支出在 541.9 元至 578.1 元之间，这个估计的可信程度为 95%。取 $\bar{x}=560$ 作为 μ 的估计值，误差不大于 $t_{\frac{\alpha}{2}}(n-1)\frac{S}{\sqrt{n}}=18.1$（元），这个误差的可信程度为 95%。

思考：可以认为创业园区内员工在过去一年内，咖啡平均支出 95% 的概率落在 [541.9, 578.1] 内吗？

答：不能，一次抽样观察值计算得到的置信区间是确定的 [541.9, 578.1]，总体均值也是确定的，因此要么 [541.9, 578.1] 覆盖了 μ，要么没有覆盖 μ，不存在概率问题。但是，如果抽样还没进行，那么下一次还没进行的抽样所产生的置信区间是一个随机区间，它覆盖 μ 的概率就是置信水平。

2. 总体比例的（近似）置信区间

当总体服从两点分布 $b(1,p)$ 时，这里考虑大样本情形，依经验有 $n\hat{p}>5$，$n(1-\hat{p})>5$，这里的 $\hat{p}$ 为样本比例估计值。对于独立样本 $X_1, X_2, \cdots, X_n$，$X_i \sim b(1,p), i=1,2,\cdots,n$，样本比例可以记为 $\hat{P}=\dfrac{\sum_{i=1}^{n}X_i}{n}=\dfrac{\eta_n}{n}$，这里 $\eta_n \sim b(n,p)$。

依据棣莫弗-拉普拉斯定理,此时就有枢轴量

$$\frac{\hat{P}-p}{\sqrt{\frac{p(1-p)}{n}}} \sim N(0,1)$$

因此,我们可以得到

$$P\left[-z_{\frac{\alpha}{2}} \leqslant \frac{\hat{P}-p}{\sqrt{\frac{p(1-p)}{n}}} \leqslant z_{\frac{\alpha}{2}}\right] \approx 1-\alpha$$

$$P\left[\hat{P}-z_{\frac{\alpha}{2}}\sqrt{\frac{p(1-p)}{n}} \leqslant p \leqslant \hat{P}+z_{\frac{\alpha}{2}}\sqrt{\frac{p(1-p)}{n}}\right] \approx 1-\alpha$$

两边用样本比例估计总体比例后可得置信水平 $1-\alpha$ 下的近似置信区间

$$\left[\hat{P}-z_{\frac{\alpha}{2}}\sqrt{\frac{\hat{P}(1-\hat{P})}{n}},\ \hat{P}+z_{\frac{\alpha}{2}}\sqrt{\frac{\hat{P}(1-\hat{P})}{n}}\right]$$

例 6-6 某运动 app 开发工程师建议在 app 中增加"一键分享"功能。为了解用户的实际需求,公司随机抽取 1 200 位用户进行调查,发现有 639 位用户认为需要增加这一功能。请在 95% 的置信水平下建立用户需要新增功能比例的置信区间。

解:(1)已知条件:n=1 200,$\hat{p} = \frac{639}{1\ 200} = 53.25\%$,$1-\alpha = 95\%$。

(2)选择公式:

$$\left[\hat{P}-z_{\frac{\alpha}{2}}\sqrt{\frac{\hat{P}(1-\hat{P})}{n}},\ \hat{P}+z_{\frac{\alpha}{2}}\sqrt{\frac{\hat{P}(1-\hat{P})}{n}}\right]$$

(3)计算过程:

$$\left[53.25\%-1.96\times\sqrt{\frac{53.25\%\times(1-53.25\%)}{1\ 200}}, 53.25\%+1.96\times\sqrt{\frac{53.25\%\times(1-53.25\%)}{1\ 200}}\right]$$

$$=[53.25\%-2.82\%,\ 53.25\%+2.82\%]=[50.43\%,\ 56.07\%]$$

(4)结果解释:95% 的置信水平下,需要新增功能用户比例近似置信区间为 [50.43%, 56.07%],估计误差为 2.82%。

需要新增功能的用户比例在 50.43% 与 56.07% 之间,这个估计的可信程度为 95%。取 $\hat{p} = 53.25\%$ 作为 p 的估计值,误差不大于 $z_{\frac{\alpha}{2}}\sqrt{\frac{\hat{p}(1-\hat{p})}{n}} = 2.82\%$,这个误差的可信程度为 95%。

3. 总体方差的置信区间

当总体服从正态分布 $N(\mu,\sigma^2)$，这里的 σ^2 为待估计的总体方差，μ 为总体均值，S^2 为样本方差，n 为样本量，那么就有枢轴量

$$\frac{(n-1)S^2}{\sigma^2} \sim \chi^2(n-1)$$

依据枢轴量的分布，在 $1-\alpha$ 置信水平下，我们可以得到

$$P\left[\chi^2_{1-\frac{\alpha}{2}}(n-1) \leq \frac{(n-1)S^2}{\sigma^2} \leq \chi^2_{\frac{\alpha}{2}}(n-1)\right] = 1-\alpha$$

$$P\left[\frac{(n-1)S^2}{\chi^2_{\frac{\alpha}{2}}(n-1)} \leq \sigma^2 \leq \frac{(n-1)S^2}{\chi^2_{1-\frac{\alpha}{2}}(n-1)}\right] = 1-\alpha$$

由此可得，σ^2 在 $1-\alpha$ 置信水平下的置信区间为

$$\left[\frac{(n-1)S^2}{\chi^2_{\frac{\alpha}{2}}(n-1)}, \frac{(n-1)S^2}{\chi^2_{1-\frac{\alpha}{2}}(n-1)}\right]$$

σ 在 $1-\alpha$ 置信水平下的置信区间为

$$\left[\sqrt{\frac{(n-1)S^2}{\chi^2_{\frac{\alpha}{2}}(n-1)}}, \sqrt{\frac{(n-1)S^2}{\chi^2_{1-\frac{\alpha}{2}}(n-1)}}\right]$$

例 6-7 某制造业企业希望评价机器人在工作中表现的稳定性，随机抽取了 36 件产品称重，数据如表 6-1 所示。假设产品重量服从正态分布，请在 95% 的置信水平下，建立该产品重量方差的置信区间。

表 6-1 产品称重数据

100.63	99.58	101.38	98.83	99.25	99.29
98.16	99.13	101.82	98.46	100.17	101.41
100.72	100.21	102.39	100.59	100.19	100.71
100.62	98.87	100.08	100.74	99.56	99.38
99.31	101.15	101.55	99.26	99.54	100.07
99.24	98.35	100.99	102.03	101.08	97.89

解：（1）已知条件：$n=36$，$s^2=1.301$，$1-\alpha=95\%$。

（2）选择公式：

$$\left[\frac{(n-1)S^2}{\chi^2_{\frac{\alpha}{2}}(n-1)}, \frac{(n-1)S^2}{\chi^2_{1-\frac{\alpha}{2}}(n-1)}\right]$$

(3)计算过程:

$$\left[\frac{(36-1)\times 1.301}{53.203}, \frac{(36-1)\times 1.301}{20.569}\right]=[0.856,\ 2.214]$$

(4)结果解释:在 95% 的置信水平下,机器人生产的产品重量方差的置信区间为 $[0.856,\ 2.214]$。产品重量方差在 0.856 与 2.214 之间,这个估计的可信程度为 95%。在这个区间中任取一个值作为 σ^2 的估计值,误差不大于 2.214−0.856=1.358,这个误差的可信程度为 95%。

6.2.3 两个总体参数的置信区间

两个总体参数的置信区间主要研究三个方面的问题,即两个总体均值之差、两个总体比例之差和两个总体方差之比。

1. 两个总体均值之差

我们考虑两个总体的总体均值分别为 μ_1 和 μ_2,从总体中随机抽取样本量为 n_1 和 n_2 的两个样本,得到样本均值 $\bar{X}_1$ 和 $\bar{X}_2$,$\bar{X}_1-\bar{X}_2$ 显然就是 $\mu_1-\mu_2$ 的估计量。

然而,在开展两个总体均值之差的区间估计时,我们需要考虑不同的前提假定,比如样本的独立性、总体的分布、总体方差是否已知或相等以及样本量。这是因为在不同的前提假定下,枢轴量服从的分布是有区别的,因此得到的置信区间公式也会不一样。

(1)**独立样本、正态总体、总体方差已知**。如果两个样本是从两个总体中独立抽取的,也就是说,一个样本中的元素与另一个样本中的元素相互独立,我们就称它们为独立样本(independent sample)。如果两个总体都服从正态分布,即服从 $N(\mu_1,\sigma_1^2)$ 和 $N(\mu_2,\sigma_2^2)$,$\mu_1-\mu_2$ 为待估计参数,σ_1^2 与 σ_2^2 已知,那么就有枢轴量

$$\frac{(\bar{X}_1-\bar{X}_2)-(\mu_1-\mu_2)}{\sqrt{\frac{\sigma_1^2}{n_1}+\frac{\sigma_2^2}{n_2}}} \sim N(0,1)$$

依据枢轴量的分布,在 $1-\alpha$ 的置信水平下,我们可以得到

$$P\left[-z_{\frac{\alpha}{2}} \leqslant \frac{(\bar{X}_1-\bar{X}_2)-(\mu_1-\mu_2)}{\sqrt{\frac{\sigma_1^2}{n_1}+\frac{\sigma_2^2}{n_2}}} \leqslant z_{\frac{\alpha}{2}}\right]=1-\alpha$$

通过两边移项可以得到

$$P\left[\left(\bar{X}_1-\bar{X}_2\right)-z_{\frac{\alpha}{2}}\sqrt{\frac{\sigma_1^2}{n_1}+\frac{\sigma_2^2}{n_2}}\leq \mu_1-\mu_2\leq \left(\bar{X}_1-\bar{X}_2\right)+z_{\frac{\alpha}{2}}\sqrt{\frac{\sigma_1^2}{n_1}+\frac{\sigma_2^2}{n_2}}\right]=1-\alpha$$

这样我们就得到了 $\mu_1-\mu_2$ 的置信水平为 $1-\alpha$ 的置信区间

$$\left[\left(\bar{X}_1-\bar{X}_2\right)-z_{\frac{\alpha}{2}}\sqrt{\frac{\sigma_1^2}{n_1}+\frac{\sigma_2^2}{n_2}},\left(\bar{X}_1-\bar{X}_2\right)+z_{\frac{\alpha}{2}}\sqrt{\frac{\sigma_1^2}{n_1}+\frac{\sigma_2^2}{n_2}}\right]$$

其中，$\bar{X}_1-\bar{X}_2$ 是点估计，$z_{\frac{\alpha}{2}}\sqrt{\frac{\sigma_1^2}{n_1}+\frac{\sigma_2^2}{n_2}}$ 是估计误差，$\left(\bar{X}_1-\bar{X}_2\right)+z_{\frac{\alpha}{2}}\sqrt{\frac{\sigma_1^2}{n_1}+\frac{\sigma_2^2}{n_2}}$ 是置信上界，$\left(\bar{X}_1-\bar{X}_2\right)-z_{\frac{\alpha}{2}}\sqrt{\frac{\sigma_1^2}{n_1}+\frac{\sigma_2^2}{n_2}}$ 是置信下界。

例 6-8 某机构随机对 675 位在职员工开展过去一个月的收入调查，这些员工分别属于 A、B 两个行业。依据经验，两个行业的收入标准差已知，结果如表 6-2 所示。已知两个行业的月收入服从正态分布，请在 95% 的置信水平下，对两个地区过去一个月的收入建立均值差的置信区间。

表 6-2 行业收入调查结果

变量名称	A 行业 $n_1=398$		B 行业 $n_2=277$	
	样本均值	总体标准差	样本均值	总体标准差
收入（千元）	10.233	0.850	9.698	0.927

解：（1）已知条件：$n_1=398$，$n_2=277$，$\bar{x}_1=10.233$，$\bar{x}_2=9.698$，$\sigma_1=0.850$，$\sigma_2=0.927$，$1-\alpha=95\%$。

（2）选择公式：

$$\left[\left(\bar{X}_1-\bar{X}_2\right)-z_{\frac{\alpha}{2}}\sqrt{\frac{\sigma_1^2}{n_1}+\frac{\sigma_2^2}{n_2}},\left(\bar{X}_1-\bar{X}_2\right)+z_{\frac{\alpha}{2}}\sqrt{\frac{\sigma_1^2}{n_1}+\frac{\sigma_2^2}{n_2}}\right]$$

（3）计算过程：

$$\left[(10.233-9.698)-1.96\times\sqrt{\frac{0.850^2}{398}+\frac{0.927^2}{277}},(10.233-9.698)+1.96\times\sqrt{\frac{0.850^2}{398}+\frac{0.927^2}{277}}\right]$$

$$=[0.535-0.137,0.535+0.137]=[0.398,0.672]$$

（4）结果解释：在 95% 的置信水平下，A、B 两个行业上个月收入均值差的置信

区间为 [0.398, 0.672]，估计误差为 0.137。A、B 两个行业上个月收入均值差在 0.398 与 0.672 之间，即 398 元与 672 元之间这个估计的可信程度为 95%。用 $\bar{x}_1 - \bar{x}_2 = 0.535$ 作为 $\mu_1 - \mu_2$ 的估计值，误差不大于 0.137，即 137 元，这个误差的可信程度为 95%。

（2）独立样本、非正态总体、大样本。

情形 1：当总体并不服从正态分布，但样本量 $n_1 > 30, n_2 > 30$（30 是经验值），即大样本情形，并且 σ_1^2 与 σ_2^2 已知时，那么依据林德伯格－列维中心极限定理，此时就有枢轴量

$$\frac{(\bar{X}_1 - \bar{X}_2) - (\mu_1 - \mu_2)}{\sqrt{\dfrac{\sigma_1^2}{n_1} + \dfrac{\sigma_2^2}{n_2}}} \sim N(0,1)$$

可得置信水平 $1-\alpha$ 下的近似置信区间为 $\left[(\bar{X}_1 - \bar{X}_2) - z_{\frac{\alpha}{2}} \sqrt{\dfrac{\sigma_1^2}{n_1} + \dfrac{\sigma_2^2}{n_2}}, (\bar{X}_1 - \bar{X}_2) + z_{\frac{\alpha}{2}} \sqrt{\dfrac{\sigma_1^2}{n_1} + \dfrac{\sigma_2^2}{n_2}} \right]$。

情形 2：当总体并不服从正态分布，但样本量 $n_1 > 30$，$n_2 > 30$，即大样本情形，并且 σ_1^2 与 σ_2^2 未知时，那么就用样本标准差 S_1 和 S_2 来估计总体标准差，我们仍可得置信水平 $1-\alpha$ 下的近似置信区间为 $\left[(\bar{X}_1 - \bar{X}_2) - z_{\frac{\alpha}{2}} \sqrt{\dfrac{S_1^2}{n_1} + \dfrac{S_2^2}{n_2}}, (\bar{X}_1 - \bar{X}_2) + z_{\frac{\alpha}{2}} \sqrt{\dfrac{S_1^2}{n_1} + \dfrac{S_2^2}{n_2}} \right]$。

（3）独立样本、正态总体、总体方差未知但相等。如果两个样本是从两个总体中独立抽取的，两个总体都服从正态分布，即服从 $N(\mu_1, \sigma_1^2)$ 和 $N(\mu_2, \sigma_2^2)$，$\mu_1 - \mu_2$ 为待估计参数，σ_1^2 与 σ_2^2 未知但相等，即 $\sigma_1^2 = \sigma_2^2$，那么我们就得到总体方差的如下合并估计量

$$S_p^2 = \frac{(n_1 - 1)S_1^2 + (n_2 - 1)S_2^2}{n_1 + n_2 - 2}$$

这里 n_1，n_2 与 S_1^2，S_2^2 分别为样本量和样本方差。估计量 $\bar{X}_1 - \bar{X}_2$ 的抽样标准差就可以记为 $\sqrt{\dfrac{S_p^2}{n_1} + \dfrac{S_p^2}{n_2}} = S_p \sqrt{\dfrac{1}{n_1} + \dfrac{1}{n_2}}$，并且可得枢轴量

$$\frac{(\bar{X}_1 - \bar{X}_2) - (\mu_1 - \mu_2)}{S_p \sqrt{\dfrac{1}{n_1} + \dfrac{1}{n_2}}} \sim t(n_1 + n_2 - 2)$$

在 $1-\alpha$ 置信水平下

$$P\left[-t_{\frac{\alpha}{2}}(df) \leq \frac{(\bar{X}_1 - \bar{X}_2) - (\mu_1 - \mu_2)}{S_p\sqrt{\frac{1}{n_1} + \frac{1}{n_2}}} \leq t_{\frac{\alpha}{2}}(df)\right] = 1-\alpha, df = n_1 + n_2 - 2$$

$$P\left[(\bar{X}_1 - \bar{X}_2) - t_{\frac{\alpha}{2}}(df)S_p\sqrt{\frac{1}{n_1} + \frac{1}{n_2}} \leq \mu_1 - \mu_2 \leq (\bar{X}_1 - \bar{X}_2) + t_{\frac{\alpha}{2}}(df)S_p\sqrt{\frac{1}{n_1} + \frac{1}{n_2}}\right] = 1-\alpha$$

$\mu_1 - \mu_2$ 的置信水平为 $1-\alpha$ 的置信区间为

$$\left[(\bar{X}_1 - \bar{X}_2) - t_{\frac{\alpha}{2}}(df)S_p\sqrt{\frac{1}{n_1} + \frac{1}{n_2}}, (\bar{X}_1 - \bar{X}_2) + t_{\frac{\alpha}{2}}(df)S_p\sqrt{\frac{1}{n_1} + \frac{1}{n_2}}\right]$$

例 6-9 某研究机构随机对 A 地区与 B 地区的共 12 604 位居民进行了一项关于受教育年限的调查，结果如表 6-3 所示。

表 6-3 受教育年限调查结果

变量名称	A 地区 $n_1=290$		B 地区 $n_2=12\ 314$	
	样本均值	样本标准差	样本均值	样本标准差
受教育年限（年）	7.834	2.259	6.975	2.203

已知 A 地区与 B 地区居民受教育年限服从正态分布，并且依据以往经验，总体方差虽然未知但相等。请在 95% 的置信水平下，对 A 地区与 B 地区居民受教育年限建立均值差的置信区间。

解：（1）已知条件：$n_1=290$，$n_2=12\ 314$，$\bar{x}_1 = 7.834$，$\bar{x}_2 = 6.975$，$s_1 = 2.259$，$s_2 = 2.203$，$1-\alpha=95\%$。

（2）选择公式：

$$\left[(\bar{X}_1 - \bar{X}_2) - t_{\frac{\alpha}{2}}(df)S_p\sqrt{\frac{1}{n_1} + \frac{1}{n_2}}, (\bar{X}_1 - \bar{X}_2) + t_{\frac{\alpha}{2}}(df)S_p\sqrt{\frac{1}{n_1} + \frac{1}{n_2}}\right]$$

（3）计算过程：

由合并计量公式可得 $S_p=2.203$，因此

$$\left[(7.834-6.975) - 1.96 \times 2.203 \times \sqrt{\frac{1}{290} + \frac{1}{12\ 314}},\right.$$
$$\left.(7.834-6.975) + 1.96 \times 2.203 \times \sqrt{\frac{1}{290} + \frac{1}{12\ 314}}\right]$$

$= [0.859 - 0.257,\ 0.859 + 0.257]$

$= [0.602,\ 1.116]$

（4）结果解释：在 95% 的置信水平下，A 地区与 B 地区居民受教育年限均值差的置信区间为 [0.602, 1.116]，估计误差为 0.257 年。A 地区与 B 地区居民受教育年限均值差在 0.602 年与 1.116 年之间，这个估计的可信程度为 95%。用 $\bar{x}_1 - \bar{x}_2 = 0.859$ 作为 $\mu_1 - \mu_2$ 的估计值，误差不大于 0.257 年，这个误差的可信程度为 95%。

（4）独立样本、正态总体、总体方差未知但不相等。 如果两个样本是从两个总体中独立抽取的，两个总体都服从正态分布，即服从 $N(\mu_1, \sigma_1^2)$ 和 $N(\mu_2, \sigma_2^2)$，$\mu_1 - \mu_2$ 为待估计参数，σ_1^2 与 σ_2^2 未知但不相等，即 $\sigma_1^2 \neq \sigma_2^2$，那么就有枢轴量

$$\frac{(\bar{X}_1 - \bar{X}_2) - (\mu_1 - \mu_2)}{\sqrt{\frac{S_1^2}{n_1} + \frac{S_2^2}{n_2}}} \sim t(df)$$

其中，df 为 $\dfrac{\left(\dfrac{S_1^2}{n_1} + \dfrac{S_2^2}{n_2}\right)^2}{\dfrac{S_1^4}{n_1^2(n_1-1)} + \dfrac{S_2^4}{n_2^2(n_2-1)}}$ 的取整，这里 n_1, n_2 与 S_1^2, S_2^2 分别为样本量和样本方差。

考虑置信水平 $1-\alpha$，可以得到

$$P\left[-t_{\frac{\alpha}{2}}(df) \leqslant \frac{(\bar{X}_1 - \bar{X}_2) - (\mu_1 - \mu_2)}{\sqrt{\frac{S_1^2}{n_1} + \frac{S_2^2}{n_2}}} \leqslant t_{\frac{\alpha}{2}}(df)\right] = 1-\alpha$$

$$P\left[(\bar{X}_1 - \bar{X}_2) - t_{\frac{\alpha}{2}}(df)\sqrt{\frac{S_1^2}{n_1} + \frac{S_2^2}{n_2}} \leqslant \mu_1 - \mu_2 \leqslant (\bar{X}_1 - \bar{X}_2) + t_{\frac{\alpha}{2}}(df)\sqrt{\frac{S_1^2}{n_1} + \frac{S_2^2}{n_2}}\right] = 1-\alpha$$

因此，置信水平 $1-\alpha$ 下 $\mu_1 - \mu_2$ 的置信区间为

$$\left[(\bar{X}_1 - \bar{X}_2) - t_{\frac{\alpha}{2}}(df)\sqrt{\frac{S_1^2}{n_1} + \frac{S_2^2}{n_2}},\ (\bar{X}_1 - \bar{X}_2) + t_{\frac{\alpha}{2}}(df)\sqrt{\frac{S_1^2}{n_1} + \frac{S_2^2}{n_2}}\right]$$

例 6-10 某集团为比较 A 地区与 B 地区居民购物中心消费支出情况，随机对两个地区共 675 位居民进行了调查，结果如表 6-4 所示。已知总体服从正态分布，且方差不相等。请在 95% 的置信水平下，建立 A 地区与 B 地区居民购物中心消费支出均值差的置信区间。

表 6-4　两地区居民购物中心消费支出调查结果

变量名称	A 地区		B 地区	
	$n_1 = 398$		$n_2 = 277$	
	样本均值	样本标准差	样本均值	样本标准差
消费支出（元）	1 023.3	85.0	969.8	92.7

解：（1）已知条件：$n_1 = 398$，$n_2 = 277$，$\bar{x}_1 = 1\,023.3$，$\bar{x}_2 = 969.8$，$s_1 = 85.0$，$s_2 = 92.7$，$1 - \alpha = 95\%$。

（2）选择公式：

$$\left[(\bar{X}_1 - \bar{X}_2) - t_{\frac{\alpha}{2}}(df)\sqrt{\frac{S_1^2}{n_1} + \frac{S_2^2}{n_2}},\ (\bar{X}_1 - \bar{X}_2) + t_{\frac{\alpha}{2}}(df)\sqrt{\frac{S_1^2}{n_1} + \frac{S_2^2}{n_2}} \right]$$

（3）计算过程：

$$\frac{\left(\dfrac{s_1^2}{n_1} + \dfrac{s_2^2}{n_2}\right)^2}{\dfrac{s_1^4}{n_1^2(n_1 - 1)} + \dfrac{s_2^4}{n_2^2(n_2 - 1)}} = \frac{\left(\dfrac{85.0^2}{398} + \dfrac{92.7^2}{277}\right)^2}{\dfrac{85.0^4}{398^2 \times (398 - 1)} + \dfrac{92.7^4}{277^2 \times (277 - 1)}} = 560.17$$

由此可得自由度 $df = 560$，并有

$$\left[(\bar{x}_1 - \bar{x}_2) - t_{\frac{\alpha}{2}}(df)\sqrt{\frac{s_1^2}{n_1} + \frac{s_2^2}{n_2}},\ (\bar{x}_1 - \bar{x}_2) + t_{\frac{\alpha}{2}}(df)\sqrt{\frac{s_1^2}{n_1} + \frac{s_2^2}{n_2}} \right]$$

$$= \left[(1\,023.3 - 969.8) - 1.96 \times \sqrt{\frac{85.0^2}{398} + \frac{92.7^2}{277}},\ (1\,023.3 - 969.8) + 1.96 \times \sqrt{\frac{85.0^2}{398} + \frac{92.7^2}{277}} \right]$$

$$= [53.5 - 13.7,\ 53.5 + 13.7] = [39.8,\ 67.2]$$

（4）结果解释：在 95% 的置信水平下，A 地区与 B 地区居民购物中心消费支出均值差的置信区间为 [39.8, 67.2]，估计误差为 13.7 元。A 地区与 B 地区居民购物中心消费支出均值差在 39.8 元与 67.2 元之间，这个估计的可信程度为 95%。用 $\bar{x}_1 - \bar{x}_2 = 53.5$（元）作为 $\mu_1 - \mu_2$ 的估计值，误差不大于 $t_{\frac{\alpha}{2}}(df)\sqrt{\dfrac{s_1^2}{n_1} + \dfrac{s_2^2}{n_2}} = 13.7$（元），这个误差的可信程度为 95%。

（5）**匹配样本**。如果两个样本并不是从两个总体中独立抽取的，而是对同一对象先后测量两次，两个样本的样本量相同，两个样本的顺序是一一对应的，这样的样本就称为匹配样本。

例如，有一个体能训练营，主要帮助青少年训练体能，提高学生的百米跑步速度，假设有 20 位学员参加了这个训练营，我们应该如何估计训练前后的百米跑步成绩差异呢？这里大致的想法是，在训练前测试每个人的成绩，训练后再测试每个人的成绩，比较前后平均成绩的差异。

不难发现，这里的样本就是匹配样本，即同一学员先后测量两次，两个样本的样本量都是 20，两个样本的顺序是一一对应的。我们要估计的是训练前后两个总体成绩均值之差。由于匹配样本个案是一一对应的，那么可以先得到样本的差值。对于差值而言，问题就类似于转化为求一个总体的置信区间了。

情形 1：若两个总体的观察值的匹配差服从正态分布，方差未知，那么就有枢轴量

$$\frac{\bar{X}_D - (\mu_1 - \mu_2)}{\frac{S_D}{\sqrt{n}}} \sim t(n-1)$$

其中，$\bar{X}_D = \frac{\sum_{i=1}^{n} X_{D_i}}{n}$ 为样本差值的均值，$S_D = \sqrt{\frac{\sum_{i=1}^{n}(X_{D_i} - \bar{X}_D)^2}{n-1}}$ 为样本差值的标准差。考虑 95% 的置信水平，就有

$$P\left[-t_{\frac{\alpha}{2}}(n-1) \leqslant \frac{\bar{X}_D - (\mu_1 - \mu_2)}{\frac{S_D}{\sqrt{n}}} \leqslant t_{\frac{\alpha}{2}}(n-1)\right] = 1-\alpha$$

$$P\left[\bar{X}_D - t_{\frac{\alpha}{2}}(n-1)\frac{S_D}{\sqrt{n}} \leqslant \mu_1 - \mu_2 \leqslant \bar{X}_D + t_{\frac{\alpha}{2}}(n-1)\frac{S_D}{\sqrt{n}}\right] = 1-\alpha$$

可得 95% 置信水平的置信区间为

$$\left[\bar{X}_D - t_{\frac{\alpha}{2}}(n-1)\frac{S_D}{\sqrt{n}}, \bar{X}_D + t_{\frac{\alpha}{2}}(n-1)\frac{S_D}{\sqrt{n}}\right]$$

情形 2：若两个总体的观察值的匹配差不服从正态分布，样本量 $n \geqslant 30$，即大样本情形，总体方差未知，那么依据林德伯格－列维中心极限定理就有枢轴量

$$\frac{\bar{X}_D - (\mu_1 - \mu_2)}{\frac{S_D}{\sqrt{n}}} \sim N(0,1)$$

并可得，95% 置信水平的近似置信区间为

$$\left[\bar{X}_D - z_{\frac{\alpha}{2}}\frac{S_D}{\sqrt{n}}, \bar{X}_D + z_{\frac{\alpha}{2}}\frac{S_D}{\sqrt{n}}\right]$$

例 6-11 某体能训练营主要帮助青少年训练体能,提高学生的百米跑步速度。有 20 位学员参加了这个训练营,并且测量了训练前后的百米跑步成绩(见表 6-5),假设匹配差值服从正态分布。请在 95% 的置信水平下给出训练前后平均成绩差的置信区间。

表 6-5 20 位学员训练前后的百米跑步成绩

编号	训练前 /s	训练后 /s
1	18.19	16.17
2	16.43	16.05
3	17.31	15.99
4	17.65	16.43
5	17.39	15.40
6	17.45	15.72
7	17.20	15.87
8	17.04	15.76
9	16.37	16.23
10	16.79	15.59
11	16.82	16.00
12	16.36	16.99
13	16.80	15.99
14	16.75	16.29
15	17.21	16.32
16	16.86	15.75
17	16.38	15.53
18	16.72	15.07
19	17.29	16.11
20	16.50	16.10

解:(1)计算匹配差值(见表 6-6)。

表 6-6 计算匹配差值

编号	训练前 /s	训练后 /s	差值
1	18.19	16.17	2.02
2	16.43	16.05	0.38
3	17.31	15.99	1.32
4	17.65	16.43	1.22

(续)

编号	训练前 /s	训练后 /s	差值
5	17.39	15.40	1.99
6	17.45	15.72	1.73
7	17.20	15.87	1.33
8	17.04	15.76	1.28
9	16.37	16.23	0.14
10	16.79	15.59	1.20
11	16.82	16.00	0.82
12	16.36	16.99	−0.63
13	16.80	15.99	0.81
14	16.75	16.29	0.46
15	17.21	16.32	0.89
16	16.86	15.75	1.11
17	16.38	15.53	0.85
18	16.72	15.07	1.65
19	17.29	16.11	1.18
20	16.50	16.10	0.40

（2）已知条件：$n=20$，$\bar{x}_D=1.01$，$s_D=0.65$，$t_{0.025}(19)=2.09$。

（3）选择公式：由匹配差值的正态总体条件可知，置信区间公式为

$$\left[\bar{X}_D - t_{\frac{\alpha}{2}}(n-1)\frac{S_D}{\sqrt{n}},\ \bar{X}_D + t_{\frac{\alpha}{2}}(n-1)\frac{S_D}{\sqrt{n}}\right]$$

（4）计算过程：

$$\left[1.01 - 2.09 \times \frac{0.65}{\sqrt{20}},\ 1.01 + 2.09 \times \frac{0.65}{\sqrt{20}}\right]$$

$$= [1.01-0.3,\ 1.01+0.3] = [0.71,\ 1.31]$$

（5）结果解释：在 95% 的置信水平下，训练前后百米跑步用时均值差的置信区间为 [0.71, 1.31]，估计误差为 0.3s。训练前后百米跑步用时均值差在 0.71s 与 1.31s 之间，这个估计的可信程度为 95%。用 $\bar{x}_D=1.01$ 作为 $\mu_1-\mu_2$ 的估计值，误差不大于 0.3s，这个误差的可信程度为 95%。

2. 两个总体比例之差

若两个总体分别服从两点分布，即服从 $b_1(1,p_1)$ 和 $b_2(1,p_2)$，从中抽取两个独立的样本。如果样本量和样本比例满足 $n_i\hat{p}_i>5$，$n_i(1-\hat{p}_i)>5$，$i=1,2$，即满足大样本条件，那么由林德伯格－列维中心极限定理可知，其样本比例之差近似服从正态分布，枢轴量

$$\frac{(\hat{P}_1-\hat{P}_2)-(p_1-p_2)}{\sqrt{\dfrac{p_1(1-p_1)}{n_1}+\dfrac{p_2(1-p_2)}{n_2}}}\sim N(0,1)$$

因此在 $1-\alpha$ 的置信水平下有

$$P\left[-Z_{\frac{\alpha}{2}}\leq\frac{(\hat{P}_1-\hat{P}_2)-(p_1-p_2)}{\sqrt{\dfrac{p_1(1-p_1)}{n_1}+\dfrac{p_2(1-p_2)}{n_2}}}\leq Z_{\frac{\alpha}{2}}\right]\approx 1-\alpha$$

$$P\left[(\hat{P}_1-\hat{P}_2)-Z_{\frac{\alpha}{2}}\sqrt{\dfrac{p_1(1-p_1)}{n_1}+\dfrac{p_2(1-p_2)}{n_2}}\leq p_1-p_2\leq(\hat{P}_1-\hat{P}_2)+Z_{\frac{\alpha}{2}}\sqrt{\dfrac{p_1(1-p_1)}{n_1}+\dfrac{p_2(1-p_2)}{n_2}}\right]\approx 1-\alpha$$

两侧用样本比例估计总体比例，可得 $1-\alpha$ 的置信水平下总体比例差的置信区间为

$$\left[(\hat{P}_1-\hat{P}_2)-Z_{\frac{\alpha}{2}}\sqrt{\dfrac{\hat{P}_1(1-\hat{P}_1)}{n_1}+\dfrac{\hat{P}_2(1-\hat{P}_2)}{n_2}},\ (\hat{P}_1-\hat{P}_2)+Z_{\frac{\alpha}{2}}\sqrt{\dfrac{\hat{P}_1(1-\hat{P}_1)}{n_1}+\dfrac{\hat{P}_2(1-\hat{P}_2)}{n_2}}\right]$$

例 6-12 某火锅连锁企业希望比较 A 地区与 B 地区居民对火锅的接受比例，并且进行了随机调查，结果如表 6-7 所示。请在 95% 的置信水平下，对不同地区居民喜欢火锅的比例差建立近似置信区间。

表 6-7 A 地区与 B 地区居民对火锅的接受比例

地区	A 地区	B 地区
样本量	867	2 239
对火锅的接受比例	35%	21%

解：（1）已知条件：$n_1=867$，$n_2=2\ 239$，$\hat{p}_1=35\%$，$\hat{p}_2=21\%$，$1-\alpha=95\%$。

（2）选择公式：

$$\left[(\hat{P}_1-\hat{P}_2)-Z_{\frac{\alpha}{2}}\sqrt{\dfrac{\hat{P}_1(1-\hat{P}_1)}{n_1}+\dfrac{\hat{P}_2(1-\hat{P}_2)}{n_2}},\ (\hat{P}_1-\hat{P}_2)+Z_{\frac{\alpha}{2}}\sqrt{\dfrac{\hat{P}_1(1-\hat{P}_1)}{n_1}+\dfrac{\hat{P}_2(1-\hat{P}_2)}{n_2}}\right]$$

（3）计算过程：

$$\left[\begin{array}{l}(35\%-21\%)-1.96\times\sqrt{\dfrac{35\%\times(1-35\%)}{867}+\dfrac{21\%\times(1-21\%)}{2\,239}},\\ (35\%-21\%)+1.96\times\sqrt{\dfrac{35\%\times(1-35\%)}{867}+\dfrac{21\%\times(1-21\%)}{2\,239}}\end{array}\right]$$

$$=[14\%-3.6\%,\ 14\%+3.6\%]=[10.4\%,\ 17.6\%]$$

（4）结果解释：在 95% 的置信水平下，A 地区与 B 地区居民对火锅的接受比例差的近似置信区间为 $[10.4\%,\ 17.6\%]$。可以认为总体比例差在 10.4% 与 17.6% 之间，这个估计的可信程度为 95%。用 $\hat{p}_1-\hat{p}_2=14\%$ 作为 p_1-p_2 的估计值，误差不大于 3.6%，这个误差的可信程度为 95%。

3. 两个总体方差之比

如果两个样本是从两个总体中独立抽取的，两个总体都服从正态分布，即服从 $N(\mu_1,\sigma_1^2)$ 和 $N(\mu_2,\sigma_2^2)$，σ_1^2/σ_2^2 为待估计参数，那么可得枢轴量

$$\frac{S_1^2/S_2^2}{\sigma_1^2/\sigma_2^2}\sim F(n_1-1,n_2-1)$$

其中，n_1，n_2，S_1^2，S_2^2 为样本均值和样本方差。F 分布与分位数如图 6-10 所示。因此，在 $1-\alpha$ 的置信水平下有

$$P\left[F_{1-\frac{\alpha}{2}}(n_1-1,n_2-1)\leqslant\frac{S_1^2/S_2^2}{\sigma_1^2/\sigma_2^2}\leqslant F_{\frac{\alpha}{2}}(n_1-1,n_2-1)\right]=1-\alpha$$

$$P\left[\frac{S_1^2/S_2^2}{F_{\frac{\alpha}{2}}(n_1-1,n_2-1)}\leqslant\sigma_1^2/\sigma_2^2\leqslant\frac{S_1^2/S_2^2}{F_{1-\frac{\alpha}{2}}(n_1-1,n_2-1)}\right]=1-\alpha$$

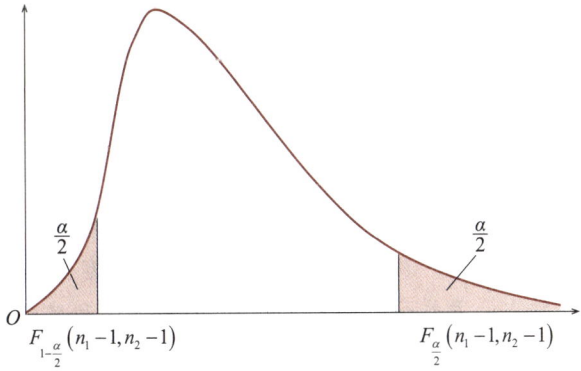

图6-10 F 分布与分位数

由此可得 σ_1^2/σ_2^2 在置信水平 $1-\alpha$ 下的置信区间为

$$\left[\frac{S_1^2/S_2^2}{F_{\frac{\alpha}{2}}(n_1-1,n_2-1)}, \frac{S_1^2/S_2^2}{F_{1-\frac{\alpha}{2}}(n_1-1,n_2-1)}\right]$$

例 6-13 某机构为调查在过去一年中 A 高校男生与女生网购支出的方差,随机对该校的学生进行网购支出调查,调查结果如表 6-8 所示。假设男生和女生网购支出服从正态分布。请以 95% 的置信水平建立该校男生与女生网购支出方差比的置信区间。

表 6-8　A 高校男生与女生网购支出的调查结果　　　　　　　　（单位：元）

男生				女生			
3 579	2 910	1 649	4 239	3 441	3 911	3 461	3 722
2 759	2 113	4 057	1 326	3 825	4 770	3 785	4 304
2 860	3 348	3 120	4 663	3 823	2 867	3 921	3 592
3 207	2 344	1 499	2 464	4 285	3 157	5 023	3 287
3 642	3 682	3 639	4 343	4 176	2 948	3 519	3 393
4 568	2 545	3 300	3 934	2 787	2 247	3 018	3 308
2 690	2 400	2 355	1 160	3 465	3 572	2 741	4 394
—				3 613	2 304	3 202	3 517

解:（1）已知条件: $n_1=28$, $n_2=32$, $s_1^2=939\,606.5$, $s_2^2=401\,213.3$, $1-\alpha=95\%$。

（2）选择公式:

$$\left[\frac{S_1^2/S_2^2}{F_{\frac{\alpha}{2}}(n_1-1,n_2-1)}, \frac{S_1^2/S_2^2}{F_{1-\frac{\alpha}{2}}(n_1-1,n_2-1)}\right]$$

（3）计算过程:

$$\left[\frac{939\,606.5/401\,213.3}{2.085}, \frac{939\,606.5/401\,213.3}{0.470\,514\,692}\right]$$

$=[1.123, 4.977]$

（4）结果解释: 在 95% 的置信水平下,该校男生与女生网购支出方差比的置信区间为 [1.123, 4.977]。该校男生与女生网购支出方差比在 1.123 与 4.977 之间,男生网购支出的方差大于女生,这个估计的可信程度为 95%。在 [1.123, 4.977] 中任取一值作为 σ_1^2/σ_2^2 的估计值,误差不大于 $4.977-1.123=3.854$,这个误差的可信程度为 95%。

6.3 样本量的确定

在开展参数估计之前，需要先行确定样本量，也就是到底需要从总体中抽取多少个案出来。在实际项目开展中，样本量与项目成本有着密切的关系。从直观感受来看，我们往往会希望通过扩展样本量来提高估计的精度，也就是控制估计误差。换句话说，样本量的确定应该和我们能够承受的估计误差有关，下面我们就通过几个具体的问题来研究样本量确定的基本思路。

6.3.1 估计总体均值时的样本量确定

我们在之前的内容中已经学习了，如果总体服从正态分布，方差已知（或总体不服从正态分布，方差已知，但样本量 $n \geqslant 30$），那么总体均值在置信水平 $1-\alpha$ 下的（近似）置信区间为

$$\left[\bar{X} - z_{\frac{\alpha}{2}} \frac{\sigma}{\sqrt{n}},\ \bar{X} + z_{\frac{\alpha}{2}} \frac{\sigma}{\sqrt{n}}\right]$$

这里 $E = z_{\frac{\alpha}{2}} \frac{\sigma}{\sqrt{n}}$ 为估计误差。

很显然，这个估计误差与三个要素有关。

（1）置信水平 $1-\alpha$。在其他元素不变的情况下，置信水平越高，那么 $z_{\frac{\alpha}{2}}$ 越大，换言之，估计误差越大。例如，在 95% 的置信水平下，$z_{0.025} = 1.96$；而在 99% 的置信水平下，$z_{0.005} = 2.58$。也就是说，在其他元素不变的情况下，置信水平提高了 4%，误差则大约是原来的 1.3 倍。

（2）总体标准差 σ。这是比较好理解的，也就是说，在其他元素不变的情况下，总体个案的离散程度越高，那么估计误差就会越大；反之，总体个案的集中程度越高，那么估计误差就会越小。

（3）样本量 n。样本量越大，估计误差就越小；反之，估计误差越大。

上述关系通过对于误差公式两边平方后表示为

$$E^2 = \left(z_{\frac{\alpha}{2}}\right)^2 \frac{\sigma^2}{n}$$

通过移项可得 $n = \left(z_{\frac{\alpha}{2}}\right)^2 \frac{\sigma^2}{E^2}$。也就是说，如果 σ^2 已知，只要我们能够给出可以接受的估计误差 E 和置信水平，那么就可以得到所需要的样本量。如同前面的分析，不难得到：①样

本量与总体方差成正比，总体离散程度越高，需要的样本量越大；②样本量与分位数的平方成正比，也就是置信水平越高，样本量越大；③样本量与估计误差的平方成反比。

在实际情况中，如果总体方差 σ^2 未知，那么我们可以先抽取一个初始样本，得到样本方差，并且将其作为总体方差的估计值。由于样本量是整数，因此在计算得到样本量 n 之后，为了能够使得估计的结果在可接受的误差之内，样本量通常按照向上取整来处理。也就是当 $n=65.1$ 时，取 $n=66$。

例 6-14 根据以往经验可知，某批次产品重量的标准差大约是 10g，现在想估计该批次产品平均重量在置信水平 95% 下的置信区间，可接受的估计误差为 2g，应该抽取多少产品进行检测？

解：已知 $\sigma=10$，$E=2$，$z_{\frac{\alpha}{2}}=1.96$。

$$n=\left(z_{\frac{\alpha}{2}}\right)^2 \frac{\sigma^2}{E^2}=1.96^2 \times \frac{10^2}{2^2}=96.04 \approx 97 \text{（件）}$$

即应该取 97 件产品开展检测。

6.3.2 估计总体比例时的样本量确定

由之前关于一个总体比例的置信区间部分可知，在重复抽样或无限总体抽样的情况下，置信水平 $1-\alpha$ 下的总体比例估计误差为 $E=z_{\frac{\alpha}{2}}\sqrt{\frac{p(1-p)}{n}}$。通过两边平方可得，$n=\left(z_{\frac{\alpha}{2}}\right)^2 \frac{p(1-p)}{E^2}$。这里元素之间的关系和总体均值样本量确定中的类似，只是总体方差调整为现在两点分布的方差 $p(1-p)$。具体关系为：①样本量与两点分布总体方差 $p(1-p)$ 成正比，也就是总体离散程度越高，需要的样本量越大；②样本量与分位数的平方成正比，也就是置信水平越高，样本量越大；③样本量与估计误差的平方成反比。

值得注意的是，通常在抽样之前总体比例 p 是未知的，其本身就是待估计参数。因此，在实际操作中，我们有两种选择：①先抽取一个初始样本，得到样本比例，用样本比例作为总体比例的估计；②取两点分布方差的最大值，即 $p=0.5$，此时方差为 $0.5\times(1-0.5)=0.25$，这样也就取到了样本量的上限值。此外，由于待估计参数是总体比例，因此这里的可接受误差也有相应的约束，通常 E 小于 10%。

例 6-15 某机构希望调查 A 地区老年人口的比例，要求估计误差不超过 3%，在 95% 的置信水平下，应该抽取的样本量是多少？

解： 已知 $E=3\%$，$z_{\frac{\alpha}{2}}=1.96$。

根据公式，并且取总体比例 50%，可得

$$n = 1.96^2 \times \frac{0.5 \times (1-0.5)}{3\%^2} = 1\,067.111 \approx 1\,068\,（人）$$

即该机构应该调查 1 068 人。

■ 思考题

注：结果保留到小数点后两位，允许存在少量误差。

1. 设某地区居民在过去一个月内用于通信的费用服从正态分布。现随机调查该地区 10 位居民，各居民过去一个月内用于通信的费用如下表所示。

（单位：元）

95	85	108	120	88
84	101	90	105	101

请基于上述数据，计算该地区居民在过去一个月内平均通信费用的置信区间（95% 的置信水平下）。

2. 某企业希望调查人群中使用本企业 A 产品的比例，并且开展了随机调查，调查结果显示，在 400 位被调查者中，有 50 位使用了 A 产品，请在 90% 的置信水平下，计算该群体使用 A 产品比例的置信区间。

3. 某汽车保险公司希望了解 A 地区家庭拥有新能源汽车的情况，并且将开展随机调查。已知该地区共有 50 万户家庭，保险公司希望在 95% 的置信水平下调查的误差不超过 5%，那么保险公司的样本容量应该是多少呢？

4. 为了分析某智能制造设备的稳定性，随机从该设备制造的一大批产品中随机抽取 20 件，测得其产品重量平均值为 995 g，样本方差为 36。假定该产品的重量服从 $N(\mu, \sigma^2)$，μ, σ^2 均未知。试求置信水平为 95% 的重量方差的置信区间。

5. 从两个正态总体 X、Y 中分别抽取容量为 30 和 42 的两个样本，算得样本方差分别为 $s_1^2 = 56, s_2^2 = 72$，试求总体方差比 $\frac{\sigma_X^2}{\sigma_Y^2}$ 的 95% 置信区间。

6. 某机构希望调查 A 地区与 B 地区居民参与社区团购的比例，并且进行了随机调查，其中，在 A 地区调查 850 人，有 325 人参与过社区团购；在 B 地区调查 664 人，有 152 人参与过社区团购。请在 95% 的置信水平下，对不同地区居民参与社区团购的比例差建立近似置信区间。

7. 某集团为比较 A 地区与 B 地区居民存款情况，随机对两个地区共 55 位居民进行了调查，结果如下表所示。已知总体服从正态分布，且方差不相等，请在 95% 的置信水平下，建立A地区与B地区居民存款均值差的置信区间。

（单位：百万元）

A 地区					B 地区				
3.42	3.20	3.48	3.37	3.29	3.26	3.40	3.38	3.28	3.21
3.50	3.68	3.90	3.72	3.69	3.26	3.19	3.24	3.22	3.43
3.51	3.51	3.44	3.20	3.63	3.36	3.47	3.38	3.25	3.31
3.58	3.11	3.32	3.33	3.63	3.23	3.27	3.39	3.33	3.27
3.25	3.08	3.58	3.41	3.36	3.27	3.23	3.36	3.29	3.26
		—			3.23	3.13	3.36	3.20	3.34

8. 某研究机构认为，对文字做某些特定的标记会影响读者对文字的反应时间。该机构邀请66位志愿者参与这项试验，得到标记前后的反应时间，如下表所示，假设反应时间的差值服从正态分布，请在95%的置信水平下给出标记前后平均反应时间差的置信区间。

（单位：ms）

志愿者编号	标记前	标记后	志愿者编号	标记前	标记后
1	992.2	1 577.73	21	1 048.73	1 425.77
2	890.33	1 494.83	22	1 263.8	2 443
3	1 593.23	2 851.47	23	1 648.87	3 890.23
4	1 201.1	1 745.2	24	1 212.87	1 211.6
5	1 372.1	2 001.8	25	1 626.3	1 872.13
6	1 267.5	2 043.37	26	1 975	2 050.37
7	1 507.3	1 892.1	27	1 646.63	1 987.73
8	1 154.6	1 733.92	28	1 532.9	2 009.87
9	1 573.9	1 896.23	29	1 320.81	1 890.78
10	1 264.4	1 391.2	30	1 235.7	1 798.9
11	1 043.2	1 673.35	31	1 098.8	2 398.98
12	1 673.3	2 095.7	32	1 247.8	2 130.8
13	1 840	1 920.3	33	1 000.9	1 896.98
14	1 678	2 143.33	34	1 067.8	1 900.76
15	1 200.23	1 672.73	35	1 276.9	1 598.56
16	1 002	1 665.3	36	1 135.87	1 689.87
17	1 279.5	1 518.23	37	1 134.2	1 673.6
18	1 603	3 579	38	1 058.73	1 429.67
19	1 681.6	1 921.17	39	1 236.4	1 273.6
20	913.07	1 065.43	40	1 327.91	1 572.4

(续)

志愿者编号	标记前	标记后	志愿者编号	标记前	标记后
41	1 189.5	1 697.72	54	1 363.9	2 643
42	997.3	2 195.04	55	2 239.73	2 434.73
43	904.82	1 462.09	56	2 102.4	2 391.3
44	1 487.5	2 739.78	57	1 647.85	1 946.56
45	1 310.4	1 620.4	58	1 745.65	1 647.36
46	1 860.32	2 192.6	59	1 500.78	1 585.5
47	763.23	1 754.83	60	1 616.9	1 612.27
48	907.93	988.73	61	1 665.57	1 865.07
49	1 680	2 004	62	1 636.73	1 622.97
50	1 120.4	1 627.07	63	1 544.6	1 822.13
51	1 349.6	1 965.34	64	994.6	994.1
52	1 456	1 962	65	1 519.4	1 989.03
53	1 578	1 938.2	66	2 529.17	2 734.37

第 7 章 假设检验

本章将深入探讨假设检验的概念和方法。假设检验是统计学中一种常用的推断方法，旨在通过样本数据对总体进行推断。本章将学习如何提出和验证假设，并通过统计推断来做出决策。通过学习本章内容，你将获得对假设检验的深入理解，掌握如何正确地提出假设、构建检验统计量，以及进行推断。这将为你在实际问题中应用统计学打下坚实的基础，帮助你做出准确而可靠的决策。

7.1 从女士品茶到假设检验

7.1.1 女士品茶

提到奶茶，你会想到什么？是珍珠、芋圆等数不胜数的辅料，还是丰富的口感？在此让我们一起来聊聊一个大约在两百多年前由奶茶引发的故事。

据查阅到的资料显示，统计学家罗纳德·费希尔（Ronald Fisher）给布里斯托尔（Bristol）递过一杯热茶，但是布里斯托尔拒绝了，并说自己更喜欢先倒入奶后倒入茶的奶茶味道。也就是说，布里斯托尔认为自己能够辨别奶茶是先放的奶还是先放的茶。如果你是费希尔，你会对这一观点如何判断呢？你会选择相信布里斯托尔吗？也许不同的读者会根据自己的经验做出不同的判断，那么这里我们一起来看看费希尔的建议吧。

费希尔建议用试验结果来辅助决策，该试验为受试者提供了 8 杯奶茶，其中 4 杯先倒入茶后倒入奶，另外 4 杯先倒入奶后倒入茶。受试者需要从 8 杯奶茶中找出自己喜欢的口味，也就是识别哪些奶茶先倒入奶，哪些先倒入茶。如果布里斯托尔能够全部区分这些奶茶，那么就选择相信她。

也许有人会说，万一受试者的运气好呢？那么我们就先来看看"运气好"蒙对的概率是多少。要计算蒙对的概率，事实上我们就会预设一个前提假设，即假设受试者无法区分两种奶茶，那么按照受试者猜中的数量，可以分为 5 种不同的情形（不妨假设受试者偏好先倒入奶），如表 7-1 所示。

表 7-1 受试者猜测的不同组合情形

猜中数量	组合的数量
0	$\binom{4}{0} = 1$
1	$\binom{4}{1} \times \binom{4}{3} = 16$
2	$\binom{4}{2} \times \binom{4}{2} = 36$
3	$\binom{4}{3} \times \binom{4}{1} = 16$
4	$\binom{4}{4} = 1$

这里以猜中数量为 1 举例，其组合的数量可以表示为从先倒入奶的 4 杯奶茶中任取 1 杯（猜中），再从先倒入茶的 4 杯奶茶中任取 3 杯（未猜中），一共 16 种情形。那么对这些组合数量求和，就可以得到所有组合的数量为 70。好了，现在我们就可以比较容易地计算得到在一次试验中，受试者"运气好"全部蒙对的概率等于 1/70（约等于 1.4%）。这个概率非常小，我们一般认为这种小概率事件在一次试验中是不会发生的，如果发生了，那么我们就需要拒绝先前的假设，即拒绝受试者不具备区分奶茶的能力的假设，也就是认为受试者具备区分奶茶的能力。

7.1.2 假设检验及其步骤

从前面奶茶的故事中，我们了解到一种进行推断的方法，这种方法使我们可以借助样本数据开展推断并做出决策。在现实问题中，需要运用这种方法的情境有很多，例如：

- 通过抽检来判断整个批次的产品质量；
- 通过调查来判断用户对产品的满意度；
- 通过对照试验来判断某种治疗方法的有效性。

这种方法就是假设检验（hypothesis testing）。

定义 7-1　假设检验是指对总体的某种规律（如总体参数、总体分布等）提出一个假设，通过样本数据来开展推断，从而决定是否拒绝这一假设的统计活动。

假设检验的核心思想是反证法，即需要先提出一个假设，通过证明这个假设是错误的，进而得出研究者需要的结论。因此，假设检验的第一步就是提出假设。

假设检验的原理是小概率原理，即我们一般认为，在一次试验中，小概率事件是不会发生的，如果发生了，我们就有足够的理由去拒绝原来提出的假设。在奶茶的例子中，我们可以首先提出布里斯托尔不具备区分奶茶的能力的假设，在这种假设下，布里斯托尔通过盲猜完全正确区分 8 杯奶茶的概率为 1.4%，这是一个小概率事件。那么如果在一次测试中，布里斯托尔完全正确区分了这些奶茶，就意味着小概率事件在一次试验中发生了，我们就有足够的理由去拒绝"布里斯托尔不具备区分奶茶的能力"的假设，即认可布里斯托尔具备区分奶茶的能力。

开展假设检验通常需要包括提出假设、选择检验统计量、确定显著性水平与拒绝区域、计算检验统计量的值和做出统计决策 5 个步骤。下面我们就逐个步骤来讲解。

1. 提出假设

假设检验中的假设分为两类，首先被提出的假设称为原假设（null hypothesis），也称待验假设、虚无假设等，通常是研究者希望拒绝的假设，记为 H_0。与原假设相反的假设称为备择假设（alternative hypothesis），也称对立假设、备选假设等，通常是研究者希望支持的假设，记为 H_1。如果是一个总体参数的假设检验问题，记总体参数为 θ（如总体比例、均值、方差），假设的总体参数值为 θ_0，那么原假设与备择假设可以分为三种情形（见表 7-2）。

表 7-2　一个总体参数的原假设与备择假设

假设	双侧检验	左单侧检验	右单侧检验
H_0	$\theta = \theta_0$	$\theta \geqslant \theta_0$	$\theta \leqslant \theta_0$
H_1	$\theta \neq \theta_0$	$\theta < \theta_0$	$\theta > \theta_0$

例 7-1　某企业产品重量的标准差要求为 $\sigma=10$，现质检部门通过观察，认为当下生产批次的产品重量标准差与要求不一致，并且随机抽取部分产品开展假设检验，请问这里的原假设与备择假设应该如何给出？

分析：首先，本例中只有一个总体参数 σ，属于一个总体参数的假设检验；其次，本例是对产品重量的标准差是否符合要求 $\sigma=10$ 进行检验，属于上述情形中的第一种。因此原假设与备择假设分别是 H_0：$\sigma=10$；H_1：$\sigma \neq 10$。

例 7-2　某机构认为 A 地区居民在过去一周内用于外卖的平均支出超过 200 元，为了验证该观点，该机构开展随机调查，并且准备开展假设检验，请问该问题中的原假设与备择假设应该如何给出？

分析：首先，这个问题是需要检验 A 地区居民在过去一周内用于外卖的平均支出是否超过 200 元，这显然不是"等不等"的问题，也就排除了第一种情形。其次，考虑到反证法的思路，从这一问题中看出，该机构希望支持的是"超过 200 元"，那么希望拒绝的也就是"不超过 200 元"，因此属于第三种情形，考虑到这里的总体参数是总体均值，H_0：$\mu \leq 200$；H_1：$\mu > 200$。

在总体参数假设检验中，原假设和备择假设都可以看作参数空间 Θ 的一个非空子集，按照子集中元素的多少，可以被分为简单假设和复杂假设。

- 假设是单元素集，称为简单假设。例如，H_0：$\sigma = 10$，该原假设可以被表示为 H_0：$\sigma \in \Theta_0$，其中 $\Theta_0 = \{\sigma | \sigma = 10\}$，集合中只有一个元素。
- 假设是多元素集，称为复杂假设。例如，备择假设 H_1：$\mu > 200$。

2. 选择检验统计量

检验统计量是假设检验中的一种统计量。在原假设下，检验统计量服从一个给定的概率分布（精确或近似）。研究者需要按照问题的前提条件等问题信息确定正确的检验统计量。为了进一步说明，我们来看下面的例子。

例 7-3 有报告认为一个特定群体在某电商平台上过去一周的平均支出是 102 元，但 A 机构认为平均支出应该不是 102 元，根据经验，已知支出服从正态分布且方差已知为 σ_0。请问若要开展假设检验，该问题应该选择什么样的检验统计量呢？

分析：（1）首先需要提出假设，根据问题信息，原假设与备择假设为

$$H_0: \mu = 102 ; \quad H_1: \mu \neq 102 。$$

（2）由题目中信息和抽样分布可知，在 H_0：$\mu = 102$ 假设（即 $\mu_0 = 102$）下

$$Z = \frac{\bar{X} - \mu_0}{\frac{\sigma_0}{\sqrt{n}}} \sim N(0,1)$$

在选择检验统计量的时候，需要读者运用抽样分布的知识。

3. 确定显著性水平与拒绝区域

（1）双侧检验。我们继续前面的问题，由于 H_0：$\mu = 102$，那么在什么情况下我们有充分的理由拒绝原假设呢？读者自然想到，对于"等不等"的问题，如果样本均值远大于 μ_0，或者远小于 μ_0，我们就有足够的理由拒绝原假设。这个时候我们就会用到先前学习的检验统计量了，由于已经进行了标准化，因此问题就可以直接转换为检验统计量在一次抽样中的值 z 是否较大程度偏离 0，又或者说 $|z|$ 是否足够大。

- 如果$|z|$足够大，那么意味着样本均值$\bar{X}$很大程度上远离μ_0，那么就有足够的理由拒绝原假设。
- 如果$|z|$并不足够大，那么就没有足够的理由拒绝原假设。

那么问题来了，什么是足够大呢？这里我们需要一个临界值，不妨先记这个临界值为c，那么我们就可以得到

- 如果$|z| \geqslant c$，拒绝H_0。
- 如果$|z| < c$，无法拒绝H_0。

拒绝区域与不拒绝区域如图7-1所示。

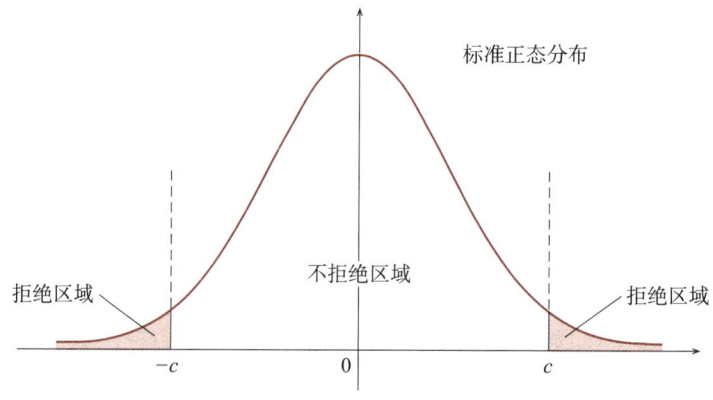

图7-1 拒绝区域与不拒绝区域

在标准正态分布中给出临界值c之后，整个区域被分为两个部分，一部分是拒绝区域$W = \{z \,|\, |z| \geqslant c\}$，如果检验统计量的值进入拒绝区域就需要拒绝原假设，剩下的区域$\overline{W} = \{z \,|\, |z| < c\}$严格来讲应该被称为"不拒绝区域"，因为这个时候检验统计量的值没有迈过临界值，因此我们没有足够的理由拒绝原假设。虽然有些材料里会直接将无法拒绝记为"接受原假设"，但是读者需要理解"无法拒绝"与"接受"之间的差异。

当我们理解了拒绝区域和临界值之后，现在摆在我们面前的问题是，依据临界值做出的"拒绝"或"不拒绝"原假设的决策都一定是正确的吗？

事实上，这样的决策依然会犯错误，可能的错误有两类，如图7-2所示。

	H_0为真	H_0为假
拒绝H_0	第Ⅰ类错误（犯错概率为α）	正确决策
无法拒绝H_0	正确决策	第Ⅱ类错误（犯错概率为β）

图7-2 两类错误

第Ⅰ类错误又称为弃真错误，是指 H_0 为真，但是因为抽样的随机性，检验统计量的值落入了拒绝区域，使得研究者做出了拒绝原假设的决策，其发生的概率记为 α。

第Ⅱ类错误又称为取伪错误，是指 H_0 为假，同样是因为抽样的随机性，检验统计量的值没有落入拒绝区域，使得研究者做出了无法拒绝原假设的决策，其发生的概率记为 β。

举例来说，小王认为小明不会打篮球，结果在一次比赛中，小明连续投中 3 个球，小王马上改变了自己的想法，认为小明会打篮球。投完球的小明下场告诉小王，事实上小王原来的观点没有错，自己并不会打篮球，今天只是运气好。这时候小王犯了哪种类型的错误呢？按照前面的分类，小王原来的观点是正确的，但是因为观察到小明一次偶然的投篮成绩就放弃了原来正确的观点，因此属于"弃真错误"。

那么 $\alpha + \beta = 1$ 吗？

1）第Ⅰ类错误的概率为 $P(拒绝H_0 | H_0 为真)$，具体到之前的例子，H_0：$\mu = \mu_0$；H_1：$\mu \neq \mu_0$。

$$Z = \frac{\bar{X} - \mu_0}{\frac{\sigma_0}{\sqrt{n}}} \sim N(0,1)$$

其第Ⅰ类错误的概率 $P_{\mu=\mu_0}(|z| \geq c) = \alpha = 2[1 - \Phi(c)]$，因此这里的 c 等于 $z_{\frac{\alpha}{2}}$，具体如图 7-3 所示。

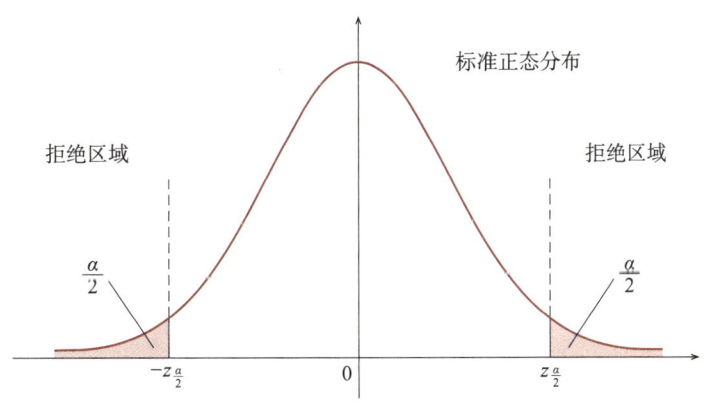

图7-3　第Ⅰ类错误的概率

2）第Ⅱ类错误的概率为 $P(无法拒绝H_0 | H_0 为假)$。对于 H_0：$\mu = \mu_0$；H_1：$\mu \neq \mu_0$，以及检验统计量

$$Z = \frac{\bar{X} - \mu_0}{\frac{\sigma_0}{\sqrt{n}}} \sim N(0,1)$$

考虑到 H_0 为假，不妨给定 $\mu = \mu_1$ 且 $\mu_1 \neq \mu_0$，其第 II 类错误的概率 $P_{\mu=\mu_1}(|z|<c) = \beta$。

$$\begin{aligned}
&P_{\mu=\mu_1}(|z|<c) \\
&= P_{\mu=\mu_1}\left(-c < \frac{\bar{X}-\mu_0}{\frac{\sigma_0}{\sqrt{n}}} < c\right) \\
&= P_{\mu=\mu_1}\left(-c < \frac{\bar{X}-\mu_1}{\frac{\sigma_0}{\sqrt{n}}} + \frac{\mu_1-\mu_0}{\frac{\sigma_0}{\sqrt{n}}} < c\right) \\
&= P_{\mu=\mu_1}\left(-c - \frac{\mu_1-\mu_0}{\frac{\sigma_0}{\sqrt{n}}} < \frac{\bar{X}-\mu_1}{\frac{\sigma_0}{\sqrt{n}}} < c - \frac{\mu_1-\mu_0}{\frac{\sigma_0}{\sqrt{n}}}\right) \\
&= \Phi\left(c - \frac{\mu_1-\mu_0}{\frac{\sigma_0}{\sqrt{n}}}\right) - \Phi\left(-c - \frac{\mu_1-\mu_0}{\frac{\sigma_0}{\sqrt{n}}}\right)
\end{aligned}$$

不难发现 $\alpha + \beta$ 并不等于 1。

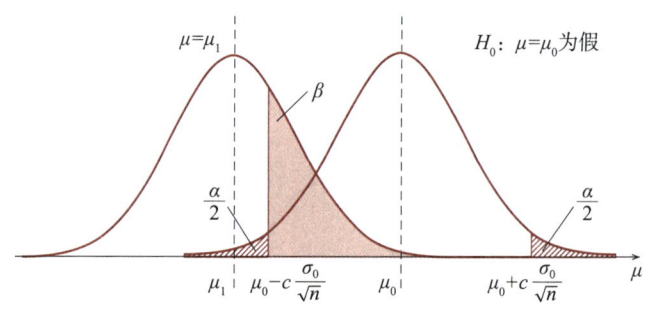

图7-4　第 II 类错误的概率

注：为了便于理解，图 7-4 未对 $\bar{X}$ 做标准化，图中红色部分的面积就是第 II 类错误的概率 β。

既然 $\alpha + \beta$ 并不等于 1，那么 α 与 β 在数值上是否存在关联呢？从图 7-4 中我们就可以很直观地看到，中间的红色部分在 $\mu_0 \pm c\frac{\sigma_0}{\sqrt{n}}$ 之间，面积为 β；两侧的阴影部分分别在 $\mu_0 \pm c\frac{\sigma_0}{\sqrt{n}}$ 两侧，总面积为 α。因此 α 越小，β 就越大；反之，α 越大，β 就越小。为了更好地说明问题，我们以前面的例子计算不同临界值下的 α 与 β。

考虑一个假设检验问题，其中 H_0：$\mu = \mu_0$；H_1：$\mu \neq \mu_0$，$Z = \dfrac{\bar{X} - \mu_0}{\dfrac{\sigma_0}{\sqrt{n}}} \sim N(0,1)$，这里 $\mu_0 = 102$，$\sigma_0 = 2$，$n = 60$。我们进一步令真实的 $\mu_1 = 101$，那么通过 Excel 可以得到两类错误的概率模拟，结果如表 7-3 所示。

表 7-3 两类错误的概率模拟

临界值 c	取值			
	1	2	3	4
α	0.317 310 508	0.045 5	0.002 7	0.000 063 3
β	0.002 032 528	0.030 535	0.191 336	0.550 536

那么接下来的问题是有没有办法同时降低 α 与 β？只有增加样本量，但是这样的做法在实际操作中需要考虑其可行性，以及增加样本可能带来的成本增加。在假设检验中我们通常主要控制第 I 类错误的概率 α。

定义 7-2 在假设检验中，需要确定一个数 α（$0 < \alpha < 1$），若假设检验的第 I 类错误的概率小于等于 α，则称该假设检验是在显著性水平 α 下的检验，α 称为显著性水平。如果在这个假设检验中拒绝了原假设，那么就说这个检验是显著的。

显著性水平 α 的取值由研究者决定，取值不能太大，否则弃真错误的概率太大；当然也不能太小，否则取伪错误的概率会比较大。通常 α 取 0.01、0.05 或 0.1。

（2）单侧检验。在理解了双侧检验之后，这里来考虑一类单侧问题。

例 7-4 （对例 7-3 进行了修改）有报告认为一个特定群体在某电商平台上过去一周的平均支出超过 102 元，但 A 机构认为平均支出应该不足 102 元，根据经验，已知支出服从正态分布且方差已知为 σ。请给出假设检验的拒绝区域（显著性水平为 α）。

分析：（1）原假设与备择假设：H_0：$\mu \geq 102$；H_1：$\mu < 102$。

（2）检验统计量

$$Z = \frac{\bar{X} - \mu_0}{\dfrac{\sigma}{\sqrt{n}}}$$

这里的原假设是一个复杂假设[⊖]，为左单侧检验，μ_0 取 102。那么什么情况可以拒绝 "$\mu \geq 102$" 呢？我们容易想到，应该是 $\bar{X}$ 的值很小的时候，也就是拒绝区域在左侧时。考虑到显著性水平为 α，取临界值为 $-z_\alpha$，拒绝区域为 $z < -z_\alpha$。具体如图 7-5 所示。

⊖ 茆诗松，吕晓玲. 数理统计学[M]. 2版. 北京：中国人民大学出版社，2016.

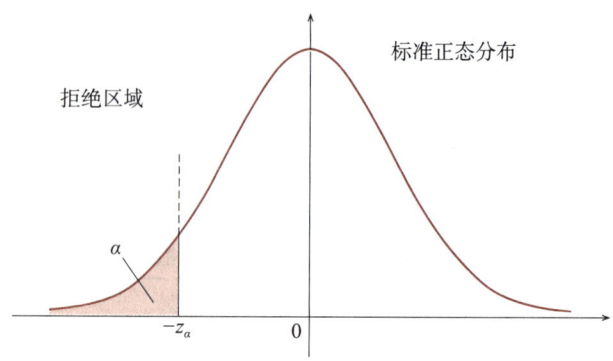

图 7-5　左单侧检验的拒绝区域

读到这里，也许你会有一个问题：H_0：$\mu \geqslant 102$，也就是原假设为真的时候 μ 有很多不同的取值可能，那么为什么选择取临界值 102 呢？

事实上，在上述问题中，如果 $Z = \dfrac{\bar{X}-102}{\dfrac{\sigma}{\sqrt{n}}}$ 落入了拒绝区域，那么对于任意 $\mu_0 \geqslant 102$，都有 $Z = \dfrac{\bar{X}-\mu_0}{\dfrac{\sigma}{\sqrt{n}}}$ 落入拒绝区域。

考虑类似的问题，如果原假设与备择假设分别为 H_0：$\mu \leqslant 102$；H_1：$\mu > 102$，检验统计量仍然是 $Z = \dfrac{\bar{X}-\mu_0}{\dfrac{\sigma_0}{\sqrt{n}}}$，那么拒绝区域应该在右侧，即 $z > -z_\alpha$，具体如图 7-6 所示。

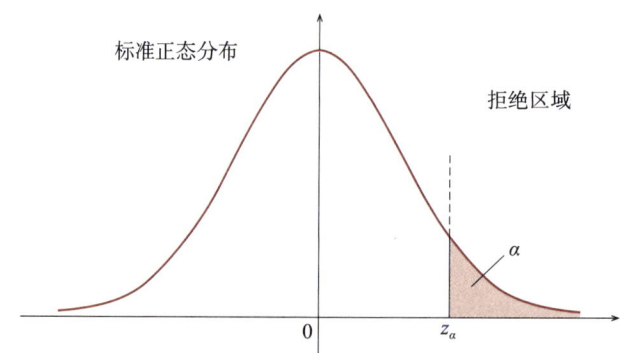

图7-6　右单侧检验的拒绝区域

4. 计算检验统计量的值

在这一步骤，我们就需要依据假设检验问题中包括样本信息在内的所有已知信息，计算检验统计量的值，这个步骤并不复杂，可以借助 Excel 等软件来协助计算。

例 7-5 本例题在例 7-3 的基础上增加调查信息，重新提出问题，如下所示。

有报告认为一个特定群体在某电商平台上过去一周的平均支出是 102 元，但 A 机构认为平均支出应该不是 102 元。为此，A 机构开展了调查，具体数据如表 7-4 所示。根据以往经验，已知支出服从正态分布且方差为 $\sigma_0 = 2$ 元。为了检验 A 机构的观点，开展假设检验，请提出原假设与备择假设，确定检验统计量并计算检验统计量的值。

表 7-4 例 7-5 调查数据

受访者编号	支出（元）	受访者编号	支出（元）	受访者编号	支出（元）	受访者编号	支出（元）
1	104.19	16	100.39	31	97.25	46	111.05
2	101.78	17	103.36	32	106.60	47	102.22
3	108.03	18	107.16	33	105.09	48	98.66
4	115.17	19	110.39	34	99.15	49	103.63
5	109.16	20	107.87	35	108.43	50	98.15
6	102.64	21	100.68	36	105.34	51	103.86
7	115.31	22	98.71	37	102.81	52	109.43
8	111.95	23	105.61	38	111.23	53	100.42
9	103.92	24	97.47	39	99.22	54	106.49
10	100.84	25	100.14	40	116.63	55	100.02
11	102.47	26	109.75	41	116.58	56	111.35
12	107.07	27	107.00	42	104.00	57	105.08
13	101.71	28	110.53	43	108.57	58	99.32
14	107.57	29	102.78	44	108.57	59	102.76
15	104.00	30	107.23	45	102.15	60	111.90

分析：由例 7-3 的解可知以下信息。

（1）原假设与备择假设

$$H_0: \mu = 102 ; \quad H_1: \mu \neq 102 。$$

（2）检验统计量为

$$Z = \frac{\bar{X} - \mu_0}{\dfrac{\sigma_0}{\sqrt{n}}} \sim N(0,1)$$

问题中 $\sigma_0 = 2$，借助 Excel 可以算得 $\bar{x} = 105.35$，样本量 $n = 60$。因此

$$z = \frac{\bar{x} - \mu_0}{\dfrac{\sigma_0}{\sqrt{n}}} = \frac{105.35 - 102}{2/\sqrt{60}} = 12.97$$

5. 做出统计决策

在计算得到检验统计量的值之后，研究者就可以根据检验统计量的值的位置来做出统计决策了。

如果检验统计量的值落在拒绝区域内,那么就意味着一次试验中小概率事件发生了,我们就有足够的理由做出"拒绝原假设"的决策;反之,如果检验统计量的值没有落在拒绝区域内,那么就意味着一次试验中小概率事件没有发生,我们就没有足够的理由"拒绝原假设",此时的决策应该是"无法拒绝原假设"。

例 7-6 这里在例 7-5 的基础上稍做调整,问题如下所示。

有报告认为一个特定群体在某电商平台上过去一周的平均支出是 102 元,但 A 机构认为平均支出应该不是 102 元。为此,A 机构开展了调查,具体数据同表 7-4。根据以往经验,已知支出服从正态分布且方差为 $\sigma_0 = 2$ 元。请问 A 机构的观点可信吗?(显著性水平 $\alpha = 0.05$。)

分析:这里需要按照假设检验的 5 个步骤逐一进行,之前已经完成的步骤,这里将直接给出结果。

(1)提出假设。H_0:$\mu = 102$;H_1:$\mu \neq 102$。

(2)选择检验统计量。$Z = \dfrac{\bar{X} - \mu_0}{\dfrac{\sigma_0}{\sqrt{n}}} \sim N(0,1)$。

(3)确定显著性水平与拒绝区域。如图 7-7 所示,这里的 $z_{0.025} = 1.96$ 可以借助 Excel 函数 NORM.S.INV(0.975) 计算,其中 0.975 表示 $z_{0.025}$ 左侧的概率。

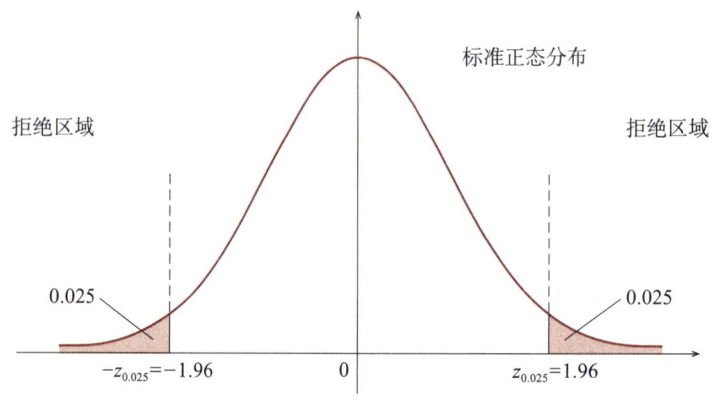

图7-7 拒绝区域

(4)计算检验统计量的值。$\bar{x} = 105.35$,样本量 $n = 60$,因此 $z = \dfrac{\bar{x} - \mu_0}{\dfrac{\sigma_0}{\sqrt{n}}} = \dfrac{105.35 - 102}{2 / \sqrt{60}} = 12.97$。

(5)做出统计决策。$12.97 > z_{0.025} = 1.96$,因此检验统计量的值落入了拒绝区域。

也就是说，在 $\alpha = 0.05$ 的显著性水平下，应该拒绝 $\mu = 102$ 的原假设，即认为特定群体在该电商平台上过去一周的平均支出与 102 元存在显著差异。

7.2 一个总体参数的假设检验

7.2.1 一个总体均值的假设检验

一家大型购物中心经过多年经营，业绩一直都非常不错。最近，购物中心的运营部门建议在购物中心内再增加顾客休息区域，其理由是顾客在购物中心内的平均购物时间超过 2h，增加休息区域有助于改善顾客的购物体验。购物中心的决策层认为，如果顾客的购物时间确实如运营部门所判断的，那么就考虑采纳该建议，你觉得运营部门应该如何验证自己的判断呢？

1. 方法讲解

对于这个问题我们可以做一个大致的梳理。首先，运营部门希望对"平均购物时间"进行推断，这是所有顾客购物时间的均值，因此这是总体均值 μ。其次，要对总体均值进行推断，要么努力去获得总体，也就是开展普查，这对于购物中心来说显然是不太现实的；要么就开展抽样调查，运用随机抽样的结果对总体参数进行推断，这就是我们之前学习过的假设检验思想。在这个问题上，有一个总体——顾客，一个总体参数——平均购物时间。因此这里要讨论的是一个总体均值的假设检验。

我们知道，假设检验通常包括 5 个步骤（提出假设、选择检验统计量、确定显著性水平与拒绝区域、计算检验统计量的值、做出统计决策）。接下来，这里将围绕一个总体均值的假设检验进行逐一讲解。

（1）提出假设。我们首先一起来了解一个总体均值假设检验的原假设 H_0 和备择假设 H_1 的三种情形，如表 7-5 所示。

表 7-5　一个总体均值假设检验的原假设和备择假设

H_0	$\mu = \mu_0$	$\mu \geqslant \mu_0$	$\mu \leqslant \mu_0$
H_1	$\mu \neq \mu_0$	$\mu < \mu_0$	$\mu > \mu_0$

假设检验的基本思想是反证法，我们通常将希望拒绝的假设作为原假设，与之相反的则作为备择假设。表中的第一种情形是双侧检验，μ_0 是假设的均值。原假设 H_0 为 $\mu = \mu_0$，直观来看就是运用样本值得到的检验统计量的值太大或太小都会拒绝等于 μ_0 的原假设。那么如何判断是太大还是太小呢？这个问题我们会在后续讲解中，通过在两侧给出拒绝区域来解决。第二种情形的原假设 H_0 为 $\mu \geqslant \mu_0$，直观来看就是检验统计量的值太小（通常横轴

从左到右数值递增）就会拒绝大于等于 μ_0 的原假设，是左单侧检验。同理，第三种情形原假设 H_0 为 $\mu \leqslant \mu_0$，是右单侧检验。

（2）选择检验统计量。在样本均值抽样分布的讲解中，我们已经介绍了，对于来自正态总体 $N(\mu, \sigma^2)$ 的一个样本 $X_1, X_2, \cdots, X_n$，依据总体方差 σ^2 是否已知，样本是不是大样本（$n \geqslant 30$），可以分为四种情形，如表 7-6 所示。

表 7-6　样本均值抽样分布

总体分布	总体方差已知	总体方差未知
正态总体	$\dfrac{\bar{X}-\mu}{\dfrac{\sigma}{\sqrt{n}}} \sim N(0,1)$	$\dfrac{\bar{X}-\mu}{\dfrac{S}{\sqrt{n}}} \sim t(n-1)$
非正态总体（大样本）	$\dfrac{\bar{X}-\mu}{\dfrac{\sigma}{\sqrt{n}}} \sim N(0,1)$	$\dfrac{\bar{X}-\mu}{\dfrac{S}{\sqrt{n}}} \sim N(0,1)$

由于统计量中不能包含未知的参数，而假设检验的开展都是在原假设 H_0 为真的假设下进行的，因此我们可以将表 7-6 中的 μ 用原假设 H_0 中的 μ_0 代替，那么对于不同前提假设下的检验统计量的选择可以整理为表 7-7。

表 7-7　样本均值检验统计量

总体分布	总体方差已知	总体方差未知
正态总体	$Z = \dfrac{\bar{X}-\mu_0}{\dfrac{\sigma}{\sqrt{n}}}$	$T = \dfrac{\bar{X}-\mu_0}{\dfrac{S}{\sqrt{n}}}$
非正态总体（大样本）	$Z = \dfrac{\bar{X}-\mu_0}{\dfrac{\sigma}{\sqrt{n}}}$	$Z = \dfrac{\bar{X}-\mu_0}{\dfrac{S}{\sqrt{n}}}$

（3）确定显著性水平与拒绝区域。显著性水平 α 是我们在开展假设检验过程中给定的，表示在假设检验中犯第 I 类错误的概率。

1）双侧检验。考虑双侧检验的情形，$H_0: \mu = \mu_0$，$H_1: \mu \neq \mu_0$。这就意味着，如果原假设为真，那么在一次试验中，$\bar{X}$ 远大于或远小于 μ_0 的概率都很小。进一步对 $\bar{X}$ 进行标准化，那么标准化后得到的检验统计量（z 或 t，取决于前提假设）远大于或远小于 0 的概率也是很小的。如果这样的小概率事件在一次抽样中发生了，我们就有足够的理由拒绝原假设。

因此，考虑到检验统计量太大或太小都应该拒绝原假设，对于双侧检验我们需要将拒绝区域放在两侧，考虑到犯第 I 类错误的概率上限为 α，那么就将两侧拒绝区域对应的概率都设定为 $\alpha/2$，具体如图 7-8 所示。

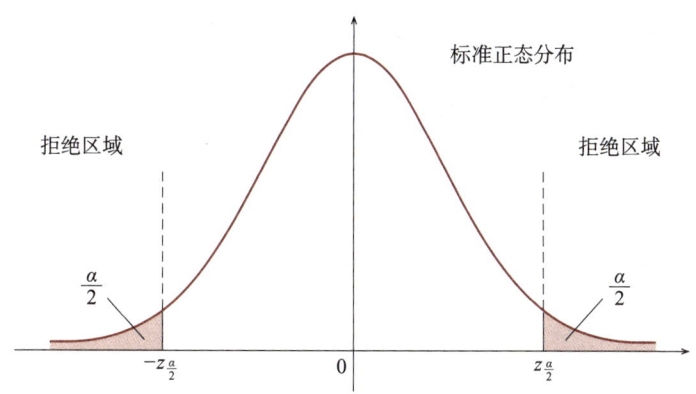

图7-8 双侧检验：z检验统计量

当考虑 z 检验统计量时，检验统计量服从或近似服从 $N(0,1)$ 分布，两侧拒绝区域概率为 $\dfrac{\alpha}{2}$，则临界值设为分位数 $\pm z_{\frac{\alpha}{2}}$；当考虑 t 检验统计量时，检验统计量服从 $t(n-1)$ 分布，则临界值设为分位数 $\pm t_{\frac{\alpha}{2}}(n-1)$，具体如图 7-9 所示。

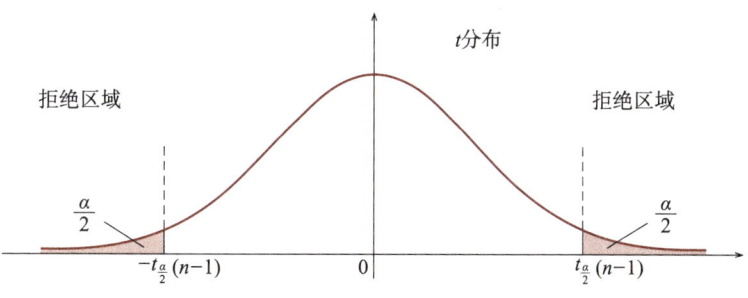

图7-9 双侧检验：t检验统计量

2）单侧检验。在理解了双侧检验的拒绝区域后，一个总体均值的单侧检验拒绝区域就很好理解了。考虑左单侧检验，即 H_0：$\mu \geqslant \mu_0$，H_1：$\mu < \mu_0$，显然检验统计量的值太小就会拒绝大于等于 μ_0 的原假设，因此拒绝区域设置在左侧，具体如图 7-10 所示。

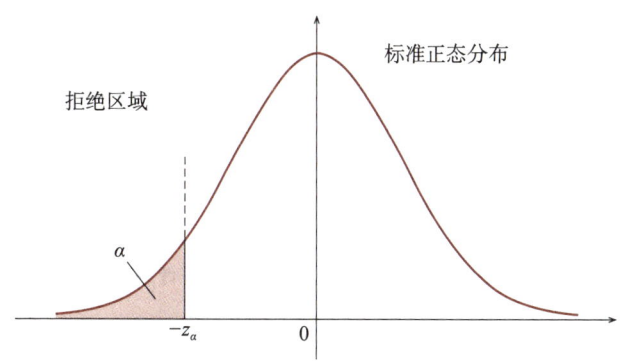

图7-10 左单侧检验：z检验统计量

对于左单侧检验，当考虑 z 检验统计量时，临界值设为分位数 $-z_\alpha$；当考虑 t 检验统计量时，临界值设为分位数 $-t_\alpha(n-1)$，具体如图 7-11 所示。

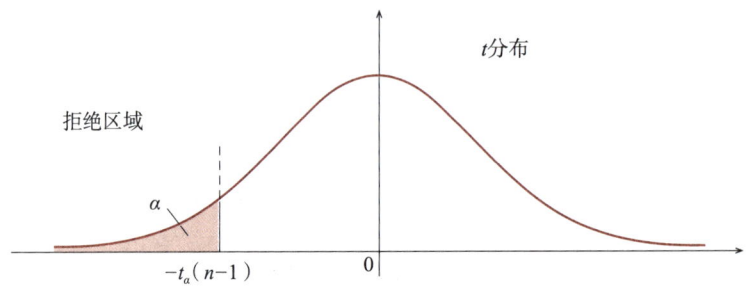

图7-11　左单侧检验：t 检验统计量

同理，如果考虑右单侧检验，即 H_0：$\mu \leq \mu_0$，H_1：$\mu > \mu_0$，显然，检验统计量的值太大就会拒绝小于等于 μ_0 的原假设，因此拒绝区域设置在右侧。对于右单侧检验，当考虑 z 检验统计量时，临界值设为分位数 z_α，具体如图 7-12 所示；当考虑 t 检验统计量时，临界值设为分位数 $t_\alpha(n-1)$，具体如图 7-13 所示。

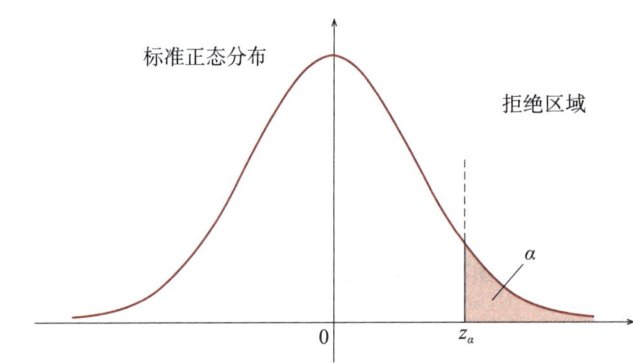

图7-12　右单侧检验：z 检验统计量

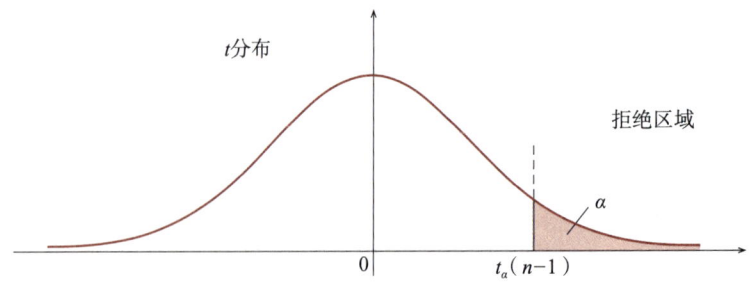

图7-13　右单侧检验：t 检验统计量

（4）计算检验统计量的值。这个部分并不复杂，只需要将问题中的数据按照检验统计量进行计算即可，部分计算量较大的环节建议借助各类计算软件来实现，我们也会在后续的例题中进行计算过程展示。

（5）做出统计决策。统计决策是一个总体均值假设检验的目标，也是获得检验结论的环节。如果一次抽样的检验统计量值落在拒绝区域（在某个显著性水平 α 下），那么一个总体均值假设检验的统计决策就是：在显著性水平 α 下，拒绝原假设 H_0。如果是双侧检验（H_0：$\mu = \mu_0$），那么可以将结论具体阐述为：在显著性水平 α 下，拒绝 $\mu = \mu_0$ 的原假设，认为 μ 与 μ_0 存在显著差异。如果是左单侧检验（H_0：$\mu \geq \mu_0$），那么可以将结论具体阐述为：在显著性水平 α 下，拒绝 $\mu \geq \mu_0$ 的原假设，认为 μ 显著小于 μ_0。同理，如果是右单侧检验（H_0：$\mu \leq \mu_0$），那么可以将结论具体阐述为：在显著性水平 α 下，拒绝 $\mu \leq \mu_0$ 的原假设，认为 μ 显著大于 μ_0。

如果在一次抽样中，一个总体均值检验统计量的值没有落入拒绝区域，我们可以接受原假设吗？事实上，这样的表述是不严谨的。这是因为，如果检验统计量的值落入拒绝区域，那么就拒绝原假设；如果没有落入拒绝区域，我们得到的结论自然是无法拒绝原假设。读者可以体会一下"无法拒绝原假设"与"接受原假设"的区别。

因此，对照三种检验情形，我们可以给出下面三种检验统计量的值没有落入拒绝区域的结论。其一，如果是双侧检验（H_0：$\mu = \mu_0$），那么可以将结论具体阐述为：在显著性水平 α 下，无法拒绝 $\mu = \mu_0$ 的原假设，不能认为 μ 与 μ_0 存在显著差异。其二，如果是左单侧检验（H_0：$\mu \geq \mu_0$），那么检验结论就是：在显著性水平 α 下，无法拒绝 $\mu \geq \mu_0$ 的原假设，不能认为 μ 显著小于 μ_0。其三，如果是右单侧检验（H_0：$\mu \leq \mu_0$），那么检验结论就是：在显著性水平 α 下，无法拒绝 $\mu \leq \mu_0$ 的原假设，不能认为 μ 显著大于 μ_0。

2. P 值决策

P 值是原假设为真时，得到样本观察结果或更极端结果的概率。具体可以做如下表示。

- 右单侧检验：$P(\Theta \geq \theta | H_0)$，即原假设为真，$\Theta \geq \theta$ 的概率。
- 左单侧检验：$P(\Theta \leq \theta | H_0)$，即原假设为真，$\Theta \leq \theta$ 的概率。
- 双侧检验：$P(|\Theta| \geq |\theta| | H_0)$，即原假设为真，$|\Theta| \geq |\theta|$ 的概率。

其中，Θ 表示检验统计量，θ 表示检验统计量在一次抽样中的观察值。如果在假设检验中，P 值（简记为 P）小于 α，那就意味着，如果原假设 H_0 为真，检验统计量 Θ 取得当前值 θ，或者更极端结果的概率是小于 α（α 通常取 0.01，0.05 或 0.1）。也就是说，在一次试验中，"检验统计量 Θ 取得当前值 θ 或更极端结果"这个小概率事件发生了，那我们就有足够的理由去拒绝原假设。由于 P 值的比较对象是 α，相比需要借助于查表或软件才能得到数值的分位数，α 是一个比较直观的值，我们获得 P 值之后很容易就能判断这个 P

值是不是足够小。因此，在开展统计分析的时候，P 值被各个学科的研究者广泛应用。

这里我们已经完成了一个总体均值假设检验步骤的学习（提出假设、选择检验统计量、确定显著性水平与拒绝区域、计算检验统计量的值、做出统计决策）。下面我们将通过例题来巩固前面所学。

3. 例题讲解

例 7-7 某购物中心收到运营部门的建议，认为顾客在中心内的平均购物时间超过 2h，需要增加休息区域。为了验证运营部门的判断，购物中心开展了调查，结果如表 7-8 所示。

表 7-8 购物中心对顾客购物时间的调查

样本量	样本均值 /h	样本标准差 /h
410	2.05	0.4

假设购物时间服从正态分布，请问调查结果是否支持运营部门的判断？（$\alpha=0.05$。）

分析：本题希望运用样本信息检验"平均购物时间超过 2h"，这里的"平均购物时间"是所有顾客购物时长的总体均值，因此问题可以归类为"一个总体均值的假设检验"。另外，运营部门的预判是超过 2h，现在希望检验这一判断，即希望支持超过 2h 的判断，那么将相反的判断作为原假设 H_0：$\mu \leq 2$，支持的判断作为备择假设 H_1：$\mu > 2$，这是一个右单侧检验问题，接下来我们将开始具体的检验过程。

解：（1）提出假设。依据前面的分析，H_0：$\mu \leq 2$；H_1：$\mu > 2$。

（2）选择检验统计量。由于题目中已经给出样本来自正态总体且总体方差未知，那么我们选择检验统计量：

$$T = \frac{\bar{X} - \mu_0}{\dfrac{S}{\sqrt{n}}}$$

（3）确定显著性水平与拒绝区域。题中给出 $\alpha = 0.05$ 且为右单侧检验，因此将拒绝区域设置在右侧，考虑到样本量 $n = 410$，运用 Excel 的 T.INV 函数就可以得到分位数 $t_{0.05}(409)$ 的取值（注：函数中的 0.95 表示分位数左侧的概率），具体如图 7-14 所示。

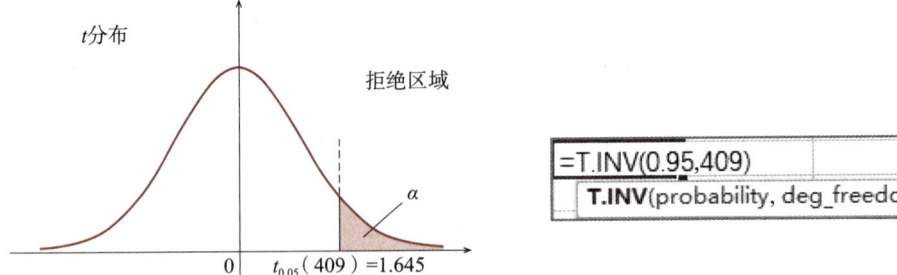

图7-14 例7-7的拒绝区域

（4）计算检验统计量的值。考虑到 $\bar{x}=2.05$，$\mu_0=2$，$s=0.4$，$n=410$，那么可以计算得到检验统计量的值

$$t=\frac{2.05-2}{0.4/\sqrt{410}}=2.53$$

（5）做出统计决策。$t=2.53>t_{0.05}(409)=1.645$，即一次抽样检验统计量的值大于临界值 $t_{0.05}(409)$，因此在 $\alpha=0.05$ 的显著性水平下拒绝 H_0：$\mu\leqslant 2$。也就是说，我们认为在 0.05 的显著性水平下，顾客在购物中心内的平均购物时间显著超过 2h，建议考虑新增休息区域。

由于 $t=2.53$，那么其对应的 P 值就是 $P(t\geqslant 2.53|H_0)$，即分位数 2.53 右侧的概率，并且可以由 Excel 的函数 T.DIST.RT 计算，具体如图 7-15 所示。

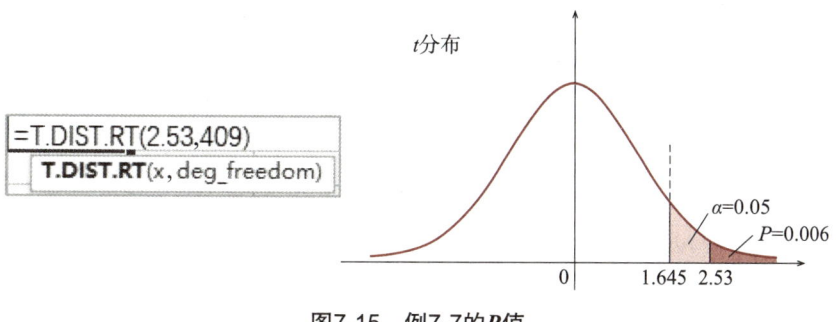

图7-15　例7-7的P值

因此，$P=0.006<\alpha=0.05$，我们也可以得到与之前一样的假设检验结论：在 $\alpha=0.05$ 的显著性水平下，顾客在购物中心内的平均购物时间显著超过 2h。

例 7-8　某机构认为 A 电商平台用户的平均支出不足 400 元，为了检验其观点，对 60 位用户开展了随机调查，用户支出的调查结果如表 7-9 所示。

表 7-9　A 电商平台用户平均支出调查数据　（单位：元）

418	408	368	387	413	370	414	409	387	348
373	376	391	395	407	410	418	408	387	435
415	398	408	389	408	405	402	357	408	402
433	358	413	388	405	385	397	386	430	385
379	406	374	393	377	423	394	386	414	423
379	378	397	397	390	387	416	394	436	362

根据以往经验可知，A 电商平台用户支出的标准差为 20 元，请在 $\alpha=0.05$ 的显著性水平下，判断这一调查是否支持该机构的观点。

分析：假设检验的主要作用是对总体参数或分布的陈述进行检验。本题的目标是运用样本信息检验"平均支出不足400元"，因此是一个总体均值的假设检验。另外，该机构的预判是"不足400元"，现在希望检验这一判断，可将相反的判断作为原假设 H_0：$\mu \geqslant 400$，支持的判断作为备择假设 H_1：$\mu < 400$，这是一个左单侧检验问题。

解：（1）提出假设。依据前面的分析，H_0：$\mu \geqslant 400$；H_1：$\mu < 400$。

（2）选择检验统计量。由题意可知总体方差已知且样本量为60，可以考虑其为大样本情形，选择检验统计量

$$Z = \frac{\bar{X} - \mu_0}{\dfrac{\sigma}{\sqrt{n}}}$$

（3）确定显著性水平与拒绝区域。题中给出 $\alpha = 0.05$ 且为左单侧检验，因此将拒绝区域设置在左侧，运用 Excel 的 NORM.S.INV 函数就可以得到分位数 $-z_{0.05}$ 的取值，具体如图7-16所示。

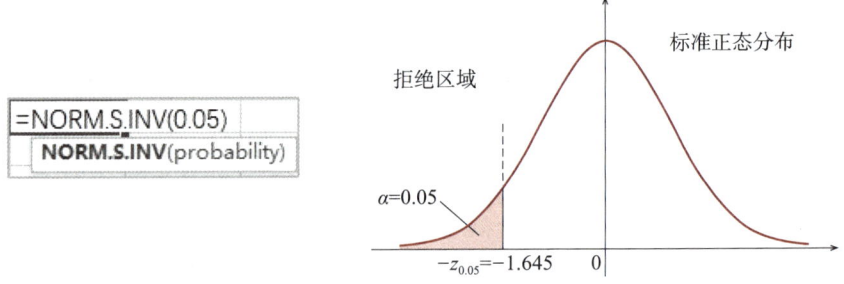

图7-16　例7-8的拒绝区域

（4）计算检验统计量的值。运用 Excel 函数 AVERAGE 计算样本均值，得到 $\bar{x} = 396.65$，又有 $\mu_0 = 400$，$\sigma = 20$，$n = 60$，那么可以计算得到检验统计量的值

$$z = \frac{396.65 - 400}{\dfrac{20}{\sqrt{60}}} = -1.3$$

（5）做出统计决策。$z = -1.3 > -z_{0.05} = -1.645$，即一次抽样检验统计量的值大于临界值 $-z_{0.05}$，没有落入拒绝区域，因此在 $\alpha = 0.05$ 的显著性水平下无法拒绝 H_0：$\mu \geqslant 400$。也就是说，在0.05显著性水平下，我们没有足够的理由认为 A 电商平台用户的平均支出显著小于400元。

如果考虑用 P 值进行决策，按照 P 值的定义，P 值就是分位数 -1.3 左侧的概率，并且运用 Excel 函数 NORM.S.DIST 计算可得 $P = 0.097 > \alpha = 0.05$（见

图 7-17)。换言之,在一次试验中,事件"检验统计量 z 取得当前值 0.097 或更极端结果"虽然发生了,但这并不是小概率,其发生的概率为 0.097,大于显著性水平 0.05,所以我们没有足够的理由拒绝原假设,也就不能认为平台用户的平均支出显著小于 400 元。

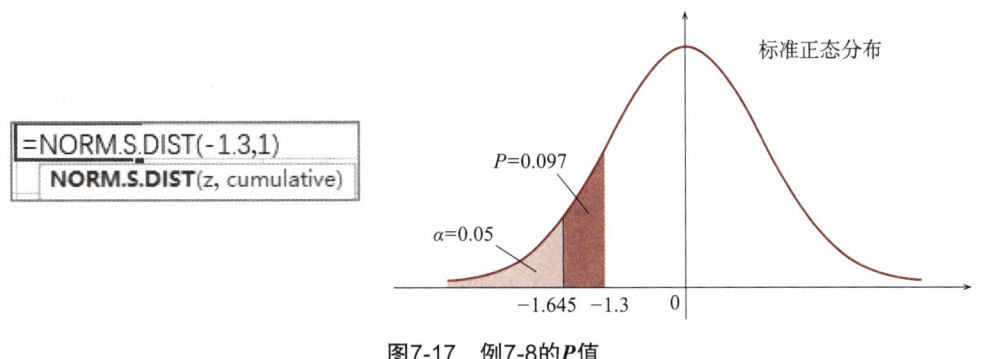

图 7-17　例 7-8 的 P 值

例 7-9　有研究机构认为,某特定群体的投资者在过去一年的投资平均回报率为 5%,为检验这一观点,该机构对这一群体投资者(72 位)进行了随机调查,调查结果如表 7-10 所示。

表 7-10　72 位被调查者的投资回报率

4.59%	5.19%	2.47%	4.22%	3.53%	5.89%	5.47%	3.82%	4.09%	6.24%	4.95%	3.65%
4.08%	4.98%	4.36%	6.32%	4.82%	4.37%	4.00%	3.62%	4.21%	3.98%	6.31%	5.68%
5.69%	5.76%	3.62%	3.97%	3.86%	4.64%	4.22%	4.88%	4.70%	5.20%	4.96%	3.96%
4.18%	5.32%	3.19%	6.09%	4.14%	4.30%	4.35%	3.33%	5.67%	4.09%	5.95%	4.41%
4.57%	4.64%	4.10%	2.53%	4.95%	4.59%	3.82%	5.03%	5.52%	5.15%	4.71%	4.52%
5.39%	4.18%	3.64%	6.59%	4.36%	4.36%	4.65%	4.71%	4.00%	4.99%	4.53%	4.82%

请在 $\alpha = 0.01$ 的显著性水平下,判断该调查是否支持机构的观点。

分析: 本题的目标是运用样本信息检验"投资平均回报率为 5%",因此是一个总体均值的双侧检验。

解:(1)提出假设。依据前面的分析,H_0:$\mu = 5\%$;H_1:$\mu \neq 5\%$。

(2)选择检验统计量。由题意可知总体方差未知,样本量为 72,可以考虑其为大样本情形,选择检验统计量

$$Z = \frac{\overline{X} - \mu_0}{\frac{S}{\sqrt{n}}}$$

(3)确定显著性水平与拒绝区域。题中给出 $\alpha = 0.01$ 且为双侧检验,因此将拒绝区域设置在两侧,运用 Excel 的 NORM.S.INV 函数就可以得到分位数 $\pm z_{0.005}$

的取值，具体如图7-18所示。

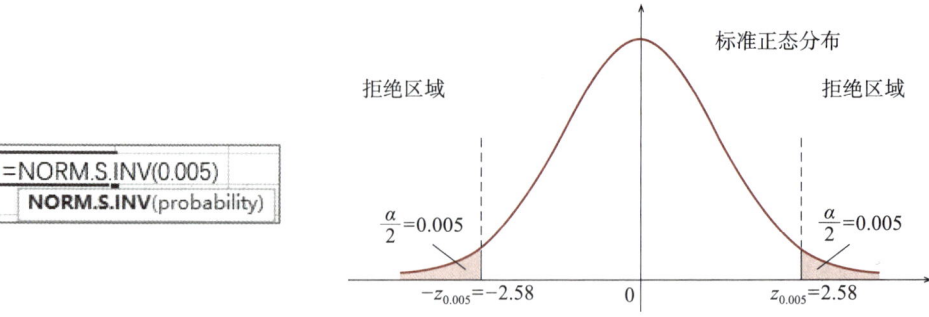

图7-18　例7-9的拒绝区域

（4）计算检验统计量的值。运用Excel函数AVERAGE和STDEV.S分别计算样本均值、样本标准差，得到$\bar{x}=4.6\%$，$s=0.85\%$，又有$\mu_0=5\%$，$n=72$，那么可以计算得到检验统计量的值

$$z = \frac{4.6\% - 5\%}{0.85\%/\sqrt{72}} = -3.99$$

（5）做出统计决策。$|z|=3.99 > z_{0.005}=2.58$，即检验统计量的值落入左侧的拒绝区域，因此在$\alpha=0.01$的显著性水平下拒绝$H_0$：$\mu=5\%$。也就是说，在0.01的显著性水平下，检验结果认为该群体的投资者在过去一年的投资平均回报率与5%存在显著差异。

如果考虑用P值进行决策，按照P值的定义，P值是概率$P(|Z| \geq |3.99| \,|\, H_0)$，并且运用Excel函数NORM.S.DIST计算可得$\frac{P}{2}=0.000\,032 < \frac{\alpha}{2}=0.005$（见图7-19）。换言之，$P=0.000\,064 < \alpha=0.01$，那么在0.01的显著性水平下，假设检验应当拒绝原假设，认为该群体的投资者在过去一年的投资平均回报率与5%存在显著差异。

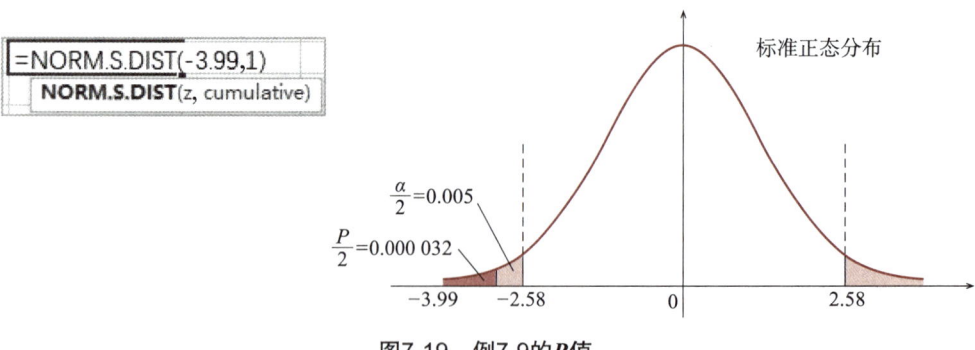

图7-19　例7-9的P值

7.2.2 一个总体比例的假设检验

有一个团队发现,其所在的 A 地区有一大部分的居民在 B 地区上班,每天单程的通勤时间超过 1.5h。为此,该团队提出一个想法,能否在 A、B 地区之间开通直达巴士,并且预判会有超过 30% 的居民支持这个方案。

该团队成员一致认为,如果预判正确,那么就马上开始筹划这个方案。你觉得该团队应该如何来验证自己的预判呢?

1. 方法讲解

在上面的问题中,该团队希望对居民支持方案的比例进行推断,因此这是关于总体比例 p 的问题。与一个总体均值假设检验类似,在这个问题中,有一个总体——居民,一个总体参数——居民支持方案的比例,现在要对该总体参数的陈述——"有超过 30% 的居民支持这个方案"进行检验。所以,这里的问题本质是一个总体比例的假设检验。

一个总体比例假设检验的原假设 H_0 和备择假设 H_1 的三种情形如表 7-11 所示。

表 7-11 一个总体比例假设检验的原假设和备择假设

H_0	$p = p_0$	$p \geqslant p_0$	$p \leqslant p_0$
H_1	$p \neq p_0$	$p < p_0$	$p > p_0$

这里的第一种情形是双侧检验,p_0 是假设的比例。原假设 H_0 为 $p = p_0$,即检验统计量的值太大或太小都会拒绝等于 p_0 的原假设。第二种情形的原假设 H_0 为 $p \geqslant p_0$,那么直观来讲就是检验统计量的值太小(通常横轴从左到右数值递增)就会拒绝大于等于 p_0 的原假设,是左单侧检验。同理,第三种情形原假设 H_0 为 $p \leqslant p_0$,是右单侧检验。

考虑居民的观点 X 服从两点分布 $b(1,p)$ 时,即支持的概率为 p,不支持的概率为 $1-p$。对于独立样本 $X_1, X_2, \cdots, X_n$,$X_i \sim b(1,p)$,$i = 1, 2, \cdots, n$,样本比例可以记为 $\hat{P} = \dfrac{\sum_{i=1}^{n} X_i}{n} = \dfrac{\eta_n}{n}$,这里 $\eta_n \sim b(n,p)$。

依据棣莫弗 – 拉普拉斯定理,考虑样本量比较大的情形,即 $np \geqslant 5$、$n(1-p) \geqslant 5$ 的情形,$\hat{P} \sim N\left(p, \dfrac{p(1-p)}{n}\right)$。因此,这里的检验统计量为

$$Z = \frac{\hat{P} - p_0}{\sqrt{\dfrac{p_0(1-p_0)}{n}}}$$

接下来我们回到例题中进行具体的讲解。

2. 例题讲解

例 7-10 某团队计划在 A 地区和 B 地区之间开通直达巴士，预判有超过 30% 的居民支持该方案，并且如果该预判正确就开始项目筹划。该团队通过调查得到如表 7-12 所示的结果，请问该结果支持他们的预判吗？（$\alpha = 0.05$。）

表 7-12　居民支持通勤方案的调查结果

样本量	支持数量	样本比例
1 000	330	33%

分析： 本例题希望运用样本信息检验"超过 30% 的居民支持该方案"，这里的问题可以归类为"一个总体比例的假设检验"。团队的预判是超过 30%，现在希望检验这一判断，即希望支持比例超过 30%，那么将相反的判断作为原假设 H_0：$p \leqslant 30\%$，支持的判断作为备择假设 H_1：$p > 30\%$，这是一个右单侧检验问题，接下来我们将开始具体的检验过程。

解：（1）提出假设。H_0：$p \leqslant 30\%$；H_1：$p > 30\%$。

（2）选择检验统计量。由于题目中已经给出样本量 1 000，$p_0 = 30\%$，这里显然满足 $np_0 \geqslant 5$，$n(1-p_0) \geqslant 5$，检验统计量为

$$Z = \frac{\hat{P} - p_0}{\sqrt{\dfrac{p_0(1-p_0)}{n}}}$$

（3）确定显著性水平与拒绝区域。题目中给出 $\alpha = 0.05$ 且为右单侧检验，因此将拒绝区域设置在右侧，考虑到是 z 检验统计量，运用 Excel 的 NORM.S.INV(0.95) 取值（注：函数中的 0.95 表示分位数左侧的概率），得到临界值为 1.65，具体如图 7-20 所示。

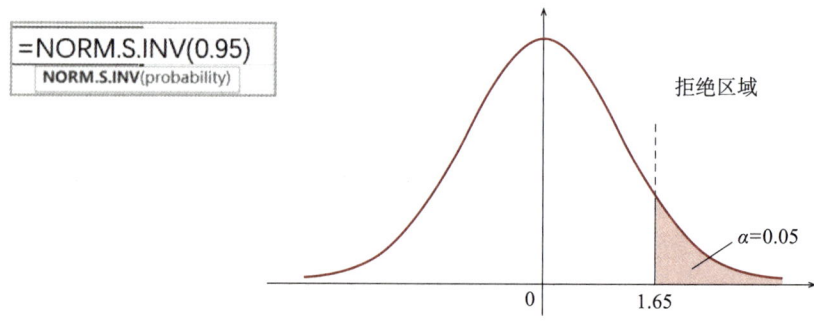

图7-20　例7-10的拒绝区域

（4）计算检验统计量的值。考虑到 $\hat{p}=33\%$，$p_0=30\%$，$n=100$，那么可以计算得到检验统计量的值

$$z = \frac{33\% - 30\%}{\sqrt{\dfrac{30\% \times (1-30\%)}{1\,000}}} = 2.07$$

（5）做出统计决策。$z=2.07 > z_{0.05}=1.65$，即一次抽样检验统计量的值大于临界值 $z_{0.05}$，因此在 $\alpha=0.05$ 的显著性水平下拒绝 H_0：$p \leqslant 30\%$。也就是说，在 0.05 的显著性水平下，居民支持方案的比例显著超过 30%。按照题意，建议开始项目筹划。

3. P值决策

在例 7-10 中，由于 $z=2.07$，那么其对应的 P 值就是 $P(z \geqslant 2.07 \mid H_0)$，即分位数 2.07 右侧的概率，并且可以由 Excel 的函数 1-NORM.S.DIST(2.07,1) 计算，具体如图 7-21 所示。

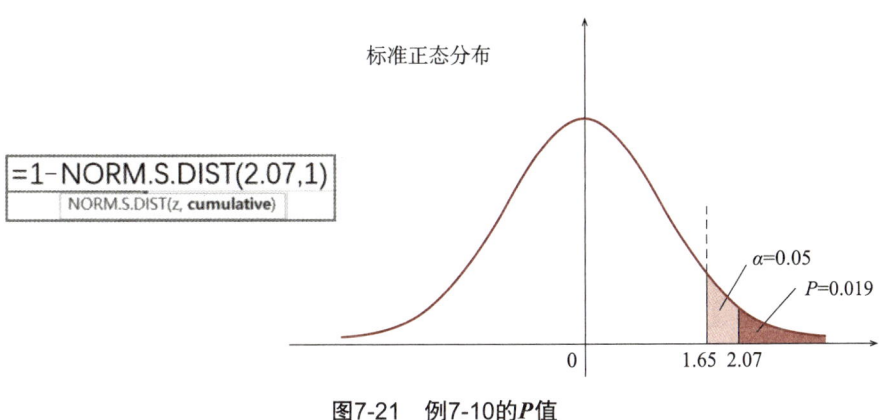

图7-21　例7-10的P值

因此，$P=0.019 < \alpha=0.05$，即在一次试验中，取得当前值及其更极端情形的概率为 0.019，小概率事件在一次试验中发生了，那么我们就应当拒绝原假设。我们的结论为在 $\alpha=0.05$ 的显著性水平下，居民支持方案的比例显著超过 30%。

例 7-11　某报告认为 A 地区的老年人口比例为 15%，但调查机构认为该结果并不可靠，为了验证其观点，该机构对 600 位居民进行了随机调查，结果显示其中有 91 位老年人，请问该结果是否支持调查机构的观点？（$\alpha=0.1$。）

分析：由题意可知，本题是要验证调查机构的观点，即报告的结果不可靠，认为老年人口比例与 15% 有较大差异，因此这是一个总体比例的假设检验，并且是双侧检验。

解：(1) 提出假设。依据前面的分析，H_0：$p=15\%$；H_1：$p \neq 15\%$。

(2) 选择检验统计量。由于题目中已经给出样本量 600，$p_0=15\%$，这里显然满足 $np_0 \geqslant 5$，$n(1-p_0) \geqslant 5$，检验统计量为

$$Z = \frac{\hat{P} - p_0}{\sqrt{\dfrac{p_0(1-p_0)}{n}}}$$

(3) 确定显著性水平与拒绝区域。题目中给出 $\alpha=0.1$ 且为双侧检验，因此将拒绝区域设置在两侧，运用 Excel 的 NORM.S.INV 函数就可以得到分位数 $-z_{0.05}$ 的取值，利用对称性得到 $z_{0.05}$ 的取值，具体如图 7-22 所示。

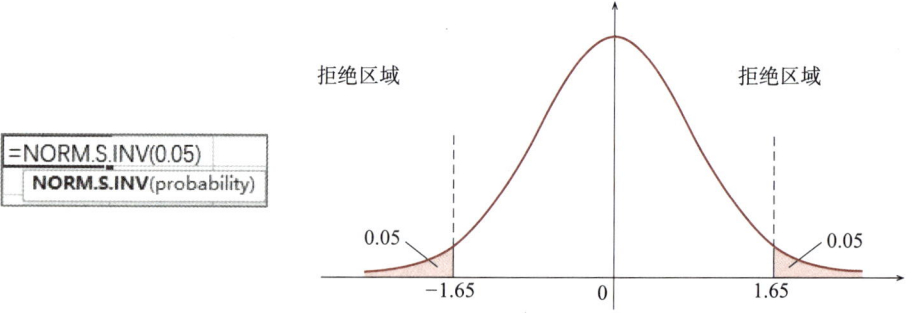

图7-22　例7-11的拒绝区域

(4) 计算检验统计量的值。

$$z = \frac{91/600 - 0.15}{\sqrt{\dfrac{0.15 \times (1-0.15)}{600}}} = 0.11$$

(5) 做出统计决策。$|z|=0.11 < z_{0.05}=1.65$，即一次抽样检验统计量的值没有超过两侧的临界值，没有落入拒绝区域，因此在 $\alpha=0.1$ 的显著性水平下无法拒绝 H_0：$p=15\%$。也就是说，在 0.1 的显著性水平下，我们没有足够的理由认为老年人口的比例与 15% 存在显著差异。

如果考虑用 P 值进行决策，按照 P 值的定义，P 值就是分位数 0.11 右侧概率的两倍，运用 Excel 函数 (1-NORM.S.DIST(0.11,1))*2 计算可得 $P=0.91 > \alpha=0.05$（见图 7-23）。因此，没有足够的理由拒绝原假设，也就不能认为老年人口的比例与 15% 存在显著差异。

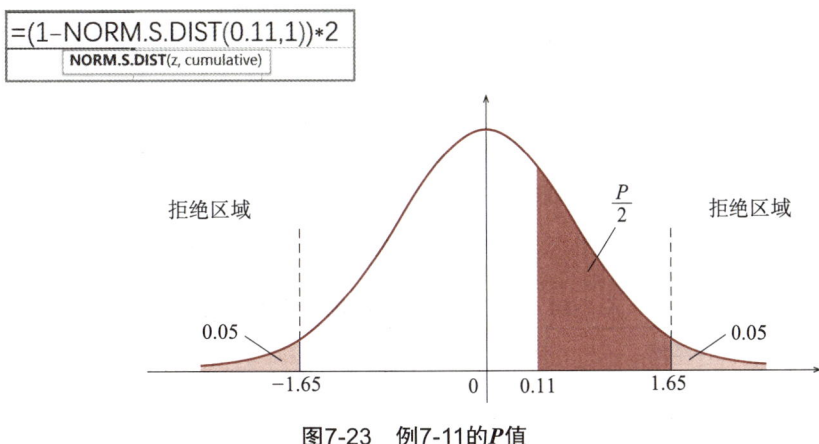

图7-23 例7-11的P值

7.2.3 一个总体方差的假设检验

某制造商近期怀疑工厂流水线机器人可能存在故障,需要进行各项性能评价。其中一项指标要求竖直方向的焊接位置标准差小于2mm,如果达不到这个标准,工厂就需要停工调试。现在的问题是,该制造商应该如何检验自己的判断,流水线又是否需要停工调试呢?

1. 方法讲解

制造商的这个问题实际上是需要对"工厂流水线机器人可能存在故障"进行检验。由于在上面的问题中,评价是否出现故障的标准是"竖直方向的焊接位置标准差小于2mm",而总体标准差和总体方差是平方关系,因此这个问题可以被认为是一个总体方差的假设检验。也就是说,我们需要借助流水线产品样本的竖直方向的焊接位置标准差(或方差),对总体标准差(或方差)的陈述进行检验。

一个总体方差假设检验的原假设 H_0 和备择假设 H_1 的三种情形如表7-13所示。

表7-13 一个总体方差假设检验的原假设和备择假设

H_0	$\sigma^2 = \sigma_0^2$	$\sigma^2 \geqslant \sigma_0^2$	$\sigma^2 \leqslant \sigma_0^2$
H_1	$\sigma^2 \neq \sigma_0^2$	$\sigma^2 < \sigma_0^2$	$\sigma^2 > \sigma_0^2$

这里的第一种情形是双侧检验,第二种情形是左单侧检验,第三种情形是右单侧检验。

考虑独立样本 $X_1, X_2, \cdots, X_n$ 来自正态总体 $N(\mu, \sigma^2)$,样本均值为 $\bar{X}$,样本方差为 S^2。由于 $\chi^2 = \dfrac{(n-1)S^2}{\sigma^2} \sim \chi^2(n-1)$,因此在检验中,检验统计量为 $\chi^2 = \dfrac{(n-1)S^2}{\sigma_0^2}$。

2. 例题讲解

例 7-12 某制造商近期怀疑工厂流水线机器人可能存在故障，需要进行各项性能评价。其中一项指标要求竖直方向的焊接位置标准差小于 2mm，如果达不到这个标准，工厂就要停工调试。制造商抽取一部分产品进行测量，结果如表 7-14 所示，假设焊接位置服从正态分布，请问机器人在这项指标上的标准差是否大于 2mm？（$\alpha = 0.05$。）

表 7-14　竖直方向的焊接位置调查结果

样本量	样本标准差 /mm
600	2.16

分析：本例题希望运用样本信息检验"流水线机器人可能存在故障"，也就是"标准差大于 2mm"，这里的问题可以归类为一个总体方差的假设检验。制造商的预判是标准差大于 2mm，现在希望检验这一判断，那么将相反的判断作为原假设 $H_0: \sigma^2 \leq 4$，支持的判断作为备择假设 $H_1: \sigma^2 > 4$，这是一个右单侧检验问题，接下来我们将开始具体的检验过程。

解：（1）提出假设。$H_0: \sigma^2 \leq 4$；$H_1: \sigma^2 > 4$。

（2）选择检验统计量。由于题目中已经做出正态总体假设，检验统计量为

$$\chi^2 = \frac{(n-1)S^2}{\sigma_0^2}$$

（3）确定显著性水平与拒绝区域。题目中给出 $\alpha = 0.05$ 且为右单侧检验，因此将拒绝区域设置在右侧，考虑到是 χ^2 检验统计量，自由度为 599，运用 Excel 的 CHISQ.INV.RT(0.05, 599) 取值，得到临界值为 657.05，具体如图 7-24 所示。

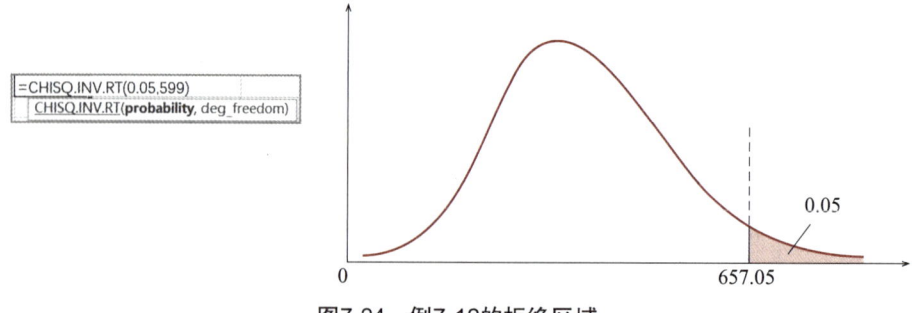

图 7-24　例 7-12 的拒绝区域

（4）计算检验统计量的值。考虑到样本量为 600，$\sigma_0^2 = 4$，$s = 2.16$，那么可以计算得到检验统计量的值

$$\chi^2 = \frac{(600-1)\times 2.16^2}{2^2} = 698.67$$

（5）做出统计决策。$\chi^2 = 698.67 > \chi^2_{0.05} = 657.05$，即一次抽样检验统计量的值大于$\chi^2_{0.05}$，因此在$\alpha = 0.05$的显著性水平下拒绝$H_0$：$\sigma^2 \leqslant 4$。也就是说，在0.05的显著性水平下，标准差显著大于2毫米。按照题意，建议停工调试。

3. P值决策

在例7-12中，由于$\chi^2 = 698.67$，那么其对应的P值就是$P(\chi^2 \geqslant 698.67 | H_0)$，并且可以由Excel的函数CHISQ.DIST.RT(698.67, 599)计算，具体如图7-25所示。

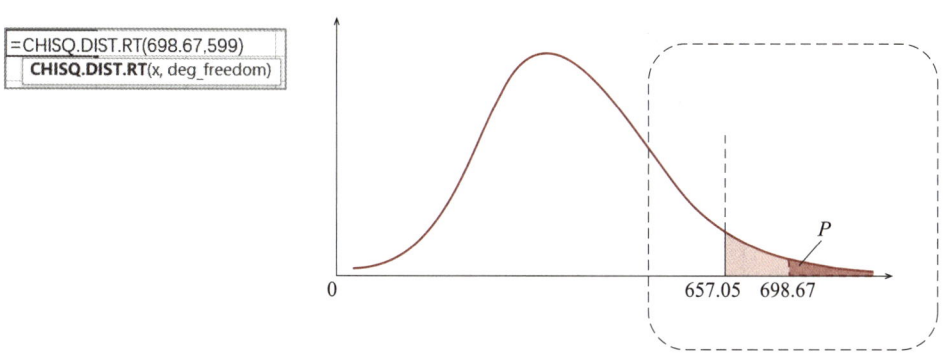

图7-25 例7-12的P值

因此，$P = 0.0029 < \alpha = 0.05$，即在一次试验中，取得当前值及其更极端情形的概率为0.0029，小概率事件在一次试验中发生了，那么我们就应当拒绝原假设。我们的结论为在$\alpha = 0.05$的显著性水平下，标准差显著大于2毫米。

例 7-13 某款袋装食品标准要求产品重量标准差为10g。为了检验该袋装食品某批次的重量标准差是否符合要求，随机抽取36袋产品，结果如表7-15所示。假设总体服从正态分布，请问该批次袋装食品的重量标准差是否符合要求？（$\alpha = 0.05$。）

表7-15 袋装食品重量调查结果

508	500	512	511	468	488
490	484	503	499	494	517
480	517	495	495	496	496
500	505	499	502	517	480
508	541	510	480	500	495
509	508	516	513	518	524

分析：由题意可知，本例题是要检验总体标准差是否符合标准，即总体标准差是否与10g存在显著差异，因此这是一个总体方差的假设检验，并且是双侧检验。

解：（1）提出假设。依据前面的分析，H_0：$\sigma=10$；H_1：$\sigma \neq 10$。

（2）选择检验统计量。由于题目中已经给出了正态总体假设，并且是关于一个总体方差的假设检验，因此检验统计量为

$$\chi^2 = \frac{(n-1)S^2}{\sigma_0^2}$$

（3）确定显著性水平与拒绝区域。题目中给出 $\alpha=0.05$ 且为双侧检验，因此将拒绝区域设置在两侧，这里需要注意的是，卡方分布是非对称的，两个临界值需要分别计算。

运用 Excel 的 CHISQ.INV.RT(0.025,35) 函数就可以得到 $\chi^2_{0.025}(35)=53.2$，运用 CHISQ.INV(0.025,35) 函数计算得到 $\chi^2_{0.975}(35)=20.57$，具体如图 7-26 所示。

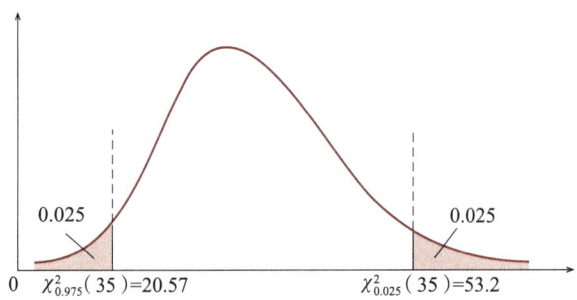

图7-26　例7-13的拒绝区域

（4）计算检验统计量的值。由题目可知，样本量为 36，通过计算可以得到 $s=14.29$。

$$\chi^2 = \frac{(36-1)\times 14.29^2}{10^2} = 71.47$$

（5）做出统计决策。$\chi^2=71.47 > \chi^2_{0.025}(35)=53.2$，即一次抽样检验统计量的值超过了右侧的临界值，进入了右侧的拒绝区域，因此在 $\alpha=0.05$ 的显著性水平下拒绝 H_0：$\sigma=10$。也就是说，在 0.05 显著性水平下，我们可以认为这个批次产品重量标准差与 10g 存在显著差异。

如果考虑用 P 值进行决策，按照 P 值的定义，P 值就是 71.47 右侧概率的两倍，具体如图 7-27 所示，运用 Excel 函数 CHISQ.DIST.RT(71.47,35)*2 计算可得 $P=0.0005<\alpha=0.05$。因此没有足够的理由拒绝原假设，认为这个批次产品重量标准差与 10g 存在显著差异。

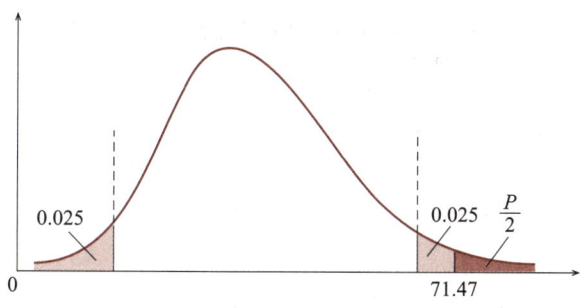

图7-27　例7-13的P值

7.3　两个总体参数的假设检验

7.3.1　两个总体方差比的假设检验

一份报告认为 A 地区与 B 地区学生过去一个月的课外阅读时间方差相等，某调查机构为了检验这一结果，开展了随机调查，结果如表 7-16 所示。

表 7-16　A 地区与 B 地区课外阅读时间调查

A 地区					B 地区				
29.3	30.5	28.4	33.9	33.9	22.6	28.1	27	28.2	27.6
28.5	30.5	28.1	30.9	29.8	31.4	22.7	28.3	24.1	23.1
29.6	29.8	27.3	26.8	30.5	27.9	27.4	26.5	31.8	29.2
31.6	30.6	33.3	33.1	28.8	26.8	23.7	31.1	29.8	20.4
29.6	26.4	29.9	29.8	31.9	23.4	26.6	27	31.8	28.5
29.1	30.4	31.1	28.1	29.8	21.9	27.2	30.1	26	29
31.9	31.8	30.5	27.8	25.8	23.6	25.3	29.8	29.2	—

那么，该调查结果是否支持报告的观点？

1. 方法讲解

上面的问题概括来讲就是对 "A 地区与 B 地区学生过去一个月的课外阅读时间方差相等" 进行检验。由于这里存在 A 地区与 B 地区学生两个总体，因此是两个总体方差比的假设检验。

两个总体方差比的假设检验的原假设 H_0 和备择假设 H_1 的三种情形如表 7-17 所示。

表 7-17　两个总体方差比的假设检验的原假设和备择假设

H_0	$\sigma_1^2/\sigma_2^2 = d_0$	$\sigma_1^2/\sigma_2^2 \geqslant d_0$	$\sigma_1^2/\sigma_2^2 \leqslant d_0$
H_1	$\sigma_1^2/\sigma_2^2 \neq d_0$	$\sigma_1^2/\sigma_2^2 < d_0$	$\sigma_1^2/\sigma_2^2 > d_0$

与其他假设检验问题类似，这里的第一种情形是双侧检验，第二种情形是左单侧检验，第三种情形是右单侧检验。特别地，如果考虑 $d_0=1$ 的特殊情形，那么原假设 H_0 和备择假设 H_1 可以被重写，如表 7-18 所示。

表 7-18　两个总体方差比的假设检验的原假设和备择假设（$d_0 = 1$）

H_0	$\sigma_1^2 = \sigma_2^2$	$\sigma_1^2 \geq \sigma_2^2$	$\sigma_1^2 \leq \sigma_2^2$
H_1	$\sigma_1^2 \neq \sigma_2^2$	$\sigma_1^2 < \sigma_2^2$	$\sigma_1^2 > \sigma_2^2$

考虑两个独立样本都来自总体正态分布，样本方差为 S_1^2 与 S_2^2，样本量为 n_1 与 n_2，那么就有 $F = \dfrac{S_1^2 / S_2^2}{\sigma_1^2 / \sigma_2^2} \sim F(n_1 - 1, n_2 - 1)$，即此处的检验统计量为 $F = \dfrac{S_1^2 / S_2^2}{d_0}$。具体的检验步骤就按照标准的假设检验步骤进行。

2. 例题讲解

例 7-14　一份报告认为 A 地区与 B 地区学生过去一个月的课外阅读时间方差相等，某调查机构为了检验这一结果，对 A、B 两个地区的学生开展了随机抽样调查，结果如表 7-16 所示。假设 A 地区与 B 地区学生的课外阅读时间服从正态分布，该调查结果是否支持报告的观点？（$\alpha = 0.05$。）

分析：本例题希望比较两个总体的方差是否存在显著差异，考虑 $d_0 = 1$ 的情形。那么可以构建原假设与备择假设，即 H_0：$\sigma_1^2 = \sigma_2^2$，H_1：$\sigma_1^2 \neq \sigma_2^2$。考虑本例题满足独立样本和正态总体条件，那么检验统计量 $F = S_1^2 / S_2^2$。下面开始完整的假设检验过程。

解：（1）提出假设。H_0：$\sigma_1^2 = \sigma_2^2$；H_1：$\sigma_1^2 \neq \sigma_2^2$。

（2）选择检验统计量。由于题目中已经给出独立性和正态总体假设，检验统计量为

$$F = S_1^2 / S_2^2$$

（3）确定显著性水平与拒绝区域。题目中给出 $\alpha = 0.05$ 且为双侧检验，因此将拒绝区域设置在两侧，考虑到是 F 检验统计量，自由度为 34 和 33（$n_1 = 35$，$n_2 = 34$），运用 Excel 可以得到临界值 $F_{0.975}(34,33) = 0.503$，$F_{0.025}(34,33) = 1.995$，具体如图 7-28 所示。

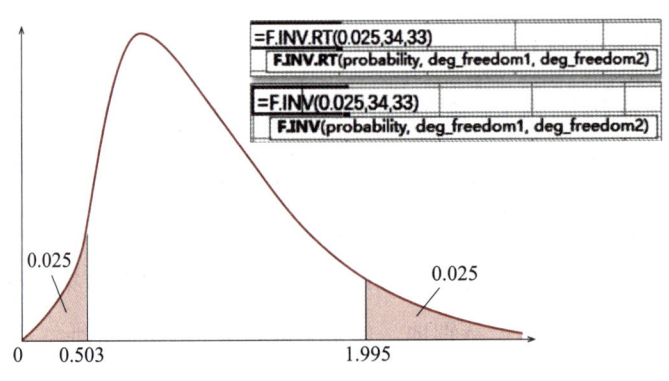

图 7-28　例 7-14 的拒绝区域

（4）计算检验统计量的值。考虑到样本量 $n_1 = 35$，$n_2 = 34$，A 地区的样本方差 $s_1^2 = 3.99$，B 地区的样本方差 $s_2^2 = 9.04$，那么可以计算得到检验统计量的值

$$F = s_1^2 / s_2^2 = \frac{3.99}{9.04} = 0.44$$

（5）做出统计决策。$F = 0.44 < F_{0.975}(34, 33) = 0.503$，即一次抽样检验统计量落入拒绝区域，因此在 $\alpha = 0.05$ 的显著性水平下拒绝 H_0：$\sigma_1^2 = \sigma_2^2$。也就是说，在 0.05 的显著性水平下，A 地区与 B 地区学生过去一个月的课外阅读时间方差存在显著差异。

3. P值决策

在例 7-14 中，由于是双侧检验，$F = 0.44$，那么其对应的 P 值就是 $2P(F < 0.44 | H_0)$，即两倍的 0.44 左侧概率（见图 7-29），该值可以由 Excel 的函数 2*F.DIST(0.44,34,33,1) 计算。可得 $P = 0.02 < \alpha = 0.05$，同样是拒绝原假设。

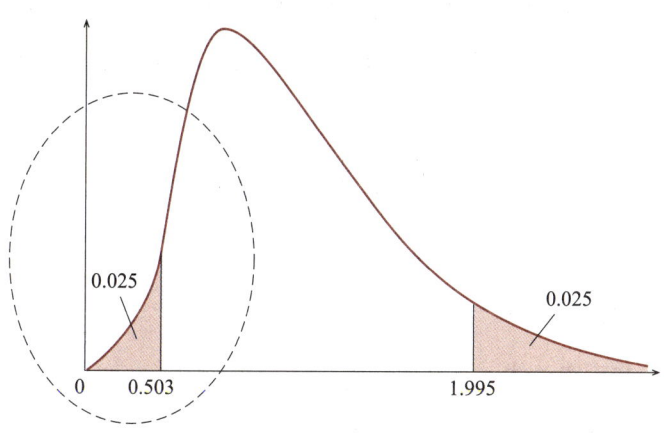

图7-29 例7-14的P值

课外思考：例 7-14 中做出了一个假设，那就是样本都来自正态总体，那么如果例题中的总体并不服从正态分布，还能按照上面的步骤进行检验吗？需要做出哪些调整？（思考提示：Levene 检验。）

7.3.2 两个总体均值之差的假设检验

对于两个总体均值之差的假设检验问题，我们可以给出原假设 H_0 和备择假设 H_1 的三种情形，如表 7-19 所示。

表 7-19　两个总体均值之差的假设检验的原假设和备择假设

H_0	$\mu_1 - \mu_2 = d_0$	$\mu_1 - \mu_2 \geq d_0$	$\mu_1 - \mu_2 \leq d_0$
H_1	$\mu_1 - \mu_2 \neq d_0$	$\mu_1 - \mu_2 < d_0$	$\mu_1 - \mu_2 > d_0$

与其他假设检验问题类似，这里的第一种情形是双侧检验，第二种情形是左单侧检验，第三种情形是右单侧检验。特别地，如果考虑 $d_0 = 0$ 的特殊情形，那么原假设 H_0 和备择假设 H_1 可以被重写，如表 7-20 所示。

表 7-20　两个总体均值之差的假设检验的原假设和备择假设（$d_0 = 0$）

H_0	$\mu_1 = \mu_2$	$\mu_1 \geq \mu_2$	$\mu_1 \leq \mu_2$
H_1	$\mu_1 \neq \mu_2$	$\mu_1 < \mu_2$	$\mu_1 > \mu_2$

由于样本和总体的不同情形，检验统计量是不同的，为此不同条件下的假设检验也存在一定的差异，下面我们将对不同情形进行讲解。

1. 独立样本、正态总体、总体方差已知

如果两个样本分别从两个总体中独立抽取，两个总体都服从正态分布，并且两个总体的方差 σ_1^2 和 σ_2^2 已知，那么两个样本的均值之差 $\bar{X}_1 - \bar{X}_2$ 的抽样分布服从正态分布。此时，检验统计量

$$Z = \frac{(\bar{X}_1 - \bar{X}_2) - d_0}{\sqrt{\dfrac{\sigma_1^2}{n_1} + \dfrac{\sigma_2^2}{n_2}}} \sim N(0,1)$$

其他的检验步骤与前面一致。

2. 独立样本、非正态总体、大样本

如果两个样本分别从两个总体中独立抽取，两个总体不服从正态分布，两个总体的方差 σ_1^2 和 σ_2^2 已知，两个样本的样本量都大于等于 30，即满足大样本的情形，那么依据林德伯格－列维中心极限定理，两个样本的均值之差 $\bar{X}_1 - \bar{X}_2$ 的抽样分布近似服从正态分布。此时，检验统计量

$$Z = \frac{(\bar{X}_1 - \bar{X}_2) - d_0}{\sqrt{\dfrac{\sigma_1^2}{n_1} + \dfrac{\sigma_2^2}{n_2}}} \approx N(0,1)$$

如果 σ_1^2 和 σ_2^2 是未知的，那么此时我们可以用样本方差来估计总体方差，即

$$Z = \frac{(\bar{X}_1 - \bar{X}_2) - d_0}{\sqrt{\frac{S_1^2}{n_1} + \frac{S_2^2}{n_2}}} \sim N(0,1)$$

3. 独立样本、正态总体、总体方差未知但相等

在当前情形下,我们考虑两个样本是独立的随机样本,两个总体都是正态分布,两个总体方差未知但相等,即考虑 $\sigma_1^2 = \sigma_2^2$。

在这种情形下检验统计量为

$$T = \frac{(\bar{X}_1 - \bar{X}_2) - d_0}{S_p \sqrt{\frac{1}{n_1} + \frac{1}{n_2}}} \sim t(n_1 + n_2 - 2)$$

其中

$$S_p^2 = \frac{(n_1 - 1)S_1^2 + (n_2 - 1)S_2^2}{n_1 + n_2 - 2}$$

例 7-15 在某地区的大学生就读经验调查中,在"与课程学习相关的文献利用"变量上,具体数据如表 7-21 所示。在正态总体的假设下,请问不同性别学生的"与课程学习相关的文献利用"的均值是否存在差异?($\alpha = 0.05$。)

表 7-21 某地区的大学生就读经验调查数据

与课程学习相关的文献利用				
性别	男生		女生	
样本量	4 207		5 061	
估计量	均值	标准差	均值	标准差
文献利用	2.30	0.939	2.38	0.928

资料来源:李庆丰,王超.高校图书馆利用与学生学习结果关系的实证研究:基于"2017 年首都大学生就读经验调查"[J].图书情报工作,2019,63(21):56-65.

分析:这是关于两个总体均值的比较问题,题目中已经给出了正态总体的假设,依据题意,可以认为两个样本是独立的。那么接下来的任务是判断总体方差是否相等,可以用之前学习的两个总体方差比的假设检验的方法来验证。最后再用对应的检验统计量来对两个总体均值之差开展假设检验。

解:

第一步:方差齐性检验。

$$s_1 = 0.939 \quad s_2 = 0.928$$

$$n_1 = 4\,207 \quad n_2 = 5\,061$$

（1）提出假设。H_0：$\sigma_1^2 = \sigma_2^2$；H_1：$\sigma_1^2 \neq \sigma_2^2$。

（2）选择检验统计量：$F = S_1^2 / S_2^2$。

（3）确定显著性水平与拒绝区域（$\alpha = 0.05$，见图7-30）。

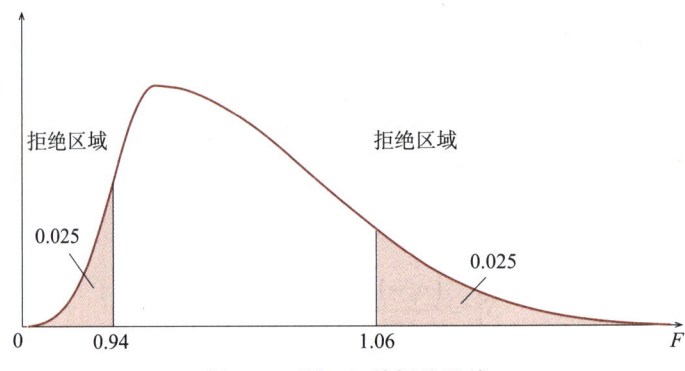

图7-30　例7-15的拒绝区域

运用 Excel 函数：

　　F.INV(0.025, 4 206, 5 060)=0.94；F.INV.RT(0.025, 4 206, 5 060)=1.06

（4）计算检验统计量的值。

$$F = \frac{0.939}{0.928} = 1.01$$

（5）做出统计决策。0.94<1.01<1.06，因此无法拒绝原假设，两个总体方差不存在显著差异。这个时候，在实际操作的情况下，我们可以考虑 $\sigma_1^2 = \sigma_2^2$ 的情形。

第二步：均值之差的检验。

（1）提出假设。H_0：$\mu_1 = \mu_2$；H_1：$\mu_1 \neq \mu_2$。

（2）选择检验统计量（总体方差未知但相等）。

$$T = \frac{(\bar{X}_1 - \bar{X}_2)}{S_P \sqrt{\dfrac{1}{n_1} + \dfrac{1}{n_2}}} \sim t(n_1 + n_2 - 2)$$

$$S_P^2 = \frac{(n_1 - 1)S_1^2 + (n_2 - 1)S_2^2}{n_1 + n_2 - 2}$$

（3）确定显著性水平与拒绝区域（见图7-31）。这里的显著性水平 $\alpha = 0.05$，临界值 $t_{0.025}(9\,266) = 1.96$。

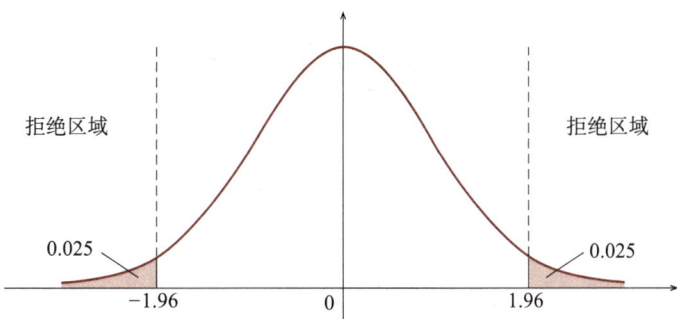

图7-31 例7-15的t检验拒绝区域

(4) 计算检验统计量的值。

$$s_p = \sqrt{\frac{(4\,207-1)\times 0.939^2 + (5\,061-1)\times 0.928^2}{4\,207+5\,061-2}} = 0.933$$

$$t = \frac{2.30 - 2.38}{0.933 \times \sqrt{\frac{1}{4\,207} + \frac{1}{5\,061}}} = -4.11$$

(5) 做出统计决策。$-4.11 < -1.96$,因此在 $\alpha=0.05$ 的显著性水平下拒绝 H_0:$\mu_1 = \mu_2$。检验结果显示,不同性别学生的"与课程学习相关的文献利用"的均值存在显著差异。

如果考虑用 P 值决策,可以考虑用 Excel 函数计算出 -4.11 左侧的面积,即 $\frac{P}{2} = 1.99 \times 10^{-5}$(见图 7-32),那么就有 $P < \alpha = 0.05$,也可以得出拒绝原假设的结论。

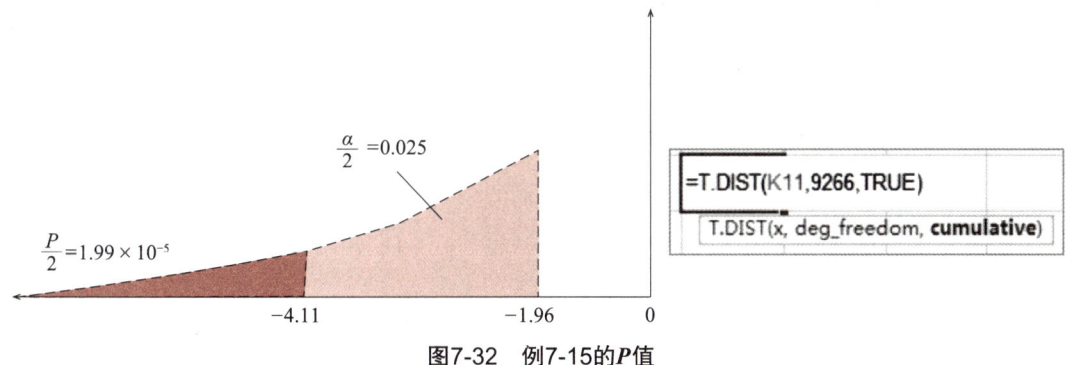

图7-32 例7-15的P值

4. 独立样本、正态总体、总体方差未知且不相等

在当前情形下我们考虑两个样本是独立的随机样本,两个总体都是正态分布,两个总体方差未知且不相等 $\sigma_1^2 \neq \sigma_2^2$。在这些条件下,检验统计量

$$T = \frac{(\bar{X}_1 - \bar{X}_2) - d_0}{\sqrt{\frac{S_1^2}{n_1} + \frac{S_2^2}{n_2}}} \sim t(df)$$

自由度（取整）

$$df = \frac{\left(\frac{S_1^2}{n_1} + \frac{S_2^2}{n_2}\right)^2}{\frac{S_1^4}{n_1^2(n_1-1)} + \frac{S_2^4}{n_2^2(n_2-1)}}$$

例 7-16　某健身房连锁店的运营部门认为 A 地区居民过去一周平均运动时间相较于 B 地区更长，建议在 A 地区开店。总部认为同等条件下，如果运营部门的判断是正确的，则优先考虑 A 地区。运营部门开展了调查，数据如表 7-22 所示，在正态总体的假设下，该调查结果是否支持运营部门的判断？（$\alpha=0.05$。）

表 7-22　A、B 两地区居民过去一周的运动时间调查数据

地区	A		B	
样本量	300		400	
估计量	均值	标准差	均值	标准差
周平均运动时长 /h	9.36	1.56	9.08	1.97

分析：这是关于两个总体均值的比较问题，题目中已经给出了正态总体的假设，依据题意，可以认为两个样本是独立的。为了选择正确的检验统计量，这里先要进行两个总体方差比的假设检验，然后再进行两个总体均值之差的假设检验。

解：

第一步：方差齐性检验。

（1）提出假设。H_0：$\sigma_1^2 = \sigma_2^2$；H_1：$\sigma_1^2 \neq \sigma_2^2$。

（2）选择检验统计量：$F = S_1^2 / S_2^2$。

（3）确定显著性水平与拒绝区域（见图 7-33）。

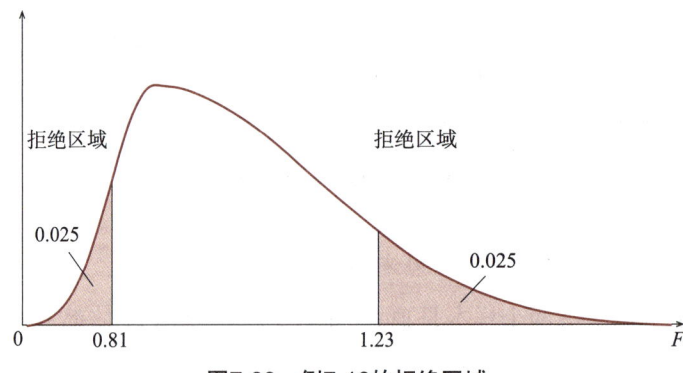

图7-33　例7-16的拒绝区域

$\alpha = 0.05$，$F_{0.975}(299,399) = 0.81$，$F_{0.025}(299,399) = 1.23$。

(4) 计算检验统计量的值。
$$F = 1.56^2/1.97^2 = 0.63$$

(5) 做出统计决策。由于 $F = 0.63 < F_{0.975}(299,399) = 0.81$，这里拒绝原假设，认为两个总体方差存在显著差异。

第二步：均值之差的检验。

(1) 提出假设。H_0：$\mu_1 - \mu_2 \leq 0$；H_1：$\mu_1 - \mu_2 > 0$。

(2) 选择检验统计量（总体方差未知且不相等）。
$$T = \frac{(\bar{X}_1 - \bar{X}_2) - d_0}{\sqrt{\dfrac{S_1^2}{n_1} + \dfrac{S_2^2}{n_2}}} \sim t(df)$$

$$df = \frac{\left(\dfrac{S_1^2}{n_1} + \dfrac{S_2^2}{n_2}\right)^2}{\dfrac{S_1^4}{n_1^2(n_1-1)} + \dfrac{S_2^4}{n_2^2(n_2-1)}} \text{（取整）}$$

$$df = 696$$

(3) 确定显著性水平与拒绝区域（见图7-34）。

显著性：$\alpha = 0.05$

临界值：$t_{0.05}(696) = 1.65$

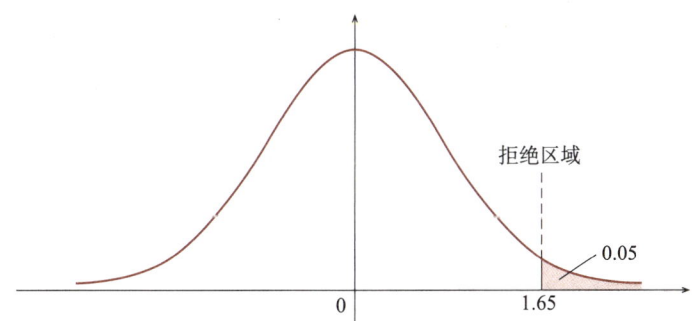

图7-34　例7-16 t检验的拒绝区域

(4) 计算检验统计量的值。
$$t = \frac{9.36 - 9.08}{\sqrt{\dfrac{1.56^2}{300} + \dfrac{1.97^2}{400}}} = 2.1$$

(5) 做出统计决策。$1.65 < 2.1$，因此在 $\alpha = 0.05$ 的显著性水平下拒绝 H_0：$\mu_1 - \mu_2 \leq 0$。

也就是说，在 α=0.05 的显著性水平下，A 地区居民的上一周平均运动时间显著大于 B 地区。

5. 匹配样本、正态总体、总体方差未知

有机构认为在传统运动器械上增加它设计的运动视频游戏有助于减肥。该观点应该被如何验证呢？为此该机构开展了如下研究，共邀请 20 名青少年志愿者参加运动视频游戏试验，所有人骑行两次，并且评估能量消耗，在第一次骑行时安装运动视频游戏设备，在第二次骑行时不安装运动视频游戏设备。表 7-23 展示了 A1~A20 这 20 名志愿者在两次试验中每分钟消耗的热量。

表 7-23 运动视频游戏试验数据（虚拟）　　　　（单位：kcal/min）

游戏设备	青少年志愿者									
	A1	A2	A3	A4	A5	A6	A7	A8	A9	A10
有	5.04	6.97	5.52	4.77	5.57	5.67	5.13	4.88	4.55	8.89
无	7.27	3.46	3.20	6.72	2.79	3.37	4.72	4.95	7.14	3.11

游戏设备	青少年志愿者									
	A11	A12	A13	A14	A15	A16	A17	A18	A19	A20
有	5.14	4.62	7.90	4.29	7.98	6.92	5.51	6.41	7.04	5.25
无	6.10	4.01	4.49	5.00	5.33	4.32	3.54	6.53	6.66	6.02

我们可以发现，这显然不是两个独立样本，这样的样本满足 3 个特点：①这是对同一对象先后测量两次；②两个样本的样本量相同；③两个样本的顺序是一一对应的。我们把这样的样本称为匹配样本，用这样的样本来推断两个总体的均值之差，可以简称为匹配样本的假设检验。

匹配样本的假设检验问题在两个总体都服从正态分布和总体方差未知的情形下，也可以按照前面 5 个步骤来完成。考虑其检验统计量的时候，由于样本个案是一一对应的，那么可以先得到样本的差值。此时，对于差值而言，问题就类似于转化为一个总体均值的假设检验了。检验统计量为 $T = \dfrac{\bar{X}_D - d_0}{S_D / \sqrt{n}} \sim t(n-1)$，其中 $\bar{X}_D = \dfrac{\sum_{i=1}^{n} X_{D_i}}{n}$ 为样本差值的均值，$S_D = \sqrt{\dfrac{\sum_{i=1}^{n}(X_{D_i} - \bar{X}_D)^2}{n-1}}$ 为样本差值的标准差。

例 7-17　有机构认为在传统运动器械上增加运动视频游戏设备有助于减肥。为了检验该判断，该机构对 20 名青少年开展了一项试验，试验数据如表 7-23 所示。假设每分钟的热量消耗服从正态分布，请问增加自行车运动视频游戏设备是否有助于青少年的热量消耗？（$\alpha = 0.05$。数据为虚拟生成，仅用于例题讲解。）

解：（1）提出假设。我们通常将希望验证的总体参数陈述作为备择假设。这里令 μ_1 表

示有运动视频游戏设备时的能量消耗均值，μ_2 表示没有运动视频游戏设备时的能量消耗均值，我们希望验证运动视频游戏设备有助于促进这项运动时的能量消耗，所以提出假设如下

$$H_0: \mu_1 - \mu_2 \leq 0;$$
$$H_1: \mu_1 - \mu_2 > 0。$$

（2）选择检验统计量（匹配样本、正态总体、总体方差未知）。

$$T = \frac{\bar{X}_D - d_0}{S_D / \sqrt{n}} \sim t(n-1)$$

（3）确定显著性水平与拒绝区域（见图7-35）。

显著性：$\alpha = 0.05$

临界值：$t_{0.05}(19) = 1.72$

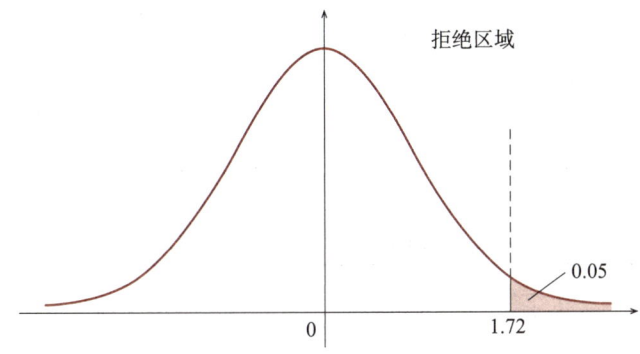

图7-35　例7-17的拒绝区域

（4）计算检验统计量的值。这里，我们首先要计算样本差值，其次计算得到样本差值均值 $\bar{x}_D = 0.966$ 和样本差值标准差 $s_D = 2.21$。得到 $t = \frac{\bar{x}_D - d_0}{s_D / \sqrt{n}} = \frac{0.966 - 0}{2.21 / \sqrt{20}} = 1.95$。

（5）做出统计决策。$1.95 > 1.72$，因此在 $\alpha = 0.05$ 的显著性水平下拒绝 H_0：$\mu_1 - \mu_2 \leq 0$。也就是说，在 $\alpha = 0.05$ 的显著性水平下，安装运动视频游戏设备后，每分钟的热量消耗显著高于未安装运动视频游戏设备时。因此，自行车运动视频游戏设备有助于青少年的能量消耗。

7.3.3　两个总体比例差的假设检验

某企业产品面向青年群体，常年在 B 地区投放户外广告。市场部认为 A 地区的青年

人口比例相较于 B 地区高出 10% 以上。总部认为如果市场部判断正确，就调整到 A 地区投放。市场部应该如何检验自己的判断？

我们知道，面对这样的问题，需要完成相应的调查，用调查数据来支撑自己的观点。为此，市场部开展了随机调查，结果如表 7-24 所示。

表 7-24　A、B 两地区青年人口比例调查结果

地区	样本量	青年人数	比例
A 地区	1 800	612	34%
B 地区	2 000	420	21%

该调查结果是否支持市场部的观点？

1. 方法讲解

上面问题的本质是比较两个总体的比例，所以是两个总体比例差的假设检验问题。研究这个问题要求满足 3 个假设条件：①两个总体是独立的；②两个总体分别服从两点分布；③大样本情形（$n_i \hat{p}_i > 5$，$n_i(1-\hat{p}_i) > 5$，$i=1, 2$）。这里 n_i 表示样本量，$\hat{p}_i$ 表示样本比例，大样本的条件是为了满足棣莫弗－拉普拉斯定理，使得样本比例差近似服从正态分布。

两个总体比例差的假设检验的原假设 H_0 和备择假设 H_1 的三种情形如表 7-25 所示。

表 7-25　两个总体比例差的假设检验的原假设和备择假设

H_0	$p_1 - p_2 = d_0$	$p_1 - p_2 \geq d_0$	$p_1 - p_2 \leq d_0$
H_1	$p_1 - p_2 \neq d_0$	$p_1 - p_2 < d_0$	$p_1 - p_2 > d_0$

（1）当原假设 $p_1 - p_2 = 0$ 时，即假设两个总体比例相等，那么

$$Z = \frac{(\hat{P}_1 - \hat{P}_2) - 0}{\sqrt{\hat{P}(1-\hat{P})\left(\frac{1}{n_1} + \frac{1}{n_2}\right)}} \dot\sim N(0,1)$$

这里　$\hat{P} = \dfrac{n_1 \hat{P}_1 + n_2 \hat{P}_2}{n_1 + n_2}$。

（2）当原假设为其他情形时

$$Z = \frac{(\hat{P}_1 - \hat{P}_2) - d_0}{\sqrt{\dfrac{\hat{P}_1(1-\hat{P}_1)}{n_1} + \dfrac{\hat{P}_2(1-\hat{P}_2)}{n_2}}} \dot\sim N(0,1)$$

2. 例题讲解

例 7-18　某企业产品面向青年群体，常年在 B 地区投放户外广告。市场部认为 A 地

区的青年人口比例相较于 B 地区高出 10% 以上，建议在 A 地区投放户外广告。市场部为了检验自己的判断，开展了一项市场调查，结果如表 7-24 所示，该结果支持市场部的判断吗？（$\alpha = 0.05$。）

解：（1）提出假设。H_0：$p_1 - p_2 \leq 10\%$；H_1：$p_1 - p_2 > 10\%$。

（2）选择检验统计量。由于这里原假设不是 $p_1 - p_2 = 0$ 的情形，因此检验统计量为

$$Z = \frac{\left(\hat{P}_1 - \hat{P}_2\right) - d_0}{\sqrt{\dfrac{\hat{P}_1\left(1-\hat{P}_1\right)}{n_1} + \dfrac{\hat{P}_2\left(1-\hat{P}_2\right)}{n_2}}}$$

（3）确定显著性水平与拒绝区域（见图 7-36）。题目中给出显著性水平 $\alpha = 0.05$，计算可得临界值 $z_{0.05} = 1.65$。

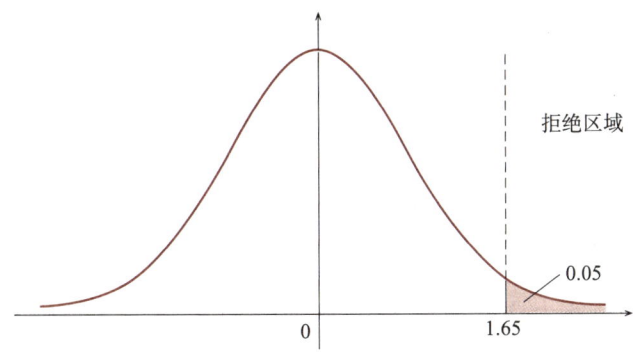

图7-36　例7-18的拒绝区域

（4）计算检验统计量的值。

$$z = \frac{(34\% - 21\%) - 10\%}{\sqrt{\dfrac{34\% \times (1-34\%)}{1\,800} + \dfrac{21\% \times (1-21\%)}{2\,000}}} = 2.08$$

（5）做出统计决策。$2.08 > 1.65$，因此在 $\alpha = 0.05$ 的显著性水平下拒绝 H_0：$p_1 - p_2 \leq 10\%$。也就是说，在 $\alpha = 0.05$ 的显著性水平下，A 地区的青年人口比例相较于 B 地区高出 10% 以上，建议在 A 地区投放户外广告。

■ 思考题

一、选择题

1. 对总体参数或总体分布等提出某种假设，并且依据样本信息判断假设是否成立的过程称为（　　）。

A. 参数估计　　　　B. 稳健性检验　　　　C. 拟合优度判断　　　　D. 假设检验

2. 研究者希望运用样本信息予以支持的假设通常称为（　　）。

A. 原假设　　　　B. 备择假设　　　　C. 支持假设　　　　D. 零假设

3. 在假设检验中，第Ⅱ类错误是指（　　）。

A. 当原假设正确时拒绝原假设

B. 当原假设错误时拒绝原假设

C. 当原假设错误时无法拒绝原假设

D. 当备择假设正确时未拒绝备择假设

4. 当 H_0：$\mu \geq \mu_0$；H_1：$\mu < \mu_0$ 时，拒绝区域应该在（　　）。

A. 双侧　　　　B. 右侧　　　　C. 左侧　　　　D. 不确定

5. 一项研究表明，某地区居民每周至少参加一次运动的比例超过15%，用来检验这一结论的原假设和备择假设应为（　　）。

A. H_0：$p = 15\%$；H_1：$p \neq 15\%$

B. H_0：$p \leq 15\%$；H_1：$p > 15\%$

C. H_0：$p \geq 15\%$；H_1：$p < 15\%$

D. H_0：$p > 15\%$；H_1：$p \leq 15\%$

6. 在假设检验中，检验统计量的值没有落入拒绝区域，那就意味着（　　）。

A. 原假设肯定是正确的

B. 备择假设肯定是正确的

C. 没有证据证明备择假设是错误的

D. 没有证据证明原假设是错误的

7. 在原假设 H_0 为真的情况下，样本出现当前观测值或更极端情形的概率称为（　　）。

A. 观察值　　　　B. 误差　　　　C. P 值　　　　D. 显著性水平

8. 若一项假设规定显著性水平为 $\alpha = 0.05$，下面的表述哪一个是正确的？（　　）。

A. 无法拒绝 H_0 时，犯第Ⅰ类错误的概率不超过0.05

B. 拒绝 H_0 时，犯第Ⅰ类错误的概率不超过0.05

C. 检验结论的正确率为95%

D. 检验结论的错误率为95%

9. 进行假设检验时，在样本量一定的条件下，犯第Ⅰ类错误的概率减小，犯第Ⅱ类错误的概率就会（　　）。

A. 减小　　　　B. 增大

C. 不变　　　　D. 等于1减去犯第Ⅰ类错误的概率

10. 如果某项假设检验的结论在0.01的显著性水平下是显著的，那么（　　）。
   A. 在0.05的显著性水平下必定也是显著的
   B. 在任何显著性水平下都应该拒绝原假设
   C. 此时如果拒绝原假设，犯第Ⅰ类错误的概率等于0.01
   D. P值小于0.01

二、计算题

1. A机构怀疑市场中某类罐头食品重量并没有达到其厂方宣传的1 000 g，于是随机抽查了15件产品，称重得到结果如表7-26所示，假设重量服从正态分布。请问调查结果是否支持A机构的判断？（$\alpha = 0.05$。）

表 7-26　15件罐头产品的调查结果　　　　　　　　　　　　　　　（单位：g）

979	979	996	991	981
988	995	1 003	991	973
1 004	1 002	1 002	1 003	984

2. 某银行认为A地区居民具有普遍的手机银行使用习惯，并且认为这一比例超过43%。为了验证该观点，银行在该地区随机调查了844位居民，其中372位使用手机银行。请问该调查结果支持银行的观点吗？（$\alpha = 0.05$。）

3. 某流水线灌装面粉，质量标准是灌装的面粉重量标准差不能大于50 g，现在公司怀疑流水线在这一标准上出现了问题，随机抽查了65袋面粉，计算得到标准差为55 g，假设面粉重量服从正态分布。请问流水线在这一指标上是否正常？（$\alpha = 0.1$。）

4. 某机构在A、B两个地区开展了居民网络使用调查，其中一项是过去三个月使用的网络流量，调查结果如表7-27所示。请问两地居民过去三个月使用的网络流量均值是否存在显著差异？（$\alpha = 0.05$。）

表 7-27　A、B两个地区居民过去三个月使用的网络流量　　　　　（单位：GB）

地区	A		B	
样本量	300		400	
估计量	均值	标准差	均值	标准差
估计值	14.21	1.21	14.02	0.78

5. 某厂生产了一款新的电子元器件，宣称比旧款的平均寿命长200 h。为了验证这一说法，检验部门随机抽取新款和旧款元器件进行测试，具体数据如表7-28所示，假设两个总体都服从正态分布。请问检验结果是否支持厂家的说法？（$\alpha = 0.05$。）

表7-28 电子元器件测试数据　　　　　　　　　　　　　　（单位：h）

款式	新款		旧款	
样本量	24		25	
估计量	均值	标准差	均值	标准差
估计值	1 432	21	1 147	22

6. 某厂商设计了一款新型运动鞋，并且宣称该鞋相较于旧款能够提高短跑成绩。为了检验该说法，某机构对20名志愿者开展了100m短跑试验，试验数据如表7-29所示，假设短跑用时服从正态分布。请问试验结果是否支持厂家的说法？（$\alpha = 0.05$。）

表7-29　20名志愿者100m短跑成绩　　　　　　　　　　　　（单位：s）

志愿者	旧款	新款
1	13.38	13.38
2	13.95	13.66
3	14.33	12.47
4	14.18	13.39
5	13.68	12.58
6	14.25	12.38
7	14.13	13.95
8	12.88	13.54
9	14.35	12.18
10	13.69	14.12
11	13.24	13.86
12	13.21	13.33
13	13.7	12.92
14	13.53	13.15
15	14	13.79
16	14.36	13.49
17	13.99	14.22
18	12.99	13.9
19	14.32	13.71
20	14.67	13.05

7. 某机构为了了解A、B两个市场的投资者年龄结构,在两个市场的投资者中开展了调查,调查结果如表7-30所示。请问两个市场中的中年投资者比例是否存在显著差异?($\alpha = 0.05$。)

表7-30　A、B两个市场的投资者调查结果

市场	样本量	中年人数
A市场	750	322
B市场	800	357

第8章 分类数据分析

对于分类数据,我们已经了解了一些统计方法。第 3 章对单个分类变量的数据处理介绍了条形图和饼图的图示方法,对两个分类变量的数据处理介绍了如何通过频数分布表和复合条形图来展示两组分类数据之间的关系。当分类数据只有两个类别表现时(二项试验),第 7 章介绍了一个总体比例的 z 检验、两个总体比例差的 z 检验。本章研究的分类数据,其类别表现为两个或两个以上时的情况,也即分类数据是从多项试验中获得的情况。这种分类数据有两种统计处理方法,一种方法是单个分类变量的拟合优度检验,另一种方法是利用表格化的数据(称为列联表)来检验两个分类变量在统计上是否独立,因此也叫独立性检验。两种检验统计量的分布都服从卡方分布,因此可统称为卡方检验。

8.1 分类数据和卡方统计量

8.1.1 分类数据

第 2 章介绍了统计数据的类型有分类数据、顺序数据和数值型数据。分类数据是按照现象的某种属性对其进行分类或分组而得到的反映事物类型的数据。例如,按照性别将人口分为男、女两类;按照经济性质将企业分为国有、集体、私营等;按照品牌种类将消费者购买的商品分为品牌 A、品牌 B、品牌 C 等。"男""女""国有""集体""私营""品牌 A""品牌 B""品牌 C"等就是分类数据。本章的分类数据,可以是无序分类数据,也可以是有序分类数据（即顺序数据），也就是对定性变量的观测数据。

例 8-1 某家大型连锁超市想通过消费者在店内购买的牛奶品牌来了解他们对牛奶品牌的偏好，随机抽取了 200 名消费者进行观测调查。假设这家大型超市销售 4 个品牌的牛奶，包括 3 个市场上的大品牌 A、B、C，以及这家连锁店的自营品牌 D，因此分类数据有 4 个（品牌 A、品牌 B、品牌 C 和品牌 D），表 8-1 中给出了牛奶品牌的类别和每个类别中的消费者人数（观测频数）。

表 8-1 某连锁超市 200 名牛奶消费者按品牌的分类频数

牛奶品牌类别	品牌 A	品牌 B	品牌 C	品牌 D	合计
消费者人数	55	65	45	35	200

例 8-1 描述的分类试验称作多项试验，它是二项试验（$k=2$）的推广。这类试验由 n 次相同的试验组成，每次试验的结果只能是 k 种结果中的一种（这里的 k 是定性变量的类别数），每次试验结果落入第 i 种类型的概率为 P_i（$i=1, 2, \cdots, k$），试验是独立的。

多项试验的特点如下。

（1）这类试验由 n 次相同的试验构成。

（2）每次试验都有 k 种可能结果。

（3）对于每次试验，k 种结果发生的概率用 $p_1, p_2, \cdots, p_k$ 表示，在每次试验中都相同，其中 $p_1+p_2+\cdots+p_k=1$。

（4）每次试验相互独立。

（5）关心的观测值是落入 k 种中的每一种的观测值频数 $f_1, f_2, \cdots, f_k$，其中 $f_1+f_2+\cdots+f_k=n$。

在多项试验中，可以利用观测到的频数来推断各类别出现的概率。对分类数据的频数进行分析的统计方法是卡方检验，接下来我们介绍卡方检验用到的统计量，即卡方统计量。

8.1.2 卡方统计量

卡方检验是利用随机样本对总体分布与某种特定分布拟合程度的检验，也就是检验观测值与理论值之间的紧密程度。当我们研究 k 种分类数据时，可以测定 k 个观测频数（observed frequency）与相应的理论频数［也叫期望频数，（expected frequency）］之间的差异，为此而构造的统计量称为卡方统计量，由英国统计学家皮尔逊（Pearson）提出，因此又叫皮尔逊卡方统计量，也可写作 χ^2 统计量。

假设每类实际出现的频数用 f_0 表示，其理论频数用 f_e 表示，则 χ^2 统计量为

$$\chi^2 = \sum \frac{(f_0 - f_e)^2}{f_e}$$

在样本容量足够大的情况下，χ^2统计量的抽样分布大致服从自由度为 $k-1$ 的卡方分布。式中的求和是对每个类别的求和，共有 k 项求和。每个类别计数之和等于样本容量，因此有一个限制条件，卡方分布的自由度总是等于 k 减去 1 个自由度。图 8-1 是自由度分别为 1、3、10、20 时的卡方分布。

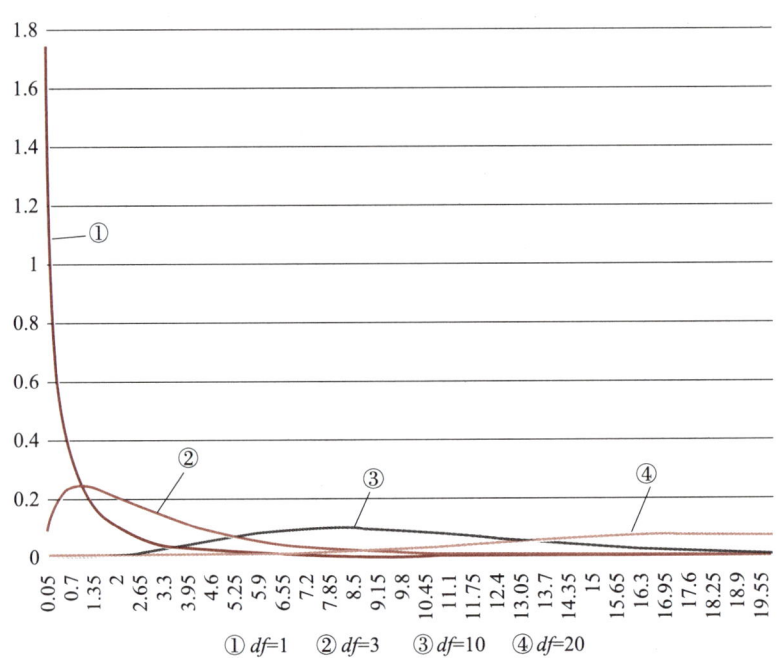

图8-1　自由度分别为1、3、10、20时的卡方分布

χ^2统计量有如下特征。

（1）χ^2统计量的值永远大于 0。

（2）χ^2统计量的分布与自由度有关，当自由度越来越大时，卡方分布的偏斜程度趋于缓解，逐渐显露出对称性。当自由度继续增大时，卡方分布趋近于对称的正态分布。

（3）χ^2统计量描述了观测值与理论值的接近程度。两者越接近，即 $f_0 - f_e$ 的绝对值越小，计算出来的 χ^2 统计量的值就越小；反之，两者越不一致，即 $f_0 - f_e$ 的绝对值越大，计算出来的 χ^2 统计量的值就越大。

如果进行卡方检验，当 χ^2 统计量的值比较大，大于卡方分布的临界值时，就可以做出拒绝原假设的统计决策。接下来，对单个分类变量进行拟合优度的卡方检验。

8.2 拟合优度的卡方检验

8.2.1 拟合优度卡方检验的步骤

在例 8-1 的多项试验中，牛奶品牌的类别数 k 为 4，观测试验次数 n 为 200，落入 4 类中的每一类的观测值频数分别是 55、65、45、35。我们感兴趣的是，消费者对各类牛奶品牌的偏好是否一致？假设显著性水平为 0.05。

为了判断消费者是否对这些牛奶品牌存在特殊偏好，我们将原假设确定为消费者对牛奶品牌存在相同的偏好（即 $P_1=P_2=P_3=P_4=1/4$），备择假设是消费者对牛奶品牌的偏好不一致（即 P_1、P_2、P_3、P_4 至少有两个是不相等的）。

（1）写出原假设和备择假设。

H_0：$P_1=P_2=P_3=P_4=1/4$；

H_1：P_i 不全部相等，$i=1, 2, 3, 4$。

（2）计算卡方统计量。先计算 H_0 为真的条件下，消费者在各类中的理论频数。如果 H_0 为真，由于各类别消费者人数出现的概率相同，因此，从理论上来说，各牛奶品牌消费者人数全部相等，为 $nP_i = 50$ 人。表 8-2 为卡方统计量的计算过程。

表 8-2　卡方统计量的计算过程

品牌类别	消费者观测频数 f_0	各类别出现的概率 P_i	消费者理论频数 $f_e=nP_i$	$(f_0-f_e)^2/f_e$
品牌 A	55	0.25	50	0.5
品牌 B	65	0.25	50	4.5
品牌 C	45	0.25	50	0.5
品牌 D	35	0.25	50	4.5
合计	200	1	200	10
—	—	—	—	卡方临界值 =7.815

$$\chi^2 = \sum \frac{(f_0 - f_e)^2}{f_e} = 0.5 + 4.5 + 0.5 + 4.5 = 10$$

（3）做出统计决策。当原假设为真时，观测频数与理论频数应该是比较接近的，此时卡方统计量的值比较小。因此，较小的卡方统计量的值就能支持原假设。如果原假设为假，有些观测频数与理论频数的值就相差比较大，检验统计量的值将会比较大。于是，当卡方统计量的值大于卡方临界值时，拒绝原假设，即拒绝域为

$$\chi^2 > \chi^2(\alpha, df)$$

这里卡方分布的自由度 df=4−1=3，在 $\alpha = 0.05$ 的显著性水平下，自由度为 3 的卡方临界值 $\chi^2(0.05,3)$ 为 7.815。由表 8-2 可知，卡方统计量的值为 10，大于临界值 7.815，所以，拒绝原假设，即在 $\alpha = 0.05$ 的显著性水平下，我们有理由相信，消费者总体对 4 类牛奶品牌的偏好是不一致的。卡方分布的拒绝区域如图 8-2 所示。

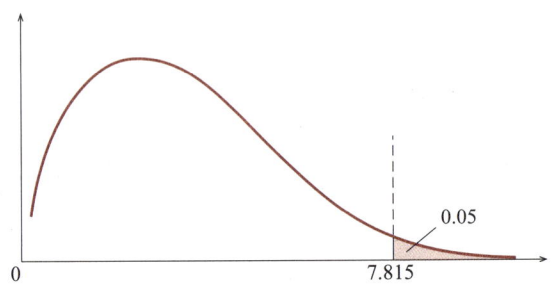

图8-2　卡方分布的拒绝区域

也可以通过计算 P 值进行决策。利用 Excel 中的 CHITEST 函数可以计算 P 值。在 Excel 的一列中输入观测频数，在另一列中输入期望频数，再激活一个空白单元格，输入 "=CHITEST（[实际范围], [期望范围]）"。其中，[实际范围] 是指包含观测频数的范围，如 C4: C7；[期望范围] 是指包含期望频数的范围，如 E4: E7。例 8-1 中检验的 P 值 = $P(\chi^2 >10)$=0.018 6，由于 P 值小于 0.05，所以拒绝原假设。

由例 8-1 可知，期望频数与各类别出现的概率有关。如果事先知道各类别出现的概率，就很容易计算出期望频数。如果观测频数与期望频数一致，这时 $f_0 - f_e$ 的绝对值就比较小，计算出来的 χ^2 统计量的值就比较小，很容易接受原假设。因此，有的书对拟合优度的卡方检验原假设设定为观测频数与期望频数一致，而对备择假设设定为观测频数与期望频数不一致。

一般地，单个分类变量进行拟合优度的卡方检验时，每个类别出现的概率可以不相等。这时，原假设可以设定为

$$H_0: P_1 = P_{10}, P_2 = P_{20}, \cdots, P_k = P_{k0}$$

此时，期望频数的计算为 nP_{i0}，i=1, 2, $\cdots$, k。其他计算步骤不变。

例 8-2　延续例 8-1，假如该大型超市牛奶品牌 A 的市场占有率为 28%，品牌 B 的市场占有率为 30%，品牌 C 的市场占有率为 25%，自营品牌 D 的市场占有率只有 17%。为了提高自营品牌 D 的市场占有率，该超市开展了一次针对性的广告活动，希望能改变其品牌的市场占有率。为了判断超市的广告效应，市场分析人员随机抽取了 200 位牛奶消费者进行调查，得到各品牌的人数分别为 50、55、45、50。试问，该超市的牛奶市场份额是否发生了变化？

分析：为了知道市场份额是否发生了变化，可以将广告前的市场份额定义为原假设：

H_0：$P_1 = 0.28$，$P_2 = 0.30$，$P_3 = 0.25$，$P_4 = 0.17$（即市场份额没有发生改变）；

H_1：至少有个 P_i 不等于它的原值（即市场份额发生了改变）。

消费者理论频数与卡方统计量的具体计算过程如表 8-3 所示。

表 8-3　卡方统计量的计算过程

品牌类别	消费者观测频数 f_0	各类别出现的概率 P_i	消费者理论频数 f_e	$(f_0-f_e)^2/f_e$
品牌 A	50	0.28	56	0.642 857
品牌 B	55	0.30	60	0.416 667
品牌 C	45	0.25	50	0.5
品牌 D	50	0.17	34	7.529 412
合计	200	1	200	9.088 936

$$\chi^2 = \sum \frac{(f_0 - f_e)^2}{f_e} = 9.088\ 9,\quad \chi^2(0.05, 3) = 7.815$$

由表 8-3 可知，卡方统计量的值为 9.088 9，大于临界值 7.815，所以，拒绝原假设，即在 $\alpha = 0.05$ 的显著性水平下，我们有理由认为，该超市牛奶消费的市场份额发生了改变。从表中数据来看，自营品牌 D 的观测频数与理论频数差异最大，也是卡方统计量的值较大的主要原因。因此，说明该超市的广告效应比较好，其自营品牌 D 的市场占有率有所提升。

也可以根据 P 值来做决策。此例中检验的 P 值为 $P(\chi^2 > 9.088\ 9) = 0.028$，由于 P 值小于 0.05，所以拒绝原假设，说明该超市自营品牌 D 的市场占有率有所提升。

8.2.2　卡方检验的必要条件

单个分类变量的拟合优度检验需要满足两个条件。

（1）进行了一次多项试验。

（2）样本量 n 足够大，要求每个类别的期望计数都大于等于 5。

当分类变量的类别数为 2，即自由度等于 1 时，其中只要有一个类别的理论频数小于 5，就要运用耶茨（Yates）连续性修正法，计算公式为

$$\chi^2_{\text{Yates}} = \sum \frac{(|f_0 - f_e| - 0.5)^2}{f_e}$$

例 8-3　某校历年评选的优秀学生的男女比例为 3∶7，今年优秀学生中有男生 4 名，女生 6 名。请问今年优秀学生的男女比例与往年是否有显著性差异？（$\alpha = 0.05$。）

分析：这里的分类变量性别分为两类，因此自由度等于1。从历年评选的优秀学生的男女比例可知，10名优秀学生中男生的概率为30%，女生的概率为70%。

（1）提出假设。

H_0：今年优秀学生的男女比例与往年没有显著性差异；

H_1：今年优秀学生的男女比例与往年有显著性差异。

（2）计算理论频数和卡方统计量。从表 8-4 中的理论频数可见，某个单元格的理论频数小于 5，因此要用耶茨连续性修正法计算卡方统计量。

表 8-4 10 名优秀学生男女性别的理论频数

性别	观测频数 f_0	各类别出现的概率 P_i	消费者理论频数 f_e
男	4	0.3	3
女	6	0.7	7
合计	10	1	10

卡方统计量的值为

$$\chi^2_{\text{Yates}} = \sum \frac{(|f_0 - f_e| - 0.5)^2}{f_e} = \frac{(|4-3| - 0.5)^2}{3} + \frac{(|6-7| - 0.5)^2}{7} = 0.119$$

（3）做出统计决策。当自由度为 1 时，卡方临界值 $\chi^2(0.05,1)$ 为 3.84。$\chi^2 = 0.119 < 3.84$，所以，接受原假设，说明在 $\alpha = 0.05$ 的显著性水平下，今年优秀学生的男女比例与往年没有显著性差异。

8.3 列联表的卡方检验

列联表（contingency table）是观测数据按两个或两个以上定性变量分类时所列出的交叉分类频数表，也称交互分类表。列联表的卡方检验可以用来判断两个定性变量之间是否有关系。如果没有关系，就称两个定性变量是独立的，因此列联表的卡方检验也称为独立性检验。

8.3.1 列联表的数据结构

一般地，若总体中的个体可按两个属性 A 与 B 分类，A 有 r 个类别 $A_1, A_2, \cdots, A_r$，B 有 c 个类别 $B_1, B_2, \cdots, B_c$，从总体中抽取大小为 n 的样本，设其中有 f_{ij} 个个体的属性属于类别 A_i 和 B_j，f_{ij} 称为观测频数，将 $r \times c$ 个 f_{ij} 排列为一个 r 行 c 列的二维列联表，简称 $r \times c$ 表。一个 $r \times c$ 列联表的数据结构如表 8-5 所示。

表 8-5　一个 $r \times c$ 列联表的数据结构

—	B_1	B_2	⋯	B_c	行和
A_1	f_{11}	f_{12}	⋯	f_{1c}	$f_{1.}$
A_2	f_{21}	f_{22}	⋯	f_{2c}	$f_{2.}$
⋮	⋮	⋮	⋮	⋮	⋮
A_r	f_{r1}	f_{r2}	⋯	f_{rc}	$f_{r.}$
列和	$f_{.1}$	$f_{.2}$	⋯	$f_{.c}$	n

例 8-4　MBA 排课问题。某高校为了了解来源于不同学术背景的 MBA 学生对选修课程方向是否有不同的偏好，随机抽查了 125 位学生进行调查。假设学术背景变量分为理学学士、工学学士、管理学学士、其他学士四类，选修课程方向分为营销方向、金融方向、数据分析方向，具体调查数据如表 8-6 所示。

表 8-6　125 位 MBA 学生选修课程方向的列联表

学术背景	MBA 选修课程方向			行合计
	营销方向	金融方向	数据分析方向	
理学学士	3	20	10	33
工学学士	6	8	22	36
管理学学士	18	10	6	34
其他学士	8	12	2	22
列合计	35	50	40	125

分析：要调查不同学术背景的 MBA 学生的选修课程方向是否有不同的偏好，等价于要分析学术背景与 MBA 选修课程方向这两个定性变量之间是否有关系。如果两个变量有关系，说明不同学术背景的学生对 MBA 选修课程方向有不同的偏好；如果没有关系，说明不同学术背景的学生对 MBA 选修课程方向没有不同的偏好，也就是说两个变量是独立的。因此，检验两个变量是否有关系的假设可以表述为两个变量之间是否独立。

8.3.2　独立性检验的步骤

根据假设检验的步骤，首先确定原假设与备择假设，然后确定检验统计量，再做出决策。

（1）提出假设。

H_0：两个定性变量相互独立，即没有关系；

H_1：两个定性变量不相互独立，即有关系。

（2）计算卡方统计量。

检验的卡方统计量和拟合优度检验中的卡方统计量是一样的，其计算公式为

$$\chi^2 = \sum \frac{(f_0 - f_e)^2}{f_e}$$

式中，f_0 表示列联表中每个单元格实际出现的观测频数；f_e 表示列联表中每个单元格的理论频数；求和是对列联表中的每个单元格求和，共有 $k = r \times c$ 项求和。列联表卡方统计量计算的关键是理论频数 f_e 的计算。

概率论介绍了独立事件的概念。如果两个事件 A 和 B 独立，那么事件 A、B 发生的联合概率就等于事件 A 和事件 B 发生概率的乘积，即

$$P(AB) = P(A)P(B)$$

因此，在原假设成立的条件下，列联表每个单元格发生的概率可以表示为

$$P(A_i B_j) = P(A_i) P(B_j)$$

其中，$P(A_i)$ 可以用第 i 行的合计数 $f_{i\cdot}$ 除以 n 去估计；$P(B_j)$ 可以用第 j 列的合计数除以 n 去估计；$i = 1, 2, \cdots, r$，$j = 1, 2, \cdots, c$。此时，列联表中每个单元格的理论频数为 $nP(A_i B_j)$。

为了方便标记列联表中每个单元格的观测频数和理论频数，我们分别用 f_{ij}^0 和 f_{ij}^e 表示列联表中第 i 行第 j 列单元格的观测频数和理论频数，此时，卡方统计量也可以表示为

$$\chi^2 = \sum_{i=1}^{r} \sum_{j=1}^{c} \frac{\left(f_{ij}^0 - f_{ij}^e\right)^2}{f_{ij}^e}$$

其中，f_{ij}^e 的计算公式为

$$f_{ij}^e = n \left(\frac{f_{i\cdot}}{n}\right)\left(\frac{f_{\cdot j}}{n}\right) = \frac{f_{i\cdot} f_{\cdot j}}{n}$$

也就是说，列联表中每个单元格的理论频数等于该单元格所在行的合计数乘上所在列的合计数，再除以样本容量取得。

例 8-4 中，第 3 行第 2 列单元格的理论频数为

$$f_{32}^e = \frac{f_{3\cdot} f_{\cdot 2}}{n} = \frac{34 \times 50}{125} = 13.6$$

其中，34 为第 3 行的合计数，50 为第 2 列的合计数，125 为样本容量。类似地，可以计算其他单元格的理论频数，计算结果如表 8-7 所示。

表 8-7 MBA 学生选修课程方向列联表中的理论频数

学术背景	MBA 选修课程方向			行合计
	营销方向	金融方向	数据分析方向	
理学学士	9.2	13.2	10.6	33
工学学士	10.1	14.4	11.5	36
管理学学士	9.5	13.6	10.9	34
其他学士	6.2	8.8	7.0	22
列合计	35	50	40	125

将每个单元格的观测频数和理论频数输入 Excel 中，列表计算卡方统计量的值，计算结果如表 8-8 所示，其中，(i,j) 表示第 i 行第 j 列单元格。

表 8-8 卡方统计量计算表

单元格	观测频数 f_{ij}	理论频数 f_{ij}^e	$(f_{ij}^0 - f_{ij}^e)^2 / f_{ij}^e$
（1,1）	3	9.2	4.18
（1,2）	20	13.2	3.50
（1,3）	10	10.6	0.03
（2,1）	6	10.1	1.66
（2,2）	8	14.4	2.84
（2,3）	22	11.5	9.59
（3,1）	18	9.5	7.61
（3,2）	10	13.6	0.95
（3,3）	6	10.9	2.20
（4,1）	8	6.2	0.52
（4,2）	12	8.8	1.16
（4,3）	2	7.0	3.57
—	—	卡方统计量的值	37.81

由表中可知，卡方统计量的值为：

$$\chi^2 = \sum_{i=1}^{r}\sum_{j=1}^{c}\frac{\left(f_{ij}^0 - f_{ij}^e\right)^2}{f_{ij}^e} = \frac{(3-9.2)^2}{9.2} + \frac{(20-13.2)^2}{13.2} + \cdots + \frac{(2-7.0)^2}{7.0}$$

$$= 4.18 + 3.50 + \cdots + 3.57 = 37.81$$

（3）做出统计决策。

给定显著性水平 α，当卡方统计量的值大于卡方临界值时，拒绝原假设，即拒绝区域为

$$\chi^2 > \chi^2(\alpha, df)$$

其中，df为列联表的自由度，它等于列联表单元格的个数减去限制条件的个数。

首先，所有rc个单元格计数总和必须等于样本容量，这是1个限制条件；其次，由于所有的$P(A_i)$之和等于1，所以只需要计算$r-1$个$P(A_i)$的估计值，因此有$r-1$个限制条件；最后，由于所有的$P(B_j)$之和等于1，所以只需要计算$c-1$个$P(B_j)$的估计值，因此有$c-1$个限制条件。所以，卡方统计量的自由度为

$$df = rc - 1 - (r-1) - (c-1) = (r-1)(c-1)$$

例8-4中，列联表的自由度为$(4-1)\times(3-1)=6$。假设显著性水平为0.05，则其卡方临界值为$\chi^2(0.05,6)=12.591\,6$。由于$\chi^2=37.81>12.591\,6$，所以拒绝原假设，即两个定性变量有关系，也就是说，不同学术背景的学生对MBA选修课程方向有不同的偏好。

例8-4也可以用P值来做决策。根据Excel函数CHITEST([实际范围], [期望范围])计算的结果，$P(\chi^2>37.81)=0.000$，小于显著性水平0.05，因此拒绝原假设，即不同学术背景的学生对MBA选修课程方向有不同的偏好。

8.3.3 独立性检验中要注意的地方

1. 似然比卡方检验

在独立性检验中，检验统计量的抽样分布是离散的，当样本容量足够大时可以近似地服从卡方分布，但是对每个单元格的期望频数（或理论频数）有一定的要求，也就是要求期望频数小于5的单元格不能超过20%。如果期望频数小于5的单元格超过20%，卡方统计量会变大，容易造成假阳性（或假的拒绝）的概率增大，卡方检验不再适用，此时，可以对分类变量的类别进行适当的合并后再进行检验，或者可以采用似然比卡方进行修正。

似然比卡方，其自由度和临界值与皮尔逊卡方一致，公式为

$$\chi_L^2 = 2\sum_{i=1}^{r}\sum_{j=1}^{c} f_{ij}^0 \ln \frac{f_{ij}^0}{f_{ij}^e}$$

理论上当样本量相当大时，皮尔逊卡方和似然比卡方都接近卡方分布。样本量不够大时都偏离卡方分布，二者的计算结果比较接近，实践中这两个统计量可以同时使用，结合起来下结论。

2. 耶茨连续性修正

卡方分布是一个连续分布。在列联分析中，由于数据是分类非连续的，因此皮尔逊卡方统计量只是近似服从卡方分布。在单元格较多、样本量较大时，分类数据的不连续分布与卡方分布之间的差异并不显著；但当样本量较小时，这种差异就比较大，如对于2×2列

联表，SPSS 会自动对皮尔逊卡方统计量进行耶茨连续性修正，其计算公式为

$$\chi^2_{\text{Yates}} = \sum_{i=1}^{r}\sum_{j=1}^{c} \frac{\left(\left|f_{ij}^0 - f_{ij}^e\right| - 0.5\right)^2}{f_{ij}^e}$$

3. 费希尔精确检验

对于小样本（即列联表中有一个或多个单元格的期望频数小于 5 的样本），渐近卡方检验的 P 值可能不是此类检验实际 P 值的很好估计。此时，针对 2×2 列联表（见表 8-9），或者更一般的 $2\times c$ 列联表，费希尔开发了独立性检验中精确计算 P 值的方法，称为费希尔精确检验。费希尔精确检验的基本思想是：对于 2×2 列联表，在行列变量独立的零假设下，当边缘分布确定时，列联表中的条件分布只依赖于列联表四个单元格中的任意一个单元格，可以基于超几何分布计算在零假设成立下 2×2 列联表任一组观测频数出现的概率。

$$P = \frac{R_1!R_2!C_1!C_2!}{A_{11}!A_{12}!A_{21}!A_{22}!n!}$$

表 8-9 2×2 列联表

—	B_1	B_2	行合计
A_1	A_{11}	A_{12}	R_1
A_2	A_{21}	A_{22}	R_2
列合计	C_1	C_2	n

为了得到费希尔精确检验的 P 值，考虑至少如观测的列联表那样，给出与原假设矛盾结果的所有可能的列联表概率，并且将这些列联表概率加起来，得到的数值就是费希尔精确检验的 P 值。当 P 值小于显著性水平时，拒绝原假设。

例 8-5 为了研究某种新型疫苗的有效性，随机抽取 36 名患者进行试验，观察疫苗是否可以消灭一种特殊的病毒。在 36 名携带此病毒的患者中，给 8 名患者注射新型疫苗，给另外 28 名患者只注射安慰剂（不含疫苗）。表 8-10 给出了试验期内定期复查病毒后检验呈阳性和阴性的人数，试在 0.05 的显著性水平下，检验并判断新型疫苗对治疗某种特殊病毒是否有效。

表 8-10 疫苗试验列联表

患者组		病毒检验结果		行合计
		阳性	阴性	
无疫苗	观测频数	20	8	28
	期望频数	16.33	11.67	28
有疫苗	观测频数	1	7	8
	期望频数	4.67	3.33	8
列合计		21	15	36

分析： 如果疫苗对治疗该病毒是有效的，那么疫苗组中呈阳性患者的比例应该小于无疫苗组中相应的比例，也就是说，患者组和病毒检验结果是相关的。但是由表 8-10 的期望频数可以看到，有 50% 的单元格，其期望频数小于 5，不符合独立性检验的必要条件。因此，可以用费希尔精确检验。

H_0：两种患者组中呈阳性的比例是相同的，即患者组和病毒检验结果是相互独立的；

H_1：两种患者组中呈阳性的比例是不同的，即患者组和病毒检验结果是有关系的。

按照上述费希尔精确检验 P 值的计算公式，可以计算表 8-10 列出的观测的列联表概率。进一步列出与原假设矛盾结果的所有可能的列联表（备择列联表，见表 8-11），并且计算其列联表概率。最后把这些列联表概率全部相加得到费希尔精确检验 P 值。

表 8-11　例 8-5 的备择列联表

患者组	病毒检验结果		行合计
	阳性	阴性	
无疫苗	21	7	28
有疫苗	0	8	8
列合计	21	15	36

在原假设成立的条件下，表 8-10 的列联表概率为

$$P = \frac{28!8!21!15!}{20!8!1!7!36!} = 0.004\ 466$$

在原假设成立的条件下，表 8-11 的列联表概率为

$$P = \frac{28!8!21!15!}{21!7!0!8!36!} = 0.000\ 213$$

二者相加得到独立性检验的精确 P 值为

$$P = 0.004\ 466 + 0.000\ 213 = 0.004\ 679 \approx 0.005$$

利用 SPSS 可以直接求得费希尔精确 P 值。表 8-12 即为利用 SPSS 直接计算的卡方类的检验值和费希尔精确 P 值等，可以从表中看到费希尔精确 P 值等于 0.005，小于显著性水平 0.05，所以，拒绝原假设，说明两种患者组中呈阳性的比例是不同的，即新型疫苗对治疗某种特殊病毒是有效的。从表中也可以看到对皮尔逊卡方统计量进行耶茨连续性修正后的值为 6.631，概率 P 值为 0.010，因此也是拒绝原假设，说明两种患者组中呈阳性的比例是不同的，即患者组和病毒检验结果是有关系的。

表 8-12　卡方类检验值

检验方法	值	自由度	渐近显著性（双向）	精确显著性（双向）	精确显著性（单向）
皮尔逊卡方	8.890[①]	1	0.003		
耶茨连续性修正[②]	6.631	1	0.010		
似然比	9.370	1	0.002		

(续)

检验方法	值	自由度	渐近显著性（双向）	精确显著性（双向）	精确显著性（单向）
费希尔精确检验				0.005	0.005
线性关联	8.643	1	0.003		
有效个案数	36				

① 2 个单元格（50.0%）具有的预期计数小于 5。最小预期计数为 3.33。
② 仅为 2×2 表格计算。

4. 条件百分比的方向

在列联表中，如果两个变量之间有因果关系，则一般把原因变量放在行的位置，把结果变量放在列的位置。例如，不同学术背景的学生，其选修课程的方向是不一样的，此时学术背景为原因，选修课程方向为结果，因此，把学术背景放在行的位置，把选修课程方向放在列的位置；又如，有无注射疫苗对病毒检验结果是有因果关系的，此时，有无注射疫苗的患者组为原因，放在行位置，而病毒检验结果放在列位置。

条件百分比表按自变量的方向计算，这样便于更好地表现原因对结果的影响。例 8-4 中，条件百分比可以计算行百分比。利用 SPSS 计算出来的条件百分比如表 8-13 所示。

表 8-13　学术背景与选修课程方向交叉表

			选修课程方向			总计
			营销方向	金融方向	数据分析方向	
学术背景	理学学士	观测频数	3	20	10	33
		百分比（在学术背景内）	9.09%	60.61%	30.30%	100.0%
	工学学士	观测频数	6	8	22	36
		百分比（在学术背景内）	16.67%	22.22%	61.11%	100.0%
	管理学学士	观测频数	18	10	6	34
		百分比（在学术背景内）	52.94%	29.41%	17.65%	100.0%
	其他学士	观测频数	8	12	2	22
		百分比（在学术背景内）	36.36%	54.55%	9.09%	100.0%
总计		列合计	35	50	40	125
		百分比（在学术背景内）	28.00%	40.00%	32.00%	100.0%

从表 8-13 中可知，大多数理学学士喜欢选修金融方向的课程，其行百分比达到 60.61%；大多数工学学士喜欢选修数据分析方向的课程，其行百分比达到 61.11%；而大

多数管理学学士喜欢选择营销方向的课程，其行百分比达到 52.94%。所以，从行百分比也可以看出不同学术背景的学生对不同的选修课程方向有一定的偏好。

对例 8-5，也可以从行百分比进行分析。从表 8-14 中可知，没有注射疫苗的患者组，一定时期内病毒呈阳性的比例为 71.4%，比例较高；注射疫苗的患者组，一定时期内病毒呈阳性的比例为 12.5%，比例较低，而呈阴性的比例较高，达 87.5%。因此，两种患者组中呈阳性的比例是有显著性差异的。

表 8-14 患者组与病毒检验结果交叉表

患者组		病毒检验结果		合计
		阳性	阴性	
无疫苗	观测频数	20	8	28
	百分比（在患者组内）	71.4%	28.6%	100%
有疫苗	观测频数	1	7	8
	百分比（在患者组内）	12.5%	87.5%	100%
合计	列合计	21	15	36
	百分比（在患者组内）	58.3%	41.7%	100%

8.4 定性变量之间的关系测量

从上面的独立性检验中可以判断两个定性变量 X 和 Y 之间是否独立。如果两个变量独立，就没有研究下去的必要；但是，如果两个定性变量 X 和 Y 之间不独立，那么它们之间的相关程度为多少？X 影响 Y 和 Y 影响 X 的程度是否相同？这是列联表相关性度量要解决的问题。通常，对列联表两个定性变量之间的关系测量，可以用相关系数来计算。由于定量变量可以分为有序的分类变量和无序的分类变量，因此，不同类型的分类变量之间，相关系数的计算公式也是不同的。SPSS 提供了测量变量间相关关系的检验方法，帮助判断行列变量之间的相关关系和相关程度。表 8-15 列出了定性变量之间相关系数的种类，我们只介绍其中的几种。

表 8-15 定性变量之间的相关系数

无序分类变量之间的相关系数	有序分类变量之间的相关系数
Phi 系数和 Cramér's V 系数	Kendall's tau-b 系数
列联系数	Kendall's tau-c 系数
Lambda 系数	Gamma 系数
不确定性系数	Somers'd 系数

8.4.1 无序分类变量之间的相关系数

当列联表中的两个变量是无序分类变量时，其相关性检验的方法有 Phi 系数和 Cramér's V 系数、列联系数、Lambda 系数和不确定性系数。这里重点介绍前三种系数及其适用条件。

1. Phi系数

Phi 系数适用于 2×2 列联表（也称四格表），是对皮尔逊卡方统计量的修正，其数学定义为

$$\varphi = \sqrt{\frac{\chi^2}{n}}$$

式中，χ^2 为卡方统计量的值，n 为样本容量。Phi 系数的取值范围为 $[0,1]$。当 φ 越接近于 0 时，表明行列变量的相关关系越弱；当 φ 越接近于 1 时，表明行列变量的相关关系越强；当 $\varphi=0$ 时，表明行列变量完全独立；当 $\varphi=1$ 时，表明行列变量完全相关，此时列联表的某一对角线上的频数都为 0。从公式中可知，Phi 系数是一种排除样本容量影响的卡方检验修正方法。

对于 2×2 以上的列联表，可以采用 Cramér's V 系数和列联系数（相依系数）。

2. Cramér's V系数

这个系数由瑞典统计学家哈拉尔德·克拉梅尔（Harald Cramer）于 1946 年提出，是对四格表系数 φ 用于多格表时的修正用法。Cramér's V 系数的数学定义为

$$V = \sqrt{\frac{\chi^2}{n \cdot \min\left[(r-1),(c-1)\right]}}$$

式中，χ^2 为卡方统计量的值，n 为样本容量，$\min\left[(r-1),(c-1)\right]$ 表示取 $r-1$ 和 $c-1$ 中的最小值，r 和 c 分别表示列联表的行数和列数。Cramér's V 系数的取值范围为 $[0,1)$。当 V 越接近于 0 时，表明行列变量的相关关系越弱；当 V 越接近于 1 时，表明行列变量的相关关系越强。Cramér's V 系数在考虑了样本容量影响的同时，还考虑了单元格数的影响。当列联表的行数或列数为 2 时，V 系数的值等于 Phi 系数的值。

3. 列联系数

列联系数也叫相依系数，简称 C 系数，它可以用于任何的 $r \times c$ 列联表，其数学定义为

$$C = \sqrt{\frac{\chi^2}{\chi^2 + n}}$$

式中，χ^2 为卡方统计量的值，n 为样本容量。C 系数的取值范围为 $[0,1)$。当 C 越接近于 1 时，表明卡方值足够大而使得样本量在分母中的作用极小，因此应拒绝原假设，认为行列变量有较强的相关关系；当 C 越接近于 0 时，表明卡方值越小，则不应拒绝原假设，认为行列变量的相关关系越弱。由于列联系数可能的最大值依赖于列联表的行数和列数，并且随着行数和列数的增大而增大，因此，不同列联表在进行变量之间相关程度的比较时，要注意在行数和列数相同的情形下进行比较，否则比较就没有意义。

C 系数可以更客观地看待两个变量的关系。对于有些行列变量关系不大的列联表（C 值较小），如果每格的数据乘以 10，即样本量扩大到 10 倍，则计算出的卡方值也会增大 10 倍，由于行列数不变，卡方分布的临界值不会变，结果很可能就拒绝原假设，但二者的 C 值是相同的。因此，卡方检验的结果会受到样本量的影响，仅仅用卡方检验来说明两个变量之间的关系是不够的，还要用相关性检验来补充说明两个变量之间的相关关系和相关程度。

表 8-16 是根据例 8-5 的列联表数据应用 SPSS 输出的计算结果。在 SPSS 中，打开疫苗试验数据文件，首先对"人数"变量进行加权操作，然后选择"分析"—"描述统计"—"交叉制表"，在交叉表格对话框中把"患者组"变量放入行变量位置，把"病毒检验结果"放入列变量位置（见图 8-3），再点击旁边的"Statistics"按钮，在需要的地方勾选即可（见图 8-4）。相关性检验输出结果如表 8-16 所示。也可以根据上述三个公式来进行计算，结果是一致的。从表 8-16 中可以看到，Phi 系数和 Cramér's V 系数等于 0.497，列联系数等于 0.445，概率 P 值等于 0.003，小于 0.05，因此拒绝两个变量没有关系的原假设。

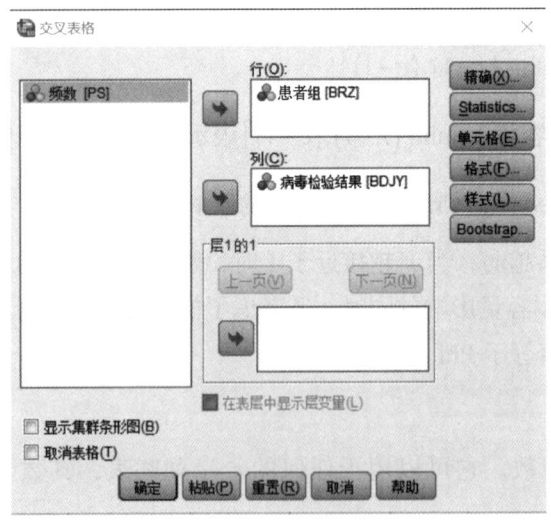

图8-3　交叉表格对话框

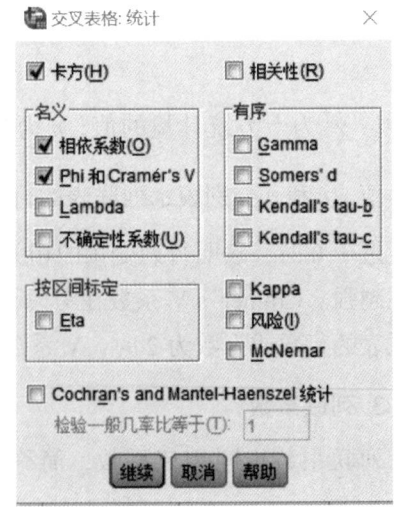

图8-4　交叉表格统计对话框

表 8-16　例 8-5 中的相关性检验

—		值	渐进显著性
名义到名义	Phi	0.497	0.003
	Cramér's V	0.497	0.003
	列联系数	0.445	0.003
有效个案数		36	—

8.4.2　有序分类变量之间的相关系数

研究列联表中两个有序分类变量之间的相关关系（也叫秩相关关系），可以用一组评价指标来进行度量，有 Kendall's tau-b 系数、Kendall's tau-c 系数、Gamma 系数和 Somers'd 系数。这一组评价系数虽然各有不同，但其基础数据来源却是一致的，因此在一些统计软件中经常将它们列在一起。秩相关系数指标的计算和相关性检验的方法属于非参数统计的内容，由英国统计学家肯德尔（Maurice George Kendall）爵士于 1938 年提出，系数的计算过程和检验的方法比较复杂，因此这里只介绍在 SPSS 中如何正确使用这些系数，计算过程不再叙述。下面主要介绍四种系数。

1. Kendall's tau-b 系数

Kendall's tau-b 系数主要用于反映分类变量相关性的指标，适用于两个分类变量均为有序分类的情况。Kendall's tau-b 系数的取值范围为（-1,1），正负号代表相关的方向。Kendall's tau-b 系数的绝对值越大，说明两个有序变量的相关性就越强；其绝对值越接近于 0，说明两个有序变量的相关性就越弱。对相关的有序变量进行非参数相关检验，如果检验的概率 P 值小于显著性水平 0.05，则拒绝两个有序变量无关的原假设（即秩相关系数等于 0）。此检验适合于正方形列联表的情况。

2. Kendall's tau-c 系数

Kendall's tau-c 系数也可用于反映分类变量相关关系的指标，适用于两个分类变量均为有序分类的情况。Kendall's tau-c 系数的取值范围为（-1,1），正负号代表相关的方向。Kendall's tau-c 系数的绝对值越大，说明两个有序变量的相关性就越强；其绝对值越接近于 0，说明两个有序变量的相关性就越弱。如果检验的概率 P 值小于显著性水平 0.05，则拒绝两个有序变量无关的原假设。此检验适用于任意列联表的情况。

3. Gamma 系数

Gamma 系数是统计学家古德曼（Leo A. Goodman）和克鲁斯卡尔（William Henry Kruskal）在 1954—1972 年发表的一系列论文中提出的，也是衡量两个有序分类变量相关关系的指标，其取值范围为 [-1,1]，它是 Kendall's tau 系数的推广。其绝对值越接近于 1，说明两个变量的相关性就越强；其绝对值越接近于 0，说明两个变量的相关性就越弱。Gamma 系数是测量两个变量之间对称关系的相关程度，并且不考虑数据"打结"的情况，计算比 Kendall's tau 系数简单，通常用于 2×2 列联表。

4. Somers'd 系数

Somers'd 系数是 1962 年由萨默斯（Robert H. Somers）在 Kendall's tau 系数基础上提出的另一种衡量有序变量之间相关关系的指标。当列联表的两个变量 X 和 Y 是非对称关系，即 X 对 Y 的影响和 Y 对 X 的影响的不一样时，采用 Gamma 系数不够严谨，可以采用 Somers'd 系数。Somers'd 系数的取值范围为 $(-1,1)$，其值越接近于 1，越倾向于正相关；其值越接近于 -1，越倾向于负相关；其绝对值越接近于 0，相关程度越弱。

Somers'd 系数的应用场合与 Kendall's tau 系数不同。Somers'd 系数常用于 $2×c$ 或 $r×2$ 列联表，其中有 2 个情况的行或列属性可以有序也可以无序；也可用于行列变量之间存在因果关系时的 $r×c$ 列联表。当列联表的两个变量 X 和 Y 是非对称关系时，若行变量 X 依赖 Y 的影响为因变量，则可以计算行变量 X 为因变量时的 Somers'd 系数；若列变量 Y 依赖 X 的影响为因变量，则可以计算列变量 Y 为因变量时的 Somers'd 系数，这两个系数值是不同的。在 SPSS 计算输出时，会产生三个 Somers'd 系数，一个是对称的（通常不看它），还有两个是非对称的，其中对称时的 Somers'd 系数是一定权数下其他两个非对称系数的加权算术平均数。

例 8-6 为了调查企业员工乐观的心态与工作压力之间的关系，某企业人事部门调查了近 1 000 名职工，并且按照乐观心态（不乐观、一般、非常乐观）与工作压力（没有压力、有压力、压力很大）进行了分类，数据如表 8-17 所示。试分析员工的乐观程度与工作压力之间是否有关系。如果有关系，则两个变量之间的关系程度如何？

表 8-17　1 000 名职工按照乐观心态与工作压力的分类数据

乐观心态	工作压力			行合计
	没有压力	有压力	压力很大	
不乐观	20	50	130	200
一般	60	210	80	350
非常乐观	300	100	50	450
列合计	380	360	260	1 000

分析：乐观心态与工作压力都是有序分类数据，而且表 8-17 是方表，因此，利用 SPSS 在进行列联表分析时，可以利用卡方检验；在计算相关系数时，可以选择 Kendall's tau-b 系数。由于乐观心态与工作压力之间有一定的因果关系，因此，也可以结合 Somers'd 系数进行判断。

打开例 8-6 数据文件，对"人数"变量设置好权数，打开交叉表格对话框，在交叉表格对话框中选择"乐观心态"为行变量，"工作压力"为列变量；在交叉表格统计对话框中勾选"卡方""Kendall's tau-b"和"Somers'd"，输出结果如表 8-18、表 8-19 和表 8-20 所示。

表 8-18 输出的是卡方检验的结果。从表中可以看出，所有单元格的期望频数都大于 5，最小预期计数为 52，所以用皮尔逊卡方检验行列变量是否独立即可。由于检验的卡方统计量为 421.794，概率 P 值等于 0.000，小于 0.05，所以拒绝行列变量独立的原假设，说明乐观心态与工作压力是有关系的。

表 8-18 卡方检验结果

	值	自由度	渐近显著性（双向）
皮尔逊卡方	421.794①	4	0.000
似然比	402.555	4	0.000
线性关联	295.998	1	0.000
有效个案数	1 000		

① 0 个单元格（0.0%）具有的预期计数小于 5。最小预期计数为 52。

表 8-19 输出的是非对称度量值中的 Somers'd 系数。从表中可以看到，输出了三个系数。由于乐观心态与工作压力是非对称关系，工作压力受到乐观心态的影响，工作压力是因变量，因此看第三个系数，即 Somers'd 系数为 −0.521。由于其概率 P 值（看最后一列）等于 0.000，小于 0.05，所以拒绝 Somers'd 系数等于 0 的原假设。

表 8-19 非对称度量值

			值	渐近标准错误①	上次读取的 T②	上次读取的显著性
有序到有序	Somers'd(S)	对称 (S)	−0.511	0.025	−20.456	0.000
		乐观心态（因变量）	−0.502	0.024	−20.456	0.000
		工作压力（因变量）	−0.521	0.025	−20.456	0.000

① 没有假定空假设。
② 使用渐近标准错误假定空假设。

表 8-20 输出的是对称度量值中的 Kendall's tau-b 系数。从表中可知 Kendall's tau-b 系数值为 −0.511，其概率 P 值等于 0.000（看最后一列），小于 0.05，所以拒绝 Kendall's tau-b 系数等于 0 的原假设。

表 8-20 对称度量值

		值	渐近标准错误①	上次读取的 T②	上次读取的显著性
有序到有序	Kendall's tau-b	-0.511	0.025	-20.456	0.000
有效个案数		1 000			

① 没有假定空假设。
② 使用渐近标准错误假定空假设。

综合上述的结论可以知道，乐观心态与工作压力是负相关的，而且工作压力受到乐观心态的影响，乐观心态越好，工作压力越小。因此，一个人的乐观心态可以在某种程度上调节工作压力。

需要注意的是，当一个变量为无序分类变量，一个变量为有序分类变量时，除了 $2 \times c$ 或 $r \times 2$ 列联表可用 Somers' d 系数度量两者之间的关系外，通常用两个无序分类变量关系的度量方法进行计算。

■ 思考题

1. 在独立性检验中，什么情况下卡方检验不再适用？采用什么方法可以解决问题？
2. 对列联表中两个定性变量之间的关系测量，可以用哪些指标来计算？
3. 从某年的新生中随机抽取300名学生，按照兴趣爱好归为四类，每类的学生数为 $f_1 = 50, f_2 = 80, f_3 = 100, f_4 = 70$。依据以往的经验，新生中四类兴趣爱好的比例分别为 $p_1 = 0.2, p_2 = 0.2, p_3 = 0.31, p_4 = 0.29$。根据这些信息，请以 $\alpha = 0.05$ 的显著性水平，说明这年新生的兴趣爱好与往年有没有显著性差异。
4. 某机构为了解不同行业在职人员持有某证书的情况，随机调查了1 000位职员，调查结果如表8-21所示。

表 8-21 1 000位职员持有证书的情况

是否持有证书	A 行业	B 行业	C 行业	总计
持有	100	200	100	400
未持有	100	100	400	600
总计	200	300	500	1 000

（1）请在0.05的显著性水平下，判断是否持有证书与所属行业是否有关系。
（2）如果是否持有证书与所属行业有关系，其相关系数为多少？

5. 为了调查企业员工的收入是否与学历程度相关，某咨询公司调查了2 000名企业员工，并且按照收入程度（低收入、中收入、高收入）与学历程度（高中及以下、大专或本科、硕士及以上）进行分类，数据如表8-22所示。

表8-22　2 000名企业员工学历程度与收入程度调查结果

学历程度	收入程度			行合计
	低收入	中收入	高收入	
高中及以下	250	110	40	400
大专或本科	145	800	55	1 000
硕士及以上	105	190	305	600
列合计	500	1 100	400	2 000

（1）试分析企业员工的收入程度与学历程度之间是否有关系。

（2）如果有关系，那么两个变量之间的关系程度如何？试利用SPSS计算其相关系数。

第9章

方差分析

方差分析（analysis of variance，ANOVA）又称变异数分析，由现代统计学与现代进化论的奠基者之一罗纳德·艾尔默·费希尔于20世纪20年代提出，起初主要用于研究试验设计中的试验因素对试验结果的影响。随着统计技术在各个学科内的逐渐普及，方差分析已广泛应用于自然科学与社会科学的各个领域，成为一种经典的统计学研究方法。

9.1 方差分析概论

9.1.1 方差分析问题的提出

例9-1 在市场营销领域，企业通过市场调研了解消费者的偏好，这是制定营销策略与开发新产品的基础。假设某厂商为了解消费者对一款新型绿茶饮品的消费情况，分析不同地区的消费者对该类饮品的偏好是否存在差异，从不同地区随机抽取了一定数量的消费者，并且调查消费者对该新型饮品的消费情况。其中，在地区A抽取了12名，在地区B与地区C分别抽取了11名，在地区D抽取了10名，假设每个地区所抽取的消费者在调查对象所属人群等其他方面基本相似，具体调查结果如表9-1所示（忽略单位）。

表9-1 不同地区消费者对于新型绿茶饮品的消费量

序号	地区A	地区B	地区C	地区D
1	76	71	89	81
2	81	77	79	57

(续)

序号	地区 A	地区 B	地区 C	地区 D
3	71	73	52	58
4	73	69	102	55
5	88	83	92	66
6	77	78	75	65
7	82	90	89	63
8	113	80	78	64
9	75	75	78	59
10	77	59	65	57
11	84	72	89	
12	97			

分析：要研究 4 个地区的消费者对该新型饮品的偏好程度是否存在差异，实际上就是要判断地区这一分类变量对饮品消费量这一数值型变量是否存在显著影响。如果地区变量对饮品消费量没有影响，则意味着各个地区消费者对这一饮品的消费偏好没有显著差异；反之，若存在显著影响，则意味着饮品消费量在地区变量的不同分组中存在显著差异。由此可见，研究"分类变量对数值型变量是否存在显著影响"等价于检验"数值型变量在分类变量的不同水平组中是否存在显著差异"。

对于这类"判断同一数值型变量在多个不同组之间是否存在显著差异，或者分类型自变量对数值型因变量是否具有显著影响"的共性问题，可以使用方差分析法进行研究。

9.1.2 方差分析的相关概念

在进行方差分析之前，需要明确方差分析的几个关键概念。

（1）试验指标。在方差分析中，用来衡量试验或观测效果的数值型特征量，是试验或观测结果，也称试验指标或指标，类似函数的因变量。例如，表 9-1 中的新型绿茶饮品的消费量，就是我们关心的观测指标。

（2）试验因素。在方差分析中，所要考察的分类型自变量或试验因素，称为试验因素或试验因子（factor），类似函数的自变量，一般用大写字母 A、B、C 等表示。例如，在表 9-1 中，地区变量即为我们关心的试验因素。方差分析的目的就是分析试验因素对试验或观测结果有无显著影响。如果在试验中变化的因素只有一个，这时的方差分析称为单因素方差分析；如果在试验中变化的因素不止一个，这时的方差分析就称为多因素方差分析。

（3）因子水平。因素的不同表现，称为因子水平或处理水平（treatment）。例如，在表 9-1 中，"地区"因子有 4 个具体的表现水平，分别为地区 A、地区 B、地区 C、地区 D。

（4）总体。每一个因子水平下的数值型因变量的分布可以看作一个总体。在例 9-1 中，每一个地区的消费者对于该种饮品的消费量，可以看作一个总体，因此存在 4 个总体。

（5）样本数据。每一个因子水平下，观测到的试验指标数据，称为样本数据。在例 9-1 中，表 9-1 中收集到的 4 个地区的观测数据，可以看作分别从 4 个总体中随机抽取到的 4 个样本。

方差分析的目的就是要基于不同因子水平下的样本数据，检验对应的不同总体的均值之间是否存在显著差异，从而对试验因子是否对试验指标具有显著影响进行判断。如果不同总体的均值之间存在显著差异，则意味着试验因子对试验指标具有显著影响。由此可见，在进行假设检验时明确这一点对于理解方差分析至关重要。因此，第 7 章关于假设检验的基本思想与基本流程在方差分析中完全适用，不同的仅仅是原假设的提出和构造的检验统计量及其方法。

9.1.3 方差分析与两个总体均值之差的假设检验的不同

既然方差分析的目的是检验不同因素下的总体均值之间是否存在显著差异，那么是否可以利用第 7 章中关于两个总体均值之差的假设检验的方法进行？答案显然是否定的。以表 9-1 为例，假设 4 个总体的均值分别为 μ_A、μ_B、μ_C、μ_D，那么我们要检验的原假设是 $\mu_A=\mu_B=\mu_C=\mu_D$，如果这一原假设成立，则意味着 4 个总体的均值之间无显著差异。如果利用第 7 章中关于两个总体均值之差的假设检验的方法，如 t 检验，则一次只能对两个总体进行检验，要检验 4 个总体的均值是否全部相等，则需要检验 $C_4^2 = 6$（次）。显然，若因子水平的数量较大，则这一过程将变得十分烦琐，并不可行。

更重要的是，这一检验过程将使整体检验犯第 I 类错误（弃真错误）的概率不断累积，从而降低检验的可靠性。由于每一次检验犯第 I 类错误的概率最大为显著性水平 α，如果连续进行多次检验，则会使犯第 I 类错误的概率不断累积。在上面的例子中，如果每次检验的显著性水平 α 为 0.1，则整体检验犯第 I 类错误的概率累积为 $1-(1-\alpha)^6 =0.47$。显然，若因子水平的数量较大，则随着检验次数的增加，犯第 I 类错误的概率会非常大，这将使得检验的结果变得极不可靠。

方差分析方法与两个总体均值之差的假设检验方法的不同在于，方差分析综合考虑了所有样本数据的信息，对不同因子水平下的所有总体进行一次性联合检验，从而提高了检验的可靠性，避免了连续进行多次检验的犯错概率的累加。当然，如果因子水平数量等于 2，则方差分析与两个总体均值之差的假设检验的方法完全相同。

9.1.4 方差分析的基本思想

根据前面的分析可知，方差分析的目的在于判断不同总体的均值是否存在显著差异。在例 9-1 中，即判断 4 个地区的消费者对新型绿茶饮品的消费量是否存在显著差异。图 9-1 给出了不同地区的新型绿茶饮品消费量散点图（忽略单位），其中的"红点"表示各个样本点,"黑色方块"表示各地区的样本均值。从图中可以发现,"黑色方块"表示的各地区样本均值之间存在一定的差异,那么能否就此判断4个总体的均值之间存在显著差异呢?

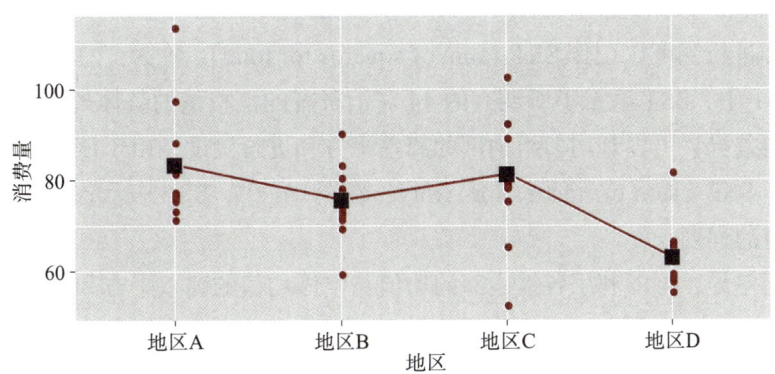

图9-1 不同地区的新型绿茶饮品消费量散点图

答案显然是否定的,因为图中的"黑色方块"表示的是"样本均值",不是"总体均值"。虽然样本均值能够在一定程度上反映总体均值,但由于总体单位之间的变异性和抽样的随机性,样本均值并不能够完全代表总体均值。因此,上述差异在统计上是否显著,则有待进一步检验,这就要用到方差分析方法。

1. 差异分解

(1) 组内差异。明确同一总体内部的总体单位之间的变异性和抽样的随机性,是理解方差分析原理的基础。从图9-1中可以发现,在同一地区内部,"红点"围绕在"黑色方块"代表的均值两侧分布,说明同一地区内部的不同消费者之间存在一定的差异,这种差异主要是由于消费者个体之间众多的随机性因素所造成的,同一地区的每一名消费者个体之间不可能完全相同,差异程度的大小可以用总体的标准差或方差来衡量。而图中每个地区中的"红点"是从总体中随机抽取出来的,因此同一地区的不同样本点之间也存在一定的差异。如果将因素的不同水平看成不同的组,则同一组内部的样本点之间的差异称为组内差异。在图9-1中,"组内差异"表示同一地区内部的不同观测数据之间的差异。

(2) 组间差异。从图9-1中可以发现,除了同一地区内部的样本点之间存在一定的差异,不同地区(不同总体)之间的样本点也存在一定的差异,即图中"黑色方块"表示的各地区均值之间的差异,尽管这一差异是否显著尚未可知。如果将不同的因子水平看成不同的组,则各组之间的样本数据差异称为"组间差异"。组间差异既可能来自不同的因子水平对观测指标产生不同影响而形成的系统性差异,也有可能来自同一总体内部的总体单位之间的变异性与抽样的随机性所形成的随机性误差,并且随机性误差随着样本量的增大而减小。由此可见,组间差异实际上包括系统性差异与随机性差异两个部分。

基于上面的分析可知，观测数据的整体差异包括各因子水平内部的组内差异和各因子水平之间的组间差异。而数据的差异程度可以利用离差平方和进行测度，因此可以基于离差平方和对各种差异进行测度。

对于全部观测数据的整体差异，可以利用全部观测数据与全部样本的整体均值之间的离差平方和进行测度，记作 SST（sum of squares for total），称为"总变差"或"总平方和"。在图 9-1 中，SST 度量了所调查的 44 名消费者的消费量的整体离散程度。

对于组内差异，可以利用各组内部的离差平方和进行测度，由于该项差异来自随机误差，因此记作 SSE（sum of squares for error）。在图 9-1 中，SSE 表示各地区内部的样本点偏离各自均值的程度。

对于组间差异，可以利用各组内部的均值与整体均值的离差平方和进行测度，表示各组样本均值之间的差异程度。因为组间差异主要用于反映由于各因子水平之间的不同而产生的差异，所以记作 SSA（sum of squares for factor A）。在图 9-1 中，SSA 表示不同地区之间样本均值的差异。

2. 检验原理

通过上面的样本数据的整体差异分解过程可知，数据的总差异 SST 可以分解为组内差异 SSE 与组间差异 SSA 两部分，即 SST=SSE+SSA。下面通过比较两种差异的相对大小，来说明方差分析的基本思想。

以例 9-1 为例，如果地区变量对饮品的消费量没有影响，即 4 个总体的均值之间没有显著差异，那么从 4 个总体中抽取的 4 个样本之间也应该没有显著差异，这意味着组间差异主要是由抽样的随机性误差构成的，而不是由于因子水平的不同造成系统性差异，因此组间差异相对较小。同时，根据前面的分析可知，各组内部的组内差异主要由随机性误差所造成。在这种情况下，组间差异与组内差异在差异形成的根源上完全相同，因此两种差异分别经过平均后（分别经过各自的自由度调整后的差异，称为"均方"或"方差"）应该比较接近；反之，若 4 个总体的均值之间具有显著差异，则意味着组间差异不仅包含随机性误差，还有由于地区因子水平的不同所造成的系统性差异，此时组间差异则相对较大，那么分别经过平均后的组间差异就会大于组内差异。

因此，在实际的判断过程中，若二者之间的比值（F 值）大到一定程度，就有足够理由认为不同总体之间存在显著差异，即地区变量显著影响饮品的消费量；反之，若这一比值较小，则说明没有足够的证据表明不同总体之间存在差异。至于大到何种程度才算显著，则需要根据这一比值统计量的具体分布和显著性水平进行判断，将在下一节详细阐述。

总之，如果组间方差明显高于组内方差，说明样本数据差异的主要来源是组间方差，因素是引起差异的主要原因，那么就认为试验因素对试验的结果存在显著的影响；否则认为差异主要来自组内方差，即试验因素对试验结果的影响不显著。

9.1.5 方差分析的前提假设

要保证方差分析的有效性，需要满足四个前提假设。

（1）各因子水平下的样本是随机的。该假设要求，各观测值或试验结果是从相应的总体中通过随机抽样的方式获取的。在例9-1中，即要求4个地区的样本数据是随机抽样得到的。

（2）每次试验或观测都是独立进行的。各观测值或试验结果相互独立是推导样本统计量的基础。在例9-1中，即要求44名消费者的消费量之间不互相影响。

（3）各样本均来自正态总体。该假设要求，不同因子水平下的每个总体均服从正态分布，保证了构造出的样本统计量的分布是明确的，为统计推断提供了基础。在例9-1中，即要求4个地区的消费量均满足正态分布。

（4）各总体的方差相等。除了要求各总体服从正态分布外，还要求方差相等，即满足方差齐性假设。在例9-1中，即要求4个总体的方差相等。在实际应用中，如果无法知道是否满足这个前提要求，就不能认为各总体分布相同，因此有必要对方差是否齐性进行检验。

9.2 单因素方差分析

方差分析主要研究分类型自变量对数值型因变量的影响是否显著。根据考察的分类型自变量的数量，可以划分为单因素方差分析与双因素方差分析。如果仅仅研究单个分类自变量的影响，则称为单因素方差分析（one-way analysis of variance），如表9-2中的单因素为分类型自变量A。又如，例9-1也涉及单因素方差分析，仅考察地区分类变量对消费量的影响。

表9-2 单因素方差分析的数据表

序号	A_1	A_2	⋯	A_k
1	x_{11}	x_{21}	⋯	x_{k1}
2	x_{12}	x_{22}	⋯	x_{k2}
⋮	⋮	⋮	⋮	⋮
n_1	x_{1n_1}	⋮	⋮	⋮
⋮		⋮	⋮	⋮
n_2		x_{2n_2}	⋮	⋯
⋮			⋮	⋮
n_k			⋮	x_{kn_k}
样本均值	$\bar{x}_1$	$\bar{x}_2$	⋯	$\bar{x}_k$

9.2.1 提出假设

根据前面的分析可知,方差分析的本质是进行假设检验,因此假设检验的所有流程在方差分析中完全适用,为此需要先提出原假设。一般地,若分类变量存在 k 个因子水平,记各因子水平下的总体均值分别为 $\mu_1, \mu_2, \cdots, \mu_k$,则检验因素对试验结果影响的显著性就是检验假设:

$$H_0: \mu_1 = \mu_2 = \cdots = \mu_k;$$

$$H_1: \mu_1, \mu_2, \cdots, \mu_k \text{不全部相等}。$$

如果原假设 H_0 成立,则表明分类型自变量对数值型因变量无显著影响,也意味着所有样本均来自同一正态总体;反之,如果备择假设 H_1 成立,则意味着分类型自变量对数值型因变量有显著影响。值得注意的是,备择假设只需要各总体均值不全部相等,不需要完全不相等。

例 9-1 中,若 4 个总体的均值分别为 μ_A、μ_B、μ_C、μ_D,则我们要检验的原假设与备择假设分别为

$$H_0: \mu_A = \mu_B = \mu_C = \mu_D;$$

$$H_1: \mu_A, \mu_B, \mu_C, \mu_D \text{不全部相等}。$$

9.2.2 构建检验统计量

为检验上面提出的原假设 H_0 是否成立,需要构建检验统计量,然后利用样本数据进行检验,检验统计量的构造原理为前面介绍的方差分解思想,具体可以分为如下几个关键步骤。

(1)计算各总体的样本均值与总均值。如表 9-2 所示,假定从第 i 个总体中抽取容量为 n_i 的样本,则该总体所对应的样本均值 $\bar{x}_i$ 为

$$\bar{x}_i = \frac{\sum_{j=1}^{n_i} x_{ij}}{n_i}, \quad i = 1, 2, \cdots, k \tag{9-1}$$

若要计算各离差平方和、进行差异分解,除了要计算各总体所对应的样本均值外,还要计算所有样本所对应的总均值,记为 $\bar{\bar{x}}$,如式(9-2)所示。

$$\bar{\bar{x}} = \frac{\sum_{i=1}^{k}\sum_{j=1}^{n_i} x_{ij}}{n}, \quad n = n_1 + n_2 + \cdots + n_k \tag{9-2}$$

(2)计算各离差平方和。根据前面方差分析的基本思想可知,要构建检验统计量,需

要对数据的总差异、组间差异、组内差异进行分别测度，即需要计算总平方和 SST、组内平方和 SSE、组间平方和 SSA 三个离差平方和指标。

总平方和 SST 反映数据整体差异水平，用所有数据的离差平方和表示，如式（9-3）所示，也称为总离差平方和。

$$\text{SST} = \sum_{i=1}^{k}\sum_{j=1}^{n_i}\left(x_{ij} - \bar{\bar{x}}\right)^2 \tag{9-3}$$

组内平方和 SSE 反映了各组内部的样本数据的差异水平，刻画了由于随机因素所造成的差异的大小，也称为组内离差平方和或误差平方和，用各组内部的观测值与各自的样本均值之间的离差平方和进行测度，如式（9-4）所示。

$$\text{SSE} = \sum_{i=1}^{k}\sum_{j=1}^{n_i}\left(x_{ij} - \bar{x}_i\right)^2 \tag{9-4}$$

组间平方和 SSA 表示组间差异，刻画了各总体所对应的均值之间的差异程度，用各组样本均值与总均值之间的离差平方和表示，如式（9-5）所示，也称为组间离差平方和。

$$\text{SSA} = \sum_{i=1}^{k}n_i\left(\bar{x}_i - \bar{\bar{x}}\right)^2 \tag{9-5}$$

对于上述三个离差平方和，通过简单变形，即可证明 SST=SSE+SSA 恒成立，即反映数据总差异的总平方和 SST 可以分解为反映数据组内差异的 SSE 和反映数据组间差异的 SSA，这就是方差分析中著名的平方和分解公式（decomposition formula of sum square）。

（3）计算均方。离差平方和的大小受到样本量大小的影响，因此为了消除样本量大小对各离差平方和的影响，需要计算平均差异指标，即用各平方和除以相应的自由度，从而得到均方（mean square）或均方差。

总离差平方和 SST 的自由度为 $n-1$，即样本总量减去 1，其中 n 为样本总量。在计算 SST 之前需要先计算总均值 $\bar{\bar{x}}$，因此损失 1 个自由度。用总离差平方和 SST 除以相应的自由度 $n-1$，即得到全部观测值的总方差。根据前面介绍的方差分析思想可知，进行方差分析时需要比较的是组内均方与组间均方，因此总均方（总样本方差）不需要计算。

组内离差平方和 SSE 的自由度为 $n-k$。在计算 SSE 之前需要先计算各个 $\bar{x}_i$，因此 x_{ij} 中能够自由变化的仅剩下 $n-k$ 个。利用 SSE 除以相应的自由度 $n-k$，即得到组内均方（mean square for error），记作 MSE，如式（9-6）所示。

$$\text{MSE} = \frac{\text{SSE}}{n-k} \tag{9-6}$$

组间离差平方和 SSA 的自由度为 $k-1$，其中 k 为因子水平的数量。在计算 SSA 之前需要先计算总均值 $\bar{\bar{x}}$，因此 $\bar{x}_i$ 中能够自由变化的仅有 $k-1$ 个。利用 SSA 除以相应的自由度 $k-1$，即得到组间均方（mean square for factor A），记作 MSA，如式（9-7）所示。

$$\mathrm{MSA} = \frac{\mathrm{SSA}}{k-1} \tag{9-7}$$

（4）计算检验统计量。根据前面方差分析的基本思想可知，组间均方相对于组内均方越大，越有可能拒绝原假设，因此可以基于二者的比值构建检验统计量，如式（9-8）所示。

$$F = \frac{\mathrm{MSA}}{\mathrm{MSE}} \sim F(k-1, n-k) \tag{9-8}$$

可以证明，在方差分析的四个前提条件得到满足和原假设 H_0 成立的条件下，上述统计量满足自由度分别为 $k-1$ 与 $n-k$ 的 F 分布。这一不依赖于任何未知参数的统计量具有明确的分布形式，为进行假设检验提供了基础。

9.2.3 做出统计决策

根据前面介绍的方差分析的基本思想可知，当原假设成立时，由于因子水平对观测指标产生影响而形成的系统性差异就不存在，此时 MSA 与 MSE 的比值 F 统计量应该相对较小；反之，则 F 统计量应该较大。由此可见，要判断因子水平对观测值的影响是否显著，可以通过计算 F 统计量的大小来进行。F 值越大，越说明组间方差大于组内方差，因此组间方差构成了离差平方和的主要来源，即因素的不同水平对观测结果影响较大，则有足够的理由拒绝原假设；反之，F 值较小，说明组内方差是主要来源，越有理由接受原假设。

那么，究竟 F 值大到何种程度，才能够认为应该拒绝原假设呢？由于 F 值的分布是明确的，满足自由度分别为 $k-1$ 与 $n-k$ 的 F 分布，因此可以根据假设检验的原理，在给定显著性水平 α 下，构造相应的拒绝区域。当样本统计量落入拒绝区域时，则说明应该拒绝原假设；反之，则说明没有足够证据表明应该拒绝原假设。

F 统计量越大，越有理由拒绝原假设；F 统计量越小，越没有理由拒绝原假设。因此，这里所进行的检验应该是右单侧检验，拒绝区域应该位于 F 分布的右侧，如图 9-2 所示，这一点值得注意。由此可知，对于给定的显著性水平 α，查 F 分布表得临界值 $F_\alpha(k-1, n-k)$，当 $F > F_\alpha$ 时，应该拒绝原假设，认为因子水平对总体有显著影响；当 $F < F_\alpha$ 时，应该接受原假设，认为因子水平对试验或观测结果的影响不显著。

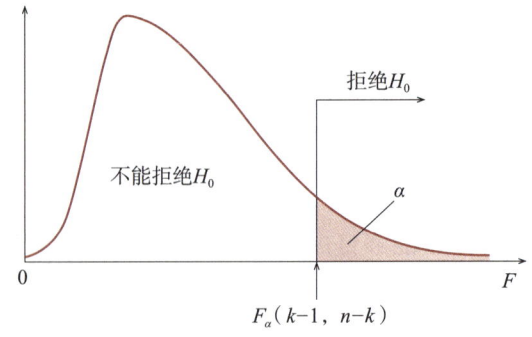

图9-2 单因素方差分析的拒绝区域

在实际应用中，为了方便，通常把上面的分析过程综合在一张表中，此表也称为方差分析表（analysis of variance table），如表 9-3 所示，这样整个分析结果一目了然。

表 9-3 单因素方差分析表

差异来源	离差平方和	自由度	均方差	F 统计量	F 临界值
组内	SSE	$n-k$	MSE=SSE/$(n-k)$	—	—
组间	SSA	$k-1$	MSA=SSA/$(k-1)$	$F=\dfrac{\text{MSA}}{\text{MSE}}$	$F_\alpha(k-1, n-k)$
总计	SST	$n-1$	—	—	—

例 9-1 求解 借助上面的方差分析过程与方差分析表，可以对例 9-1 中的问题进行求解，具体的求解过程如下所示。

第 1 步：提出假设。

假设 4 个总体的均值分别为 μ_A、μ_B、μ_C、μ_D，则我们要检验的原假设与备择假设分别是

- H_0：$\mu_A = \mu_B = \mu_C = \mu_D$；
- H_1：$\mu_A, \mu_B, \mu_C, \mu_D$ 不全部相等。

第 2 步：计算离差平方和。

- $k=4$
- $n_1=12$，$n_2=n_3=11$，$n_4=10$，$n=44$
- 观察值的总均值 $\bar{\bar{x}} = 75.8$
- $\text{SST} = \sum\limits_{i=1}^{k}\sum\limits_{j=1}^{n_i}\left(x_{ij}-\bar{\bar{x}}\right)^2 = 7\,257.7$
- $\text{SSE} = \sum\limits_{i=1}^{k}\sum\limits_{j=1}^{n_i}\left(x_{ij}-\bar{x}_i\right)^2 = 4\,624.0$
- $\text{SSA} = \sum\limits_{i=1}^{k}\sum\limits_{j=1}^{n_i}\left(\bar{x}_i-\bar{\bar{x}}\right)^2 = 2\,633.7$

第 3 步：计算均方。

- $\text{MSE} = \dfrac{\text{SSE}}{n-k} = \dfrac{4\,624.0}{44-4} = 115.6$
- $\text{MSA} = \dfrac{\text{SSA}}{k-1} = \dfrac{2\,633.7}{4-1} = 877.9$

第 4 步：计算 F 检验统计量。

- $F = \dfrac{\text{MSA}}{\text{MSE}} \sim F(4-1, 44-4)$

- $F = \dfrac{\text{MSA}}{\text{MSE}} = \dfrac{877.9}{115.6} = 7.59$

第 5 步：做出统计决策。

- $F = \dfrac{877.9}{115.6} = 7.59 > F_{0.05}(4-1, 44-4) = 2.84$

因为样本统计量落在临界值的右侧，所以在 0.05 的显著性水平上，应该拒绝原假设。由此可以判断，地区分类变量与该新型绿茶饮品的消费量显著相关。

对于上面的求解过程，也可以利用表 9-4 所示的方差分析表进行汇总。

表 9-4 例 9-1 的方差分析表

差异来源	离差平方和	自由度	均方差	F 统计量	F 临界值
组内	4 624.0	40	115.6	—	—
组间	2 633.7	3	877.9	7.59	2.84
总计	7 257.7	43	—	—	—

9.3 双因素方差分析

前面的例 9-1 仅仅考察了"地区"分类变量对消费量的影响，其分析过程是单因素方差分析。现在假设不仅要研究"地区"变量的影响，还要考察饮品的"品牌"因素对消费量是否存在影响，那么这一问题中就存在两个待考察的分类自变量，这类问题称为双因素方差分析（two-way analysis of variance）。双因素方差分析的目的与单因素方差分析基本相同，即考察两个因素是否对观测指标产生显著影响。那么这里面就存在几种不同的可能结果，分别是两种因素的影响均不显著、两种因素中只有一种因素影响显著、两种因素的影响均显著。

双因素方差分析根据两个因素之间是否存在交互作用（interaction），又可以分为存在交互作用的双因素方差分析（two-way analysis of variance with interaction）和不存在交互作用的双因素方差分析（two-way analysis of variance without interaction）。例如，在上面的例子中，如果"地区"变量与饮品的"品牌"对消费量的影响是相互独立的，则属于无交互作用的双因素方差分析；反之，如果"地区"变量与饮品的"品牌"对消费量存在交互影响，比如消费者可能更偏爱本地品牌，存在"本地偏好"现象，那么这两个分类变量之间就存在交互作用，则属于存在交互作用的双因素方差分析。

无论有无交互作用，双因素方差分析的基本思想和流程与单因素方差分析基本相同，区别仅在于由于引入了更多的因素变量，数据差异的来源途径更多了，因此在进行方差分解时需要分解出由于新引入的因素变量和交互作用（若两变量存在交互作用）所产生的差异部分。

9.3.1 无交互作用的双因素方差分析

假设 A 与 B 是待确认的是否对试验或观测结果有显著影响的两个因素,并假设 A 与 B 之间无交互作用,在两个因素的各种水平组合下进行重复试验或观测可得表 9-5。其中,行因素 A 有 r 个水平,列因素 B 有 s 个水平,观察值 x_{ij} 是从因素 A 的第 i 个水平与因素 B 的第 j 个水平合成的总体中随机抽取的一个独立随机样本,同时假设这个 $r \times s$ 个总体均服从正态分布且具有齐性方差。

表 9-5 无交互作用的双因素方差分析数据表

		因素 B				行均值
		B_1	B_2	$\cdots$	B_s	
因素 A	A_1	x_{11}	x_{12}	$\cdots$	x_{1s}	$\bar{x}_{1.}$
	A_2	x_{21}	x_{22}	$\cdots$	x_{2s}	$\bar{x}_{2.}$
	$\vdots$	$\vdots$	$\vdots$	$\vdots$	$\vdots$	$\vdots$
	A_r	x_{r1}	x_{r2}	$\cdots$	x_{rs}	$\bar{x}_{r.}$
列均值		$\bar{x}_{.1}$	$\bar{x}_{.2}$	$\cdots$	$\bar{x}_{.s}$	$\bar{x}$

$\bar{x}_{i.}$ $(i=1,2,\cdots,r)$ 是在因素 A 的各个水平下 s 个试验结果的均值;$\bar{x}_{.j}$ $(j=1,2,\cdots,s)$ 是在因素 B 的各种水平下 r 个试验结果的均值,$\bar{x}$ 为总均值。与单因素方差分析相同,双因素方差分析也包括提出假设、构建检验统计量、做出统计决策三个主要步骤。

1. 提出假设

待检验的因素变量有两个,因此需要分别针对两个因素提出各自的原假设。

若记因素 A 的各因子水平下的总体均值分别为 $\bar{X}_{1.},\bar{X}_{2.},\cdots,\bar{X}_{r.}$,当行因素 A 对观测指标无影响时,则各总体均值相同。因此关于因素 A 的原假设为

H_{0A}: $\bar{X}_{1.} = \bar{X}_{2.} = \cdots = \bar{X}_{r.}$　　行因素 A 对观测指标无影响

同理,记因素 B 的各因子水平下的总体均值分别为 $\bar{X}_{.1},\bar{X}_{.2},\cdots,\bar{X}_{.s}$,则关于因素 B 的原假设为

H_{0B}: $\bar{X}_{.1} = \bar{X}_{.2} = \cdots = \bar{X}_{.s}$　　列因素 B 对观测指标无影响

2. 构建检验统计量

与单因素方差类似,需要将数据的总差异进行分解,将总差异分解为由行因素 A 导致的差异、列因素 B 导致的差异和随机因素产生的差异。同样,可以利用离差平方和对各种类型的差异进行测度。

$$S_T = \sum_{i=1}^{r}\sum_{j=1}^{s}\left(x_{ij}-\bar{x}\right)^2 \tag{9-9}$$

$$S_A = \sum_{i=1}^{r}\sum_{j=1}^{s}\left(\bar{x}_{i.}-\bar{x}\right)^2 = \sum_{i=1}^{r} s\left(\bar{x}_{i.}-\bar{x}\right)^2 \tag{9-10}$$

$$S_B = \sum_{i=1}^{r}\sum_{j=1}^{s}\left(\bar{x}_{.j}-\bar{x}\right)^2 = \sum_{j=1}^{s} r\left(\bar{x}_{.j}-\bar{x}\right)^2 \tag{9-11}$$

$$S_E = \sum_{i=1}^{r}\sum_{j=1}^{s}\left(x_{ij}-\bar{x}_{i.}-\bar{x}_{.j}+\bar{x}\right)^2 \tag{9-12}$$

S_T 表示数据的总离差平方和，刻画了数据的总差异。

S_A 表示行因素 A 的各个水平下各组试验结果均值与总均值之间的离差平方和，主要刻画了由于行因素 A 的不同所产生的差异。

S_B 表示列因素 B 的各个水平下各组试验结果均值与总均值之间的离差平方和，主要刻画了由于列因素 B 的不同所产生的差异。

S_E 表示行因素 A 与列因素 B 所有水平组合下的试验结果和相对应的均值之间的离差平方和，刻画了由于行因素 A 与列因素 B 之外的随机因素所产生的差异。

对上面四个式子进行简单变形，即可证明相互之间存在如式（9-13）所示的关系，这就是无交互作用下的双因素方差分解公式。

$$S_T = S_A + S_B + S_E \tag{9-13}$$

由此可见，数据的总差异可以分解为由两个因素所单独解释的部分和由随机因素所解释的部分。

类似于单因素方差分析，S_T 的自由度为 $rs-1$，S_A 的自由度为 $r-1$，S_B 的自由度为 $s-1$，S_E 的自由度为 $(r-1)(s-1)$。那么，经过自由度调整后，可以得到各指标的平均差异，即均方差，分别为

$$\bar{S}_A = \frac{S_A}{r-1} \tag{9-14}$$

$$\bar{S}_B = \frac{S_B}{s-1} \tag{9-15}$$

$$\bar{S}_E = \frac{S_E}{(r-1)(s-1)} \tag{9-16}$$

类似于单因素方差分析，如果由因素 A 或因素 B 可以解释的部分的差异相对于由随机误差因素所解释部分的差异较大，则意味着因素 A 或因素 B 对观测（或试验）指标具有显著影响。因此可以构造出相应的检验统计量 F_A 与 F_B。可以证明，在关于因素 A 与因素

B 的两个原假设成立的条件下，F_A 与 F_B 均服从相应自由度的 F 分布。因此，可以基于这两个统计量对原假设进行假设检验。

$$F_A = \frac{\overline{S}_A}{\overline{S}_E} \sim F[r-1,(r-1)(s-1)] \tag{9-17}$$

$$F_B = \frac{\overline{S}_B}{\overline{S}_E} \sim F[s-1,(r-1)(s-1)] \tag{9-18}$$

3. 做出统计决策

类似于单因素方差分析，若 F_A 与 F_B 越大，则越有理由拒绝原假设，说明两个因素对观测指标具有显著影响；反之，若 F_A 与 F_B 越小，则越没有理由拒绝原假设，说明两个因素对观测指标无显著影响。

具体而言，对于给定的显著性水平 α，查 F 分布表分别得临界值 $F_\alpha[r-1,(r-1)(s-1)]$ 与 $F_\alpha[s-1,(r-1)(s-1)]$。当 $F_A > F_\alpha[r-1,(r-1)(s-1)]$ 时，则应该拒绝因素 A 对观测指标无显著影响的原假设，即认为因素 A 对总体有显著影响；反之，则应该接受原假设，即因素 A 对试验或观测结果的影响不显著。

同理，对于因素 B，当 $F_B > F_\alpha[s-1,(r-1)(s-1)]$ 时，则应该拒绝因素 B 对观测指标无显著影响的原假设，即认为因素 B 对总体有显著影响；反之，则应该接受原假设，即因素 B 对试验或观测结果的影响不显著。

综合以上分析，同样可以得到无交互作用的双因素方差分析表，如表 9-6 所示。

表 9-6 无交互作用的双因素方差分析表

差异来源	离差平方和	自由度	均方差	F 统计量	F 临界值
A 因素	S_A	$r-1$	$\overline{S}_A$	$F_A = \overline{S}_A/\overline{S}_E$	$F_\alpha[r-1,(r-1)(s-1)]$
B 因素	S_B	$s-1$	$\overline{S}_B$	$F_B = \overline{S}_B/\overline{S}_E$	$F_\alpha[s-1,(r-1)(s-1)]$
误差	S_E	$(r-1)(s-1)$	$\overline{S}_E$	—	—
总计	S_T	$rs-1$	—	—	—

9.3.2 有交互作用的双因素方差分析

当两个因素 A 与 B 之间存在交互作用时，为了能够对随机误差与两个变量之间的交互作用进行区分，有必要在两个因素的不同水平的组合下进行重复试验或观测，这一点与无交互作用的双因素方差分析有所不同，因此两个因素的各个水平的组合下存在多个观测值。如表 9-7 所示，在因素 A 与因素 B 每一个水平组合下重复观测 t 次，则每个组合下有 t 个观测值。

表 9-7 有交互作用的双因素方差分析数据表

		因素 B			
		B_1	B_2	$\cdots$	B_s
因素 A	A_1	x_{111} x_{112} $\vdots$ x_{11t}	x_{121} x_{122} $\vdots$ x_{12t}	$\cdots$	x_{1s1} x_{1s2} $\vdots$ x_{1st}
	A_2	x_{211} x_{212} $\vdots$ x_{21t}	x_{221} x_{222} $\vdots$ x_{22t}	$\cdots$	x_{2s1} x_{2s2} $\vdots$ x_{2st}
	$\vdots$	$\vdots$	$\vdots$	$\vdots$	$\vdots$
	A_r	x_{r11} x_{r12} $\vdots$ x_{r1t}	x_{r21} x_{r22} $\vdots$ x_{r2t}	$\cdots$	x_{rs1} x_{rs2} $\vdots$ x_{rst}

x_{ijk} 表示的是在水平组合 (A_i, B_j) 下第 k 次试验或观测的结果。在该组合下的试验结果的均值为

$$\bar{x}_{ij\cdot} = \frac{1}{t}\sum_{k=1}^{t} x_{ijk} \tag{9-19}$$

$$\bar{x}_{i\cdot\cdot} = \frac{1}{st}\sum_{j=1}^{s}\sum_{k=1}^{t} x_{ijk} \tag{9-20}$$

$$\bar{x}_{\cdot j\cdot} = \frac{1}{rt}\sum_{i=1}^{r}\sum_{k=1}^{t} x_{ijk} \tag{9-21}$$

$$\bar{x} = \frac{1}{rst}\sum_{i=1}^{r}\sum_{j=1}^{s}\sum_{k=1}^{t} x_{ijk} \tag{9-22}$$

其中，$\bar{x}_{i\cdot\cdot}$ 表示因素 A 的 i 水平下的样本均值；$\bar{x}_{\cdot j\cdot}$ 表示因素 B 的 j 水平下的样本均值；$\bar{x}$ 表示总均值。

与无交互作用的双因素方差分析相似，有交互作用的双因素方差分析的基本思想与流程基本不变。但值得注意的是，有交互作用的双因素方差分析，主要对因素 A、因素 B 和二者的交互作用三个方面是否对观测指标产生显著影响进行检验，因此与有交互作用的双因素方差分析相比，不仅需要检验两个因素的单独影响是否显著，还需要检验二者的交互

作用是否显著。同理，在方差分解的过程中，需要将总差异 S_T 分解为由因素 A 产生的差异 S_A、由因素 B 产生的差异 S_B、二者交互作用产生的差异 S_{AB} 和由随机因素所造成的差异 S_E。

$$S_T = \sum_{i=1}^{r}\sum_{j=1}^{s}\sum_{k=1}^{t}\left(x_{ijk} - \bar{x}\right)^2 \tag{9-23}$$

$$S_A = st\sum_{i=1}^{r}\left(\bar{x}_{i..} - \bar{x}\right)^2 \tag{9-24}$$

$$S_B = rt\sum_{j=1}^{s}\left(\bar{x}_{.j.} - \bar{x}\right)^2 \tag{9-25}$$

$$S_{AB} = t\sum_{i=1}^{r}\sum_{j=1}^{s}\left(\bar{x}_{ij.} - \bar{x}_{i..} - \bar{x}_{.j.} + \bar{x}\right)^2 \tag{9-26}$$

$$S_E = \sum_{k=1}^{t}\left(x_{ijk} - \bar{x}_{ij.}\right)^2 \tag{9-27}$$

与无交互作用的方差分析类似，通过对上面五个公式进行简单变换，即可证明式（9-28），这就是有交互作用下的双因素方差分解公式。

$$S_T = S_A + S_B + S_{AB} + S_E \tag{9-28}$$

由此可见，数据的总差异可以分解为由两个因素所单独解释的部分、二者交互作用可以解释的部分、由随机因素所解释的部分。S_T、S_A、S_B、S_{AB} 和 S_E 的自由度分别是 $rst-1$、$r-1$、$s-1$、$(r-1)(s-1)$ 和 $rs(t-1)$。那么，经过自由度调整后，可以得到各指标的平均差异，即均方差。分别如式（9-29）～式（9-32）所示。

$$\bar{S}_A = \frac{S_A}{r-1} \tag{9-29}$$

$$\bar{S}_B = \frac{S_B}{s-1} \tag{9-30}$$

$$\bar{S}_{AB} = \frac{S_{AB}}{(r-1)(s-1)} \tag{9-31}$$

$$\bar{S}_E = \frac{S_E}{rs(t-1)} \tag{9-32}$$

与单因素方差分析类似，可得到相应的 F 统计量依次为 F_A、F_B、F_{AB}，如式（9-33）～式（9-35）所示，并且可以证明在原假设成立的条件下，这些统计量服从相应自由度的 F 分布。由此，可以基于这些 F 统计量在给定的显著性水平 α 下进行统计决策。如果 F 统计量的值大于相应的临界值，则拒绝原假设，说明相应因素（或交互作用）的影响显著。由于与前面的单因素方差分析完全相同，在此不再赘述。上述分析过程可以汇总为如表 9-8

所示的方差分析表。

$$F_A = \frac{\overline{S}_A}{\overline{S}_E} \sim F[r-1, rs(t-1)] \tag{9-33}$$

$$F_B = \frac{\overline{S}_B}{\overline{S}_E} \sim F[s-1, rs(t-1)] \tag{9-34}$$

$$F_{AB} = \frac{\overline{S}_{AB}}{\overline{S}_E} \sim F[(r-1)(s-1), rs(t-1)] \tag{9-35}$$

表 9-8 有交互作用的双因素方差分析表

差异来源	离差平方和	自由度	均方差	F 统计量	F 临界值
A 因素	S_A	$r-1$	$\overline{S}_A$	$F_A = \overline{S}_A / \overline{S}_E$	$F_\alpha[r-1, rs(t-1)]$
B 因素	S_B	$s-1$	$\overline{S}_B$	$F_B = \overline{S}_B / \overline{S}_E$	$F_\alpha[s-1, rs(t-1)]$
交互作用	S_{AB}	$(r-1)(s-1)$	$\overline{S}_{AB}$	$F_{AB} = \overline{S}_{AB} / \overline{S}_E$	$F_\alpha[(r-1)(s-1), rs(t-1)]$
误差	S_E	$rs(t-1)$	$\overline{S}_E$	—	—
总计	S_T	$rst-1$	—	—	—

例 9-2 一家市场营销企业为了检验营销媒体（包括电视与网络两种）与营销方案（高、中、低三种投入）对产品销售的影响，该企业做了一项试验，获得如表 9-9 所示的产品销售量数据，请检验营销方案、营销媒体和二者的交互作用对产品销售量是否有显著影响（$\alpha=0.05$）。

表 9-9 不同营销媒体与营销方案下的产品销售量

营销方案	营销媒体	
	电视	网络
低投入	8	12
	12	8
高投入	22	26
	14	30
中投入	10	18
	18	14

解：

第 1 步：提出假设。

原假设 1：营销方案对销售量没有显著影响。

原假设 2：营销媒体对销售量没有显著影响。

原假设 3：营销方案与营销媒体没有交互作用。

第 2 步：构建检验统计量。

根据数据可知，行因素 A "营销方案" 的水平数量 $r=3$，列因素 B "营销媒体" 的水平数量 $s=2$，每一组合下的重复观测次数 $t=2$。用 x_{ijk} 表示的是在水平组合 (A_i, B_j) 下第 k 次观测的结果，其中 $k=1,2$，$i=1,2,3$，$j=1,2$。

根据式（9-19）～式（9-22），可以计算出总均值和因子不同水平组合下的样本均值。

$$\bar{x} = \frac{1}{rst}\sum_{i=1}^{r}\sum_{j=1}^{s}\sum_{k=1}^{t} x_{ijk} = 16$$

$$\bar{x}_{11.} = \frac{1}{t}\sum_{k=1}^{t} x_{11k} = 10 \quad \bar{x}_{12.} = \frac{1}{t}\sum_{k=1}^{t} x_{12k} = 10 \quad \bar{x}_{21.} = \frac{1}{t}\sum_{k=1}^{t} x_{21k} = 18$$

$$\bar{x}_{22.} = \frac{1}{t}\sum_{k=1}^{t} x_{22k} = 28 \quad \bar{x}_{31.} = \frac{1}{t}\sum_{k=1}^{t} x_{31k} = 14 \quad \bar{x}_{32.} = \frac{1}{t}\sum_{k=1}^{t} x_{32k} = 16$$

$$\bar{x}_{1..} = \frac{1}{st}\sum_{j=1}^{s}\sum_{k=1}^{t} x_{1jk} = 10 \quad \bar{x}_{2..} = \frac{1}{st}\sum_{j=1}^{s}\sum_{k=1}^{t} x_{2jk} = 23 \quad \bar{x}_{3..} = \frac{1}{st}\sum_{j=1}^{s}\sum_{k=1}^{t} x_{3jk} = 15$$

$$\bar{x}_{.1.} = \frac{1}{rt}\sum_{i=1}^{r}\sum_{k=1}^{t} x_{i1k} = 14 \quad \bar{x}_{.2.} = \frac{1}{rt}\sum_{i=1}^{r}\sum_{k=1}^{t} x_{i2k} = 18$$

根据式（9-23）～式（9-27），可以计算各离差平方和。

$$S_A = st\sum_{i=1}^{r}(\bar{x}_{i..} - \bar{x})^2 = 344$$

$$S_B = rt\sum_{j=1}^{s}(\bar{x}_{.j.} - \bar{x})^2 = 48$$

$$S_{AB} = t\sum_{i=1}^{r}\sum_{j=1}^{s}(\bar{x}_{ij.} - \bar{x}_{i..} - \bar{x}_{.j.} + \bar{x})^2 = 56$$

$$S_E = \sum_{k=1}^{t}(x_{ijk} - \bar{x}_{ij.})^2 = 96$$

根据式（9-29）～式（9-32），可以计算各均方差。

$$\bar{S}_A = \frac{S_A}{r-1} = 172$$

$$\bar{S}_B = \frac{S_B}{s-1} = 48$$

$$\bar{S}_{AB} = \frac{S_{AB}}{(r-1)(s-1)} = 28$$

$$\bar{S}_E = \frac{S_E}{rs(t-1)} = 16$$

根据式（9-33）~式（9-35），可以计算各 F 统计量的样本取值。

$$F_A = \frac{\overline{S}_A}{\overline{S}_E} = 10.75$$

$$F_B = \frac{\overline{S}_B}{\overline{S}_E} = 3$$

$$F_{AB} = \frac{\overline{S}_{AB}}{\overline{S}_E} = 1.75$$

第 3 步：做出统计决策。

由于 $F_A = 10.75 > F_{0.05}(2,6) = 5.143$，故拒绝原假设，即认为营销方案对销售量有显著影响。

由于 $F_B = 3 < F_{0.05}(1,6) = 5.987$，故不能拒绝原假设，即认为营销媒体对销售量没有显著影响。

由于 $F_{AB} = 1.75 < F_{0.05}(2,6) = 5.143$，故不能拒绝原假设，即认为营销方案与营销媒体没有交互作用。

上述分析过程可以汇总为如表 9-10 所示的方差分析表。

表 9-10　营销媒体与营销方案对产品销售量影响的方差分析表

差异来源	离差平方和	自由度	均方差	F 统计量	F 临界值
A 因素	$S_A = 344$	$r-1 = 2$	$\overline{S}_A = 172$	$F_A = \overline{S}_A / \overline{S}_E = 10.75$	$F_\alpha[r-1, rs(t-1)] = 5.143$
B 因素	$S_B = 48$	$s-1 = 1$	$\overline{S}_B = 48$	$F_B = \overline{S}_B / \overline{S}_E = 3$	$F_\alpha[s-1, rs(t-1)] = 5.987$
交互作用	$S_{AB} = 56$	$(r-1)(s-1) = 2$	$\overline{S}_{AB} = 28$	$F_{AB} = \overline{S}_{AB} / \overline{S}_E = 1.75$	$F_\alpha[(r-1)(s-1), rs(t-1)] = 5.143$
误差	$S_E = 96$	$rs(t-1) = 6$	$\overline{S}_E = 16$	—	—

■ 思考题

1. 在单因素方差分析中，如果通过方差分析后发现应该拒绝原假设，则说明分类型自变量对数值型因变量具有显著影响。请根据方差分解的原理，思考如何测度二者之间的关系强弱。

2. 在单因素方差分析中，如果通过方差分析后发现应该拒绝原假设，则说明各个总体之间存在显著差异，此时则需要对各个总体相互之间进行多重检验，即检验任意两个总体的均值之间是否存在显著差异。请思考，是否可以直接利用第 7 章的两个总体均值 t 检验的方法进行检验？这样做，是否会损失样本信息，导致检验效率下降？如何进行改进？

3. 从3个总体中各抽取容量不同的样本数据，结果如表9-11所示。试检验3个总体的均值之间是否有差异（$\alpha = 0.01$）。

表9-11 从3个总体中抽取的容量不同的样本数据

样本1	样本2	样本3
160	153	169
148	142	158
161	156	180
154	150	—
169	—	—

4. 要生产某种产品，有5种不同的生产材料和4种不同的生产工艺可供选择。现在20个车间内进行生产试验，分别对5种生产材料各采用4种不同的生产工艺进行生产，取得的单位时间内的产量数据如表9-12所示。

表9-12 采用不同生产材料、生产工艺取得的单位时间内的产量

生产材料	生产工艺			
	甲	乙	丙	丁
A	12.0	9.5	10.4	9.7
B	13.7	11.5	12.4	9.6
C	14.3	12.3	11.4	11.1
D	14.2	14.0	12.5	12.0
E	13.0	14.0	13.1	11.4

请检验生产材料类型对产量的影响是否有显著差异。不同的生产工艺对产量的影响是否有显著差异（$\alpha = 0.05$）？

5. 一家公司的管理者想比较3种生产方式对产品生产时间是否有显著影响，随机进行了30次试验。在试验结束之后，公司对生产一件产品所花的时间进行了方差分析，结果如表9-13所示。

表9-13 三种生产方式对产品生产时间影响的方差分析表　　（单位：min）

差异来源	离差平方和	自由度	均方差	F统计量	F临界值
组内	7.43	D	G		
组间	A	C	2.67	F	H
总计	B	E			

请先完善表格，填写所有需要填写的数据。若显著性水平$\alpha = 0.05$，试确定不同生产方式对产品生产的时间是否有显著影响。

第10章

一元线性回归

在现实世界中普遍存在着各种变量和变量之间的关系，人们总是试图使用特定的函数去刻画变量之间的关系。但现实世界纷繁复杂，一个变量的变化总是受到诸多因素的影响。例如，人的体重一般与身高同向变化，但两个身高相同的人体重不一定相同，因为体重还受到身高之外的诸多因素的影响。由此可见，体重与身高这两个变量的变化并不是严格的一一对应的准确函数关系，而是一种不确定关系，但不确定关系并不意味着二者之间的变化没有规律。实际上，正如前面所言，身高与体重的变化呈现同向相依性，这样一种既没有准确的函数关系同时又表现出一定的相关变化的关系，称为相关性。回归分析就是研究相关关系的一种统计学工具，试图用函数关系去近似刻画变量之间的不确定关系，或者说找到变量之间不确定关系背后隐藏的确定性的函数关系。

10.1 相关分析

10.1.1 线性相关的基本概念

当一个或几个变量取一定的值时，另一个变量有确定值与之相对应，这种关系称为确定性的函数关系。例如，在函数 $y = x+1$ 中，当 $x=1$ 时，y 必然等于 2，x 称为自变量，y 称为因变量，如图 10-1a 所示。相反，当一个或几个相互联系的变量取一定数值时，与之相对应的另一个变量的值不确定，但仍按某种规律在一定的范围内变化，这种关系称为具有不确定性的相关关系。对于相关关系，一般不能用精确的函数进行表达，当自变量 x 取某个值时,因变量 y 的取值不唯一,可能有多个,因此是一种不确定的关系。图 10-1b 表示的两个变量之间的关系就是相关关系,如体重与身高之间的关系、收入与消费之间的关系、产品价格与销量之间的关系等都属于相关关系。值得注意的是,在图 10-1c 中,虽然两个变量之间的关系不确定,但由于二者之间的变化毫无关联,因此为不相关关系。

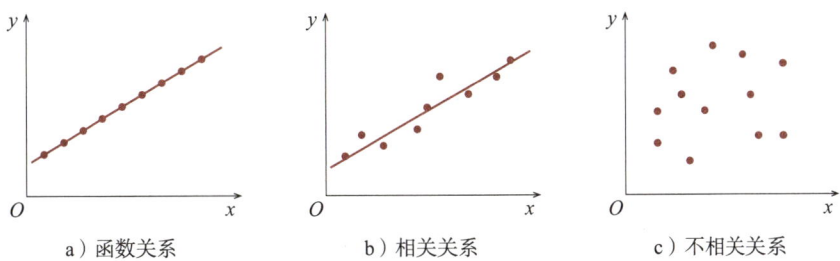

图10-1 函数关系与相关关系、不相关关系的比较

在相关关系中,有一种特殊类型的相关关系,即线性相关。如果两个变量之间呈现出一定的线性变化规律,则二者具有线性相关关系,如图 10-2a 与图 10-2b 所示;相反,则称为非线性相关,如图 10-2c 所示。在线性相关中,如果两个变量同向变化,则二者为正线性相关,如人的体重与身高之间、家庭的收入与消费之间都具有正线性相关关系;相反,如果二者呈现反向变化,则具有负线性相关关系,如产品的价格与销量之间、投资组合的风险与收益之间都具有明显的负线性相关关系。另外,按照线性相关的程度,可以将线性相关划分为完全线性相关与不完全线性相关,完全线性相关又分为完全正线性相关和完全负线性相关,如图 10-3 所示。

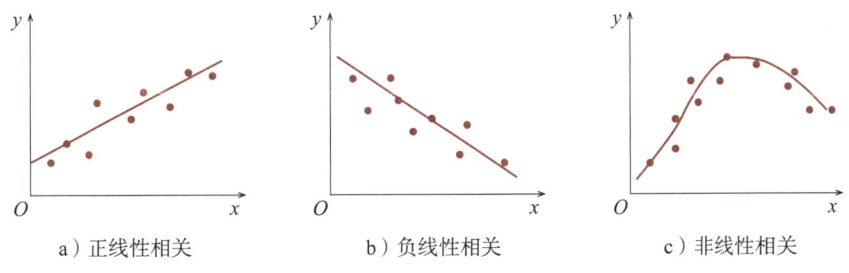

图10-2 线性相关与非线性相关的比较

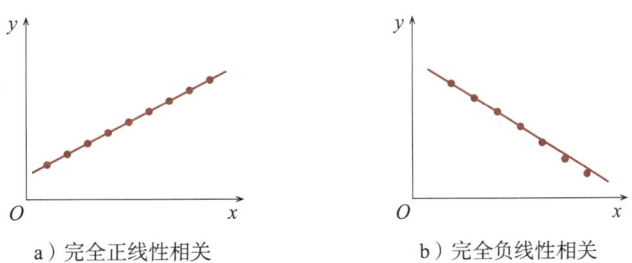

图10-3 完全线性相关

总之，对于变量之间的相关关系，按相关的形式可分为线性相关和非线性相关；而线性相关关系，按照线性相关的程度可分为完全线性相关、不完全线性相关和不相关；按相关的方向可分为正线性相关和负线性相关。

10.1.2 线性相关的测度与检验

由于相关关系中的非线性相关的形式复杂多样，无法一一考察，因此在实际的分析中，主要考察变量之间是否存在线性相关关系。根据前面可知，按照线性相关的程度可以分为完全线性相关与不完全线性相关，但这种二分法显然无法测度变量之间的线性相关程度，如图10-4所示，图10-4a中的散点紧密围绕在直线两侧，说明两个变量之间的线性相关程度高；相反，图10-4b中的线性相关程度低。通过观察散点图，虽然能够在一定程度上判断相关性的强弱，但并不准确，为此需要建立相应的指标进行准确测度。

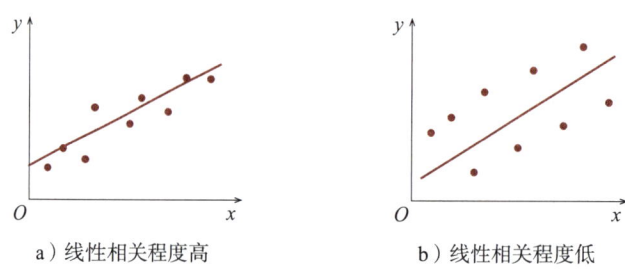

a）线性相关程度高　　　　b）线性相关程度低

图10-4　不同线性相关程度

1. 相关系数的定义

实际上，可以利用相关系数对两个变量之间的线性相关程度进行测度。根据所使用的数据是总体还是样本，可以分为总体相关系数与样本相关系数。

总体相关系数：
$$\rho = \frac{\operatorname{cov}(X,Y)}{\sqrt{\operatorname{var}(X)\operatorname{var}(Y)}} \quad (10\text{-}1)$$

样本相关系数：
$$r = \frac{\sum_{i=1}^{n}(x_i - \bar{x})(y_i - \bar{y})}{\sqrt{\sum_{i=1}^{n}(x_i - \bar{x})^2 \sum_{i=1}^{n}(y_i - \bar{y})^2}} \quad (10\text{-}2)$$

其中，X与Y表示待考察的两个随机变量，$\operatorname{cov}(X,Y)$表示两个变量的总体协方差，$\operatorname{var}(X)$与$\operatorname{var}(Y)$分别表示两变量的总体方差；x_i与y_i分别表示变量X与Y的第i个样本观测值，$\bar{x}$与$\bar{y}$分别表示两个变量的样本均值。

相关系数（correlation coefficient）是刻画两个变量线性相关程度强度的统计量，由统计学家皮尔逊提出，也称为皮尔逊相关系数（Pearson's correlation coefficient）。由于该系数仅仅刻画了变量之间的线性相关程度，因此也称为线性相关系数（linear correlation coefficient）或简单相关系数。若相关系数是根据总体全部数据计算的，则称为总体相关系数，记为 ρ；反之，若相关系数是根据样本数据计算的，则称为样本相关系数，简称为相关系数，记为 r。

2. 相关系数的性质

可以证明，相关系数有如下几个重要的性质。

（1）r 的取值范围介于 -1 与 1 之间，r 的绝对值越大，表明二者的线性相关程度越强。如图 10-5 所示，按照经验法则，可以根据样本相关系数绝对值的大小，对变量的总体相关程度进行初步的判断。

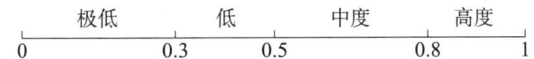

图10-5　样本相关系数与变量相关程度之间的对应关系

（2）当 $r=0$ 时，X 与 Y 的样本观测值之间没有线性关系。但值得注意的是，r 只是对变量之间线性相关关系的度量。$r=0$ 只是表明两个变量之间不存在线性关系，它并不意味着 X 与 Y 之间不存在其他类型的关系。

（3）在大多数情况下，$0<|r|<1$，即 X 与 Y 的样本观测值之间存在着一定的线性关系，当 $r>0$ 时，X 与 Y 为正相关，当 $r<0$ 时，X 与 Y 为负相关。

（4）如果 $|r|=1$，则表明 X 与 Y 完全线性相关，当 $r=1$ 时，称为完全正相关，当 $r=-1$ 时，称为完全负相关。

3. 相关系数的检验

利用样本数据计算样本相关系数，判断变量之间的相关程度时，实际上是要对总体的相关程度进行判断，即根据样本相关系数 r 对总体相关系数 ρ 进行推断。但样本仅仅是从总体中随机抽样得到的，是总体当中的一部分，计算出来的样本相关系数是一个统计量，并且在特定样本下计算得到的样本相关系数也不一定等于总体相关系数，因此在上述判断中，需要根据样本相关系数对总体相关系数进行统计检验。

在实际应用中，较多的是根据样本相关系数，对总体相关系数 ρ 是否等于 0 进行推断，即检验总体变量之间是否存在相关性，具体的检验步骤如下所示。

第一步：提出假设。

第二步，计算样本相关系数 r。

第三步，计算检验统计量。根据样本相关系数，计算检验统计量 t 值：$t=\dfrac{r\sqrt{n-2}}{\sqrt{1-r^2}}$，其中 n 表示样本量。可以证明，在两个变量服从一个联合的双变量正态分布的条件下，该统计量服从自由度为 $n-2$ 的 t 分布。

第四步，做出统计决策。根据给定的显著性水平和自由度 $n-2$，查找 t 分布表中相应

的临界值 $t_{\frac{\alpha}{2}}$。若 $|t|>t_{\frac{\alpha}{2}}$，表明 r 在统计上是显著的，有理由拒绝不相关的原假设；反之，若 $|t|\leqslant t_{\frac{\alpha}{2}}$，则表明 r 在统计上是不显著的，没有理由拒绝不相关的原假设。

例 10-1 某机构为了解零售超市的经营情况，对过去一周超市门店各类商品的销量进行了调查，其中两款畅销品"太阳镜"和"冰激凌"的销量数据如表 10-1 所示，你能发现什么规律吗？太阳镜与冰激凌销量是否存在显著的线性关系？

表 10-1　各门店的太阳镜与冰激凌销量

门店	太阳镜 x（副）	冰激凌 y/kg
No. 01	63	15
No. 02	91	52
No. 03	96	44
No. 04	101	22
No. 05	132	57
No. 06	132	91
No. 07	142	113
No. 08	146	61
No. 09	149	103
No. 10	151	64

解：为了直观呈现两个变量之间的关系，先绘制散点图，如图 10-6 所示。可以看出，所有散点大致分布在一条直线的附近，初步判断太阳镜与冰激凌销量之间存在线性相关性，但进一步的判断还需要依靠统计检验，下面进行相关性检验。

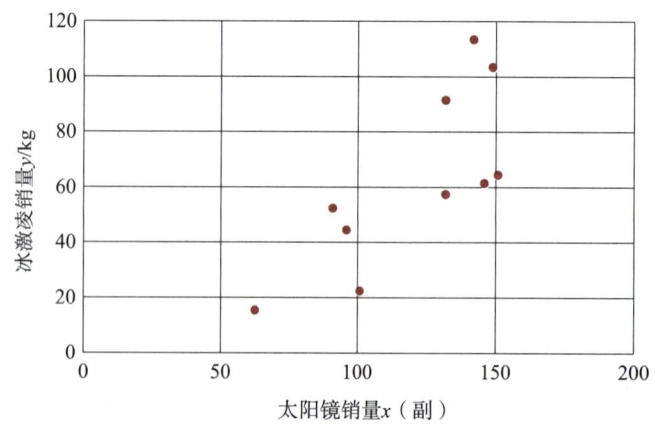

图 10-6　太阳镜与冰激凌销量之间的散点图

第一步：提出假设。H_0：$\rho = 0$；H_1：$\rho \neq 0$。

第二步：计算样本相关系数 r。将表 10-1 中的样本数据代入式（10-2），可得

$$r = \frac{\sum_{i=1}^{10}(x_i - \bar{x})(y_i - \bar{y})}{\sqrt{\sum_{i=1}^{10}(x_i - \bar{x})^2 \sum_{i=1}^{10}(y_i - \bar{y})^2}} = 0.771$$

第三步：计算检验统计量。

$$t = 0.771 \times \sqrt{\frac{10-2}{1-0.771^2}} = 3.424$$

第四步：做出统计决策。

在 $\alpha = 0.05$ 的显著性水平下，查表得到自由度 $n-2=10-2=8$ 的 t 分布相应的临界值 $t_{\frac{\alpha}{2}} = 2.26$。上面计算得到的 t 统计量对应的值 3.424>2.26，落入拒绝域，如图 10-7 所示，因此有理由拒绝原假设 H_0: $\rho = 0$。

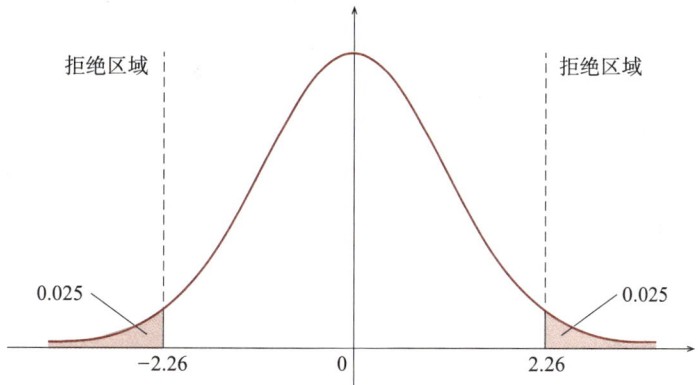

图10-7　相关性检验中 t 统计量对应的拒绝域

10.1.3　相关分析与回归分析之间的关系

相关分析（corelation analysis）是用一个指标来测度变量间相互依存关系的密切程度。具体而言，线性相关分析就是对变量之间是否存在线性相关关系和相关程度进行判断与测量。但是，相关分析无法进一步给出变量之间的相互变化的数量关系，也无法根据一个变量的变化去估计与预测另一个变量的变化，因此需要进一步借助回归分析。

回归分析（regression analysis）是根据相关关系的具体形态，选择一个合适的数学模型，来近似地表达变量间的平均变化关系，进而通过一个或几个变量（称为自变量）的取值来预测因变量的取值。由此可见，回归分析是在相关分析基础上的更进一步分析，能够相对较为准确地刻画变量之间的变化关系。

但值得注意的是，利用相关分析与回归分析，虽然可以从数量上反映变量之间的联系形式及其密切程度，但均无法准确地判断变量之间内在联系的有无，也无法单独以此来确定谁是因、谁是果，即无法进行因果推断。只有以实质性的科学理论为指导，并且结合实际经验进行分析研究，才能正确判断事物的内在联系和因果关系。

10.2　一元线性回归模型的基本形式

在实际问题的研究中，往往涉及多个变量。在这些变量中，有一个变量是研究者重点关注的，而其他变量则是影响这一变量的因素，前者称为因变量（dependent variable），后者称为自变量（independent variable）。例如，研究居民家庭的可支配收入对消费支出的影响时，消费支出就是重点关注的因变量，而家庭的可支配收入就是自变量。

现假定要通过回归分析，寻找自变量与因变量之间的关系近似数学模型表达式。如果自变量与因变量之间的关系是一种线性关系，则相应的回归分析称为线性回归分析（linear regression analysis）；反之，如果自变量与因变量之间的关系是非线性关系，则相应的回归分析称为非线性回归分析（nonlinear regression analysis）。如果回归分析中只涉及一个自变量，则相应的回归分析为一元回归分析。

线性回归模型具有良好的统计性质，并且很多非线性回归模型可以转化为线性回归模型，另外，一元回归模型的估计方法、性质与结论可以直接推广到多元，因此一元线性回归模型是回归分析的基础。

10.2.1　总体回归函数

根据经验知识或相关实际理论，可以假设因变量 y 与自变量 x 之间具有线性关系，则可以给出二者之间的一元线性回归模型，如式（10-3）所示。

$$y = \beta_0 + \beta_1 x + \varepsilon \qquad (10\text{-}3)$$

其中，y 表示模型的因变量；x 表示模型的自变量；β_0 与 β_1 为模型的参数，$\beta_0 + \beta_1 x$ 反映了由于 x 的变化而引起的 y 的线性变化；ε 为误差项，表示影响 y 的除了 x 之外的其他所有因素，即模型当中所有不能由自变量 x 解释的变动部分都归入误差项 ε，该项反映了模型当中的随机扰动部分，因此也称为随机扰动项。

式（10-3）刻画了因变量 y 与自变量 x 之间的真实关系，对应的是总体，因此也称为总体回归函数。但在实际应用中，参数 β_0 与 β_1 永远是未知的，因此真实的模型永远无法知道，只能根据收集到的样本数据进行估计。实际上，回归分析中的一个重要目标就是要根据样本数据对总体回归函数进行估计，包括对两个关键参数 β_0 与 β_1 的估计。

10.2.2 样本回归函数

如果通过样本数据，利用一定的方法，对总体回归函数进行估计，得到了真实参数 β_0 与 β_1 的对应的样本统计量 $\hat{\beta}_0$ 与 $\hat{\beta}_1$，也就得到了估计的回归方程，相应的形式如式（10-4）所示。

$$y = \hat{\beta}_0 + \hat{\beta}_1 x + e = \hat{y} + e \qquad (10\text{-}4)$$

式（10-4）中，$\hat{\beta}_0$ 与 $\hat{\beta}_1$ 分别为参数 β_0 与 β_1 的估计量，其中，$\hat{\beta}_0$ 是估计的回归直线的截距，$\hat{\beta}_1$ 为回归系数，表示估计的回归直线的斜率，$\hat{\beta}_0$ 与 $\hat{\beta}_1$ 均是样本统计量，随样本的不同而不同，因为抽样是随机的，所以得到 $\hat{\beta}_0$ 与 $\hat{\beta}_1$ 是两个随机变量；$\hat{y}$ 是对应的自变量 x 下的对应估计量；e 表示实际的 y 与估计的 $\hat{y}$ 之间的偏差，也称为残差，在概念上，残差 e 与总体误差项 ε 相互对应。

样本回归函数与总体回归函数的区别如下。

（1）总体回归线是未知的，它是真实存在且唯一的；而样本回归线则是根据样本数据拟合的，每抽取一组样本，便可以拟合一条样本回归线，因此样本回归线是随着样本的变化而变化的，具有随机性。

（2）总体回归函数中的 β_0 与 β_1 是未知的参数，表现为常数；而样本回归函数中的 $\hat{\beta}_1$ 和 $\hat{\beta}_2$ 是随机变量，在实际应用中，根据特定样本计算得到的估计系数仅仅是 $\hat{\beta}_1$ 和 $\hat{\beta}_2$ 在特定样本下的一次实现而已，是样本统计量在特定样本下的特定取值。

（3）总体回归函数中的 ε 是 y 与未知的总体回归线之间的纵向距离，它是不可直接观测到的；而样本回归函数中的 e 是 y 与样本回归线之间的纵向距离，当根据样本观测值拟合出样本回归线之后，可以计算出 e 的具体数。在后面的统计推断中，常常将可观测到的 e 作为不可观测到的 ε 的替代。

10.3 一元线性回归模型的估计

10.3.1 参数的最小二乘估计

根据前面可知，回归分析就是寻找到一条样本回归线来代替总体回归线，但究竟用哪条线来代替呢？假设我们找到了一条样本回归曲线，如图 10-8 所示，该回归线的方程为 $\hat{y} = \hat{\beta}_0 + \hat{\beta}_1 x$。试想，要使得该样本回归线能够较好地代替总体回归线，则该回归线应该离图中各观测点比较近，因此距离所有观测点距离之和最近的那条直线，应该就是最优的样本回归线，也最能代表各观测点的分布规律。

由于计算各观测点到样本回归线的直线距离相对较为复杂，因此采用垂直距离进行代替，实际上可以证明通过两种方式所得到的样本回归线应该是相同的。而一个特定的观测点 i 距离样本回归线的垂直距离等于 $|y_i - \hat{y}_i|$，因此寻找最优样本回归线，实际上就是寻找使得 $\sum|y_i - \hat{y}_i|$ 最小的 $\hat{\beta}_0$ 与 $\hat{\beta}_1$。但由于这一式子中是绝对值的和，不方便使用微积分的最优化方法求解，因此著名数学家高斯提出利用垂直距离的平方和 $\sum(y_i - \hat{y}_i)^2$ 进行代替，即线性回归模型的估计实际上就是寻找使得因变量的观察值与估计值之间的误差平方和达到最小的样本回归线，这就是著名的最小二乘法（method of least squares）的基本思想。

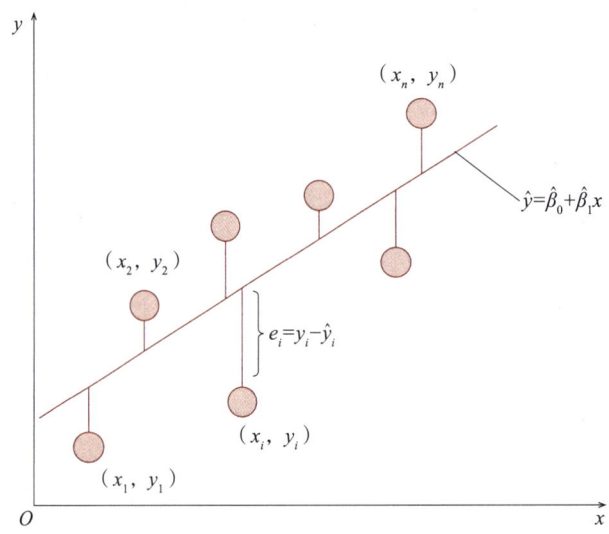

图10-8　最小二乘法的基本思想

根据最小二乘法，求解 $\hat{\beta}_0$ 与 $\hat{\beta}_1$ 估计样本回归线，就转化为求解如式（10-5）所示的最优化问题。

$$\min_{\hat{\beta}_0,\hat{\beta}_1} \sum_{i=1}^{n}(y_i - \hat{y}_i)^2 = \min_{\hat{\beta}_0,\hat{\beta}_1} \sum_{i=1}^{n}(y_i - \hat{\beta}_0 - \hat{\beta}_1 x_i)^2 \qquad (10\text{-}5)$$

令 $S = \sum_{i=1}^{n}(y_i - \hat{y}_i)^2$，在给定样本数据下，$S$ 是 $\hat{\beta}_0$ 与 $\hat{\beta}_1$ 的函数，并且最小值必定存在。根据微积分的最优化求解方法，通过对 S 分别针对 $\hat{\beta}_0$ 与 $\hat{\beta}_1$ 求偏导数，并令偏导数等于0，得到方程组式（10-6）。求解该方程组，即可求出使 S 取最小值相对应的 $\hat{\beta}_0$ 与 $\hat{\beta}_1$，如式（10-7）所示。

$$\begin{cases} \left.\dfrac{\partial S}{\partial \beta_0}\right|_{\beta_0=\hat{\beta}_0} = -2\sum_{i=1}^{n}\left(y_i - \hat{\beta}_0 - \hat{\beta}_1 x_i\right)^2 = 0 \\ \left.\dfrac{\partial S}{\partial \beta_1}\right|_{\beta_1=\hat{\beta}_1} = -2\sum_{i=1}^{n} x_i\left(y_i - \hat{\beta}_0 - \hat{\beta}_1 x_i\right)^2 = 0 \end{cases} \quad (10\text{-}6)$$

$$\begin{cases} \hat{\beta}_1 = \dfrac{n\sum\limits_{i=1}^{n} x_i y_i - \left(\sum\limits_{i=1}^{n} x_i\right)\left(\sum\limits_{i=1}^{n} y_i\right)}{n\sum\limits_{i=1}^{n} x_i^2 - \left(\sum\limits_{i=1}^{n} x_i\right)^2} \\ \hat{\beta}_0 = \bar{y} - \hat{\beta}_1 \bar{x} \end{cases} \quad (10\text{-}7)$$

通过上述方法得到的系数估计量，也称为最小二乘估计量。从式（10-7）可以看出，$\hat{\beta}_0$ 与 $\hat{\beta}_1$ 是样本数据的函数，随样本的变化而变化。样本是从总体中随机抽取的，因此 $\hat{\beta}_0$ 与 $\hat{\beta}_1$ 本质上是两个随机变量，那么得到的样本回归线实际上也是一系列的随机变动的直线簇。但在实际应用中很难做到多次重复抽样，因此仅仅基于某一次实际抽样得到的特定样本数据计算 $\hat{\beta}_0$ 与 $\hat{\beta}_1$ 的值，根据这一特定样本计算出的具体的样本回归直线实际上是上述随机变动的直线簇中的一条。

例 10-2 已知某城市楼盘单价与车位价格数据如表 10-2 所示，现有一楼盘 A，其楼盘单价为 1.3 万元/m^2，请利用表内信息，给出该楼盘车位销售的参考价格。

表 10-2 某城市楼盘单价与车位价格数据

编号	楼盘单价（万元/m^2）	车位价格（万元）	编号	楼盘单价（万元/m^2）	车位价格（万元）
A01	1.218	8.6	A15	1.563	16.2
A02	1.093	10.3	A16	1.804	15.4
A03	1.041	7.5	A17	1.853	15.3
A04	1.293	10.3	A18	1.091	7
A05	1.365	9.45	A19	1.063	7.1
A06	1.662	16.4	A20	1.635	15.1
A07	1.52	13.2	A21	1.252	9.4
A08	2.659	21.2	A22	1.08	8.2
A09	1.505	12.2	A23	1.305	8.6
A10	1.525	12	A24	1.221	10.2
A11	2.048	18.6	A25	0.934	7.3
A12	1.883	13.8	A26	1.853	18.5
A13	2.712	24.1	A27	1.253	9.2
A14	2.072	15.4	A28	0.884	8.6

解： 首先，绘制楼盘单价与车位价格两个变量的散点图，直观地呈现两变量之间的关系，如图 10-9 所示。从图中可以看出，二者具有比较明显的线性关系，也符合楼盘单价越高车位价格越高的经验事实，因此可以尝试建立一元线性回归模型对二者之间的关系进行建模估计。

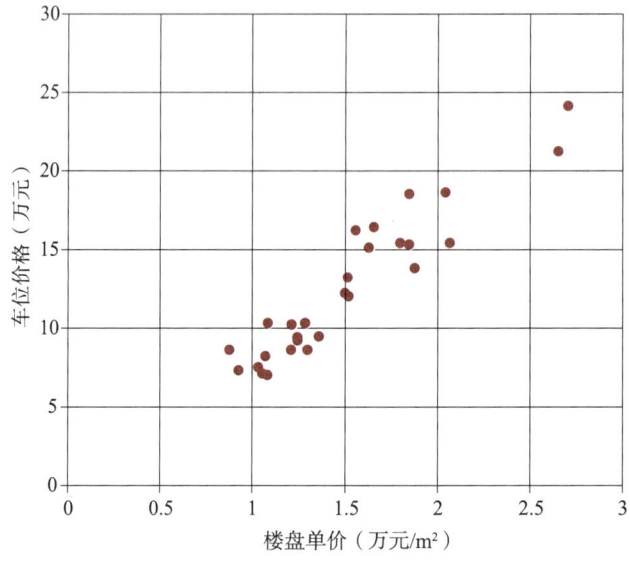

图10-9 楼盘单价与车位价格两变量之间的散点图

以楼盘单价为自变量 x、车位价格为因变量 y 建立一元线性回归模型，并且利用最小二乘法，将样本数据代入式（10-7），可以得到参数的估计值。为了便于计算，可以先列示中间计算步骤，如表 10-3 所示。

表 10-3　利用最小二乘法进行参数估计的中间计算步骤

样本点	x	y	xy	x^2
A01	1.218	8.6	10.475	1.484
A02	1.093	10.3	11.258	1.195
A03	1.041	7.5	7.808	1.084
A04	1.293	10.3	13.318	1.672
A05	1.365	9.45	12.899	1.863
A06	1.662	16.4	27.257	2.762
A07	1.52	13.2	20.064	2.310
A08	2.659	21.2	56.371	7.070
A09	1.505	12.2	18.361	2.265
A10	1.525	12	18.300	2.326
A11	2.048	18.6	38.093	4.194
A12	1.883	13.8	25.985	3.546
A13	2.712	24.1	65.359	7.355
A14	2.072	15.4	31.909	4.293
A15	1.563	16.2	25.321	2.443
A16	1.804	15.4	27.782	3.254

(续)

样本点	x	y	xy	x^2
A17	1.853	15.3	28.351	3.434
A18	1.091	7	7.637	1.190
A19	1.063	7.1	7.547	1.130
A20	1.635	15.1	24.689	2.673
A21	1.252	9.4	11.769	1.568
A22	1.08	8.2	8.856	1.166
A23	1.305	8.6	11.223	1.703
A24	1.221	10.2	12.454	1.491
A25	0.934	7.3	6.818	0.872
A26	1.853	18.5	34.281	3.434
A27	1.253	9.2	11.528	1.570
A28	0.884	8.6	7.602	0.781
列求和	$\sum_{i=1}^{n} x_i = 42.387$	$\sum_{i=1}^{n} y_i = 349.15$	$\sum_{i=1}^{n} x_i y_i = 583.312\ 7$	$\sum_{i=1}^{n} x_i^2 = 70.128\ 29$

$$\hat{\beta}_1 = \frac{n\sum_{i=1}^{n} x_i y_i - \left(\sum_{i=1}^{n} x_i\right)\left(\sum_{i=1}^{n} y_i\right)}{n\sum_{i=1}^{n} x_i^2 - \left(\sum_{i=1}^{n} x_i\right)^2} = \frac{28 \times 583.312\ 7 - 42.387 \times 349.15}{28 \times 70.128\ 29 - (42.387)^2} = 9.185$$

$$\hat{\beta}_0 = \bar{y} - \hat{\beta}_1 \bar{x} = 12.469 - 9.185 \times 1.514 = -1.435$$

由此得到样本回归线的估计方程如下式所示,将该样本回归线添加到散点图上,得到图 10-10,可以发现该直线较好地拟合了样本数据。

$$\hat{y} = -1.435 + 9.185x$$

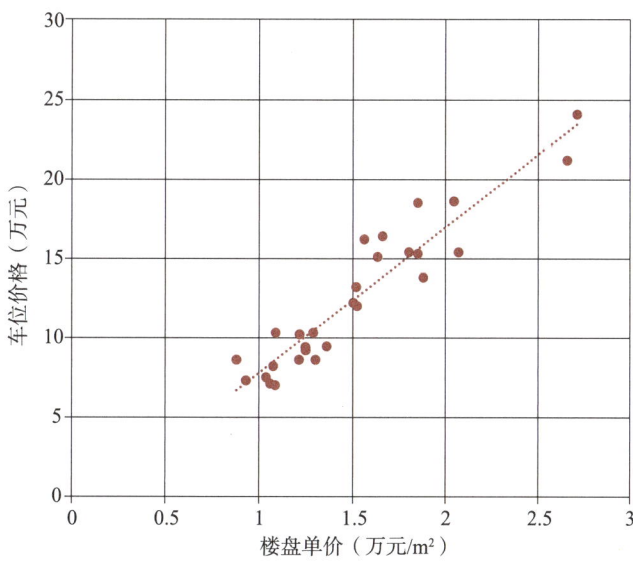

图 10-10　楼盘单价与车位价格之间的样本回归线

在给定楼盘 A 的楼盘单价 1.3 万元/m² 的情况下，利用上面估计出的样本回归方程，可以预测出该楼盘车位销售的参考价格 $\hat{y} = -1.435 + 9.185 \times 1.3 = 10.505\,5$（万元）。

10.3.2 线性回归模型的经典假设

虽然利用最小二乘法可以对任意的一元线性回归模型进行求解与估计，但由于估计过程完全基于样本数据，所得的结果能否较好地反映或接近总体回归线，则不得而知。为了使得通过该估计过程所得的估计量具有良好的估计性质，尽可能地反映总体回归线的真实情况，需要对上述一元线性回归模型，尤其是误差项，做出一定的假设。

假设 1：前定自变量假设。该假设要求自变量 x 是给定的变量，与随机误差项 ε 线性无关。

假设 2：零均值假设。该假设要求随机误差项的期望值为 0，即 $E(\varepsilon_i) = 0$。

假设 3：同方差假设。该假设要求随机误差项的方差为常数，即 $\mathrm{var}(\varepsilon_i) = E(\varepsilon_i^2) = \sigma^2$。

假设 4：正态分布假设。该假设要求随机误差项不仅满足零均值、同方差，而且服从正态分布，即 $\varepsilon \sim N(0, \sigma^2)$。

假设 5：无自相关假设。该假设要求随机误差项之间不存在序列相关关系，其协方差为零，即当 $t \neq s$ 时有 $\mathrm{cov}(\varepsilon_t, \varepsilon_s) = E(\varepsilon_t \varepsilon_s) = 0$。

满足以上基本假设的一元线性回归模型，称为标准一元线性回归模型。

10.3.3 最小二乘估计量的性质

在满足上述基本假设的前提下，利用最小二乘法对线性回归模型进行估计得到的估计量是最优线性无偏估计量和一致估计量，这一定理也被称为高斯－马尔可夫定理。无偏估计量意味着通过最小二乘法所得到的估计量的期望值等于参数的真实值，说明这一估计量以参数真实值为中心分布；最优线性的含义是，通过最小二乘法所得到的估计量的方差是所有线性估计中方差最小的，方差最小意味着波动性最小，即这一估计量是最稳定的；而一致估计量则意味着，通过不断增加样本量，参数估计值会不断收敛于参数的真实值。

这一定理表明，在标准的假设条件下，最小二乘估计量是一种最佳的估计方式。但值得注意的是，这并不意味着根据这一方式计算的每一个具体的估计值都比根据其他方式计算的具体估计值更接近真实值，而只是表明如果反复多次进行估计值计算，或者是扩大样本的容量进行估计值计算，按最小二乘法计算的估计值接近参数真实值的可能性或概率最大。

10.3.4 误差项方差的估计

在前面关于随机误差项的基本假设中，假设了随机误差项的方差是不变的，即不会随着自变量的变化而变化。既然该方差不变，那么是否可以将该方差估计出来呢？可以证明，误差项方差 σ^2 的无偏估计量可以由式（10-8）给出。

$$S^2 = \frac{\sum e_i^2}{n-2} = \frac{\sum(y_i - \hat{y}_i)^2}{n-2} \tag{10-8}$$

式（10-8）中，分子是残差平方和；分母是自由度，其中 n 是样本观测值的个数，2 是一元线性回归模型中待估计的回归系数的个数。S^2 的正平方根又叫作回归估计的标准误差。

误差项方差 σ^2 的含义是回归模型中不能由自变量所解释部分的大小，该项越大则意味着模型中不能由自变量所解释的部分越大，模型的解释能力就越差。但 σ^2 本身无法被观测到，因此只能利用基于样本所观察到的 S^2 来进行替代判断。

回归估计的标准误差 S 度量了各观测点在样本回归线周围分散程度的一个统计量，反映了所有的回归拟合值 $\hat{y}_i$ 与真实观测值 y_i 之间的整体偏离程度。从图形上来看，如果回归估计的标准误差越小，则意味着各观测点与回归线越近，也就意味着模型的拟合偏差越小，模型拟合越准确。

在例 10-2 中，可以计算标准误差

$$S = \sqrt{\frac{\sum e_i^2}{n-2}} = \sqrt{\frac{\sum(y_i - \hat{y}_i)^2}{n-2}} = \sqrt{\frac{63.5985}{28-2}} = 1.564$$

该标准误差的实际含义是，利用楼盘单价来预测车位价格，平均的预测偏差是 1.564 万元。

10.3.5 回归系数的区间估计

前面利用最小二乘法得到的式（10-7）仅仅给出了参数的点估计，根据第 6 章可知，由于样本抽样的随机性，点估计无法给出估计的可靠性，无法说明所得估计量与总体参数的接近程度，这就需要进行区间估计。在一元线性回归模型中，同样可以给出参数的区间估计表达式。

在进行参数的区间估计之前，需要先明确估计量的抽样分布，这是进行区间估计的前提。根据前面的高斯-马尔可夫定理可知，在满足基本假设的条件下，估计量 $\hat{\beta}_0$ 与 $\hat{\beta}_1$ 的期望值分别等于参数的真实值 β_0 与 β_1；另外，从统计上可以证明 $\hat{\beta}_0$ 与 $\hat{\beta}_1$ 均服从正态分布，并且两个分布的标准差分别是 $\sigma\sqrt{\frac{1}{n} + \frac{\bar{x}}{\sum(x_i - \bar{x})^2}}$ 与 $\frac{\sigma}{\sqrt{\sum(x_i - \bar{x})^2}}$。实际应用中 σ 未知，因

此用标准误差 S 代替，可以得到 $\hat{\beta}_0$ 与 $\hat{\beta}_1$ 相应的标准差估计量，分别如式（10-9）与式（10-10）所示。

$$S_{\hat{\beta}_0} = S\sqrt{\frac{1}{n} + \frac{\bar{x}}{\sum(x_i - \bar{x})^2}} \qquad (10\text{-}9)$$

$$S_{\hat{\beta}_1} = \frac{S}{\sqrt{\sum(x_i - \bar{x})^2}} \qquad (10\text{-}10)$$

将 $\hat{\beta}_0$ 与 $\hat{\beta}_1$ 两个统计量利用各自的均值与标准差进行标准化，即可得到标准化之后的系数估计量，如式（10-11）所示。

$$t = \frac{\hat{\beta}_j - \beta_j}{S_{\hat{\beta}_j}} \sim t(n-2), \ j = 0, 1 \qquad (10\text{-}11)$$

可以证明，经过标准化之后的统计量不再服从正态分布，而服从自由度为 $n-2$ 的 t 分布。在此基础上，即可利用第6章所讲述的区间估计方法，构造 β_0 与 β_1 两参数的区间估计量，其形式如式（10-12）所示。

$$\hat{\beta}_j \pm t_{\frac{\alpha}{2}}(n-2) S_{\hat{\beta}_j}, \ j = 0, 1 \qquad (10\text{-}12)$$

式（10-11）与式（10-12）中，$S_{\hat{\beta}_j}$ 是回归系数 $\hat{\beta}_j$ 估计的样本标准误差，$t_{\frac{\alpha}{2}}(n-2)$ 是在显著性水平 α 下，自由度为 $n-2$ 的 t 分布的双侧临界值。

在例 10-2 中，β_0 与 β_1 的 95% 置信区间分别是（-3.519, 0.649）与（7.868, 10.502），其中 β_1 的置信区间的含义是，楼盘单价每上升 1 万元，相应的车位价格上升范围是 7.868 万元至 10.502 万元。

10.4　一元线性回归模型的检验

前面仅仅对模型的参数进行了估计，并没有对模型的估计效果进行评价与检验，为此需要对模型的整体拟合效果和各系数的显著性进行检验。

10.4.1　模型的拟合优度检验

样本回归线是对样本数据的一种拟合，不同的模型（不同函数形式）可拟合出不同的样本回归线，相同的模型用不同方法去估计参数，也可以拟合出不同的回归线。拟合的回归线与样本观测值总是有偏离。样本回归线对样本观测数据拟合的优劣程度称为拟合优度。使用不同方法或不同模型进行拟合，拟合的效果可能不同。那么，如何评价样本回归线对样本数据的拟合程度呢？

对拟合优度的度量，可以建立在对 y 的总变差分解的基础上。分析 y 的观测值 y_i、估计值 $\hat{y}_i$ 与平均值 $\bar{y}$，三者之间有如式（10-13）所示的关系。

$$y_i - \bar{y} = (y_i - \bar{y}) + \hat{y}_i - \hat{y}_i = (\hat{y}_i - \bar{y}) + (y_i - \hat{y}_i) \tag{10-13}$$

将上式两边平方加总，并且利用最小二乘法的结论 $\sum (\hat{y}_i - \bar{y}) e_i = 0$，可证得

$$\sum (y_i - \bar{y})^2 = \sum (\hat{y}_i - \bar{y})^2 + \sum (y_i - \hat{y}_i)^2 \tag{10-14}$$

式（10-14）中的左边一项 $\sum (y_i - \bar{y})^2$ 是因变量的各观测值与其样本均值之间的离差平方和，衡量了因变量的整体变动程度，因此称为总平方和（total sum of squares），记为 SST。根据式（10-14）可知，SST 可以分解为式（10-14）右边的两项。

式（10-14）中的右边第一项 $\sum (\hat{y}_i - \bar{y})^2$ 是样本拟合值与均值之间的离差平方和。根据估计方程可知 $\hat{y} = \hat{\beta}_0 + \hat{\beta}_1 x$，并且 $\bar{y} = \hat{\beta}_0 + \hat{\beta}_1 \bar{x}$，因此可以将 $\sum (\hat{y}_i - \bar{y})^2$ 看作由于自变量 x 的变化所引起 y 的变动的部分。由于这一部分是可以由回归直线来解释的部分，因此称为回归平方和（regression sum of squares），记为 SSR。式（10-14）中的右边第二项 $\sum (y_i - \hat{y}_i)^2$ 是实际观测值与拟合值之间的离差平方和，主要是由于自变量影响之外的其他因素对 y 的影响所造成的变动，因此是未被模型所解释的变差部分，故称为残差平方和（residual sum of squares），记作 SSE。

由此可见，因变量观测值的总变差 SST 实际上可以分解为由模型可以解释部分的回归平方和 SSR 与不能被模型所解释部分的残差平方和 SSE 两个部分，记作式（10-15），这就是线性回归模型的变差分解公式。上述分解思想，也可以用图 10-11 进行呈现。

$$SST = SSR + SSE \tag{10-15}$$

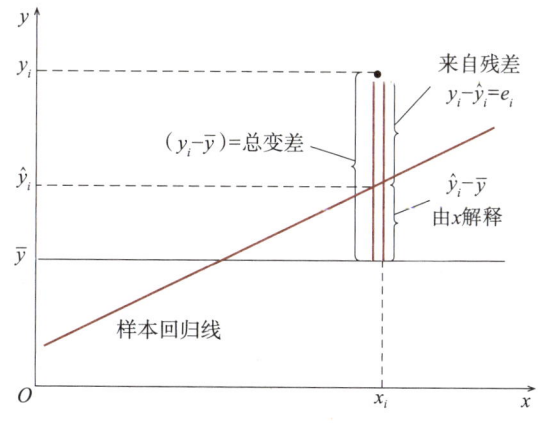

图10-11 变差分解的基本思想

从图 10-11 或上面的变差分解公式中可以直观地发现，模型拟合的优劣程度取决于由模型可以解释部分的回归平方和 SSR 占总平方和的相对比例大小。如果 SSR 占比越大，则意味着总变差当中由模型可以解释的部分越多，那么模型的拟合优度就越好；反之，如果 SSR 占比越小，那么模型的拟合优度就越差。因此，可以采用 SSR 与 SST 的比值作为模型拟合优度的测量指标，这一比值记作 R^2，称为模型决定系数或可决系数。具体的表达如式（10-16）所示。

$$R^2 = \frac{SSR}{SST} = 1 - \frac{SSE}{SST} \qquad (10\text{-}16)$$

可以证明，决定系数 R^2 具有如下重要特性。

（1）决定系数 R^2 具有非负性。显然，式（10-15）中的每一项都是非负的，因此决定系数 R^2 具有非负性。

（2）决定系数 R^2 的取值范围为 $0 \leqslant R^2 \leqslant 1$。该值越大，说明模型的拟合效果越好，反之，则越差。但值得注意的是，决定系数 R^2 仅仅测度的是模型对样本数据的拟合情况，由于总体回归线未知，究竟模型在多大程度上与现实接近则无法根据决定系数 R^2 判断，因此在实际应用中不要过度追求决定系数 R^2。否则，可能出现虽然模型的拟合情况较好，但对现实的解释与预测的能力较差。

（3）决定系数 R^2 是样本观测值的函数，它也是一个统计量。实际上，测度模型整体显著性的 F 统计量就是决定系数 R^2 的变体。

（4）在一元线性回归模型中，决定系数 R^2 是相关系数的平方。根据前面相关系数的含义可知，相关系数的绝对值越大，则意味着散点更加密集地分布在直线的两侧，这与决定系数 R^2 刻画了样本回归线的拟合程度大小完全一致。因此，了解决定系数与相关系数之间的关系，有利于进一步理解决定系数的含义。

在例 10-2 中，通过计算每个样本所对应的观测值 y_i、估计值 $\hat{y}_i$ 以及平均值 $\bar{y}$，利用式（10-14）与式（10-16），可以得到决定系数 $R^2 = 0.8877$，其含义是在车位价格的总变差中，有 88.77% 可以由楼盘单价的变动来解释，由此可见模型的整体拟合效果不错。

10.4.2　回归系数的显著性检验

回归系数的显著性检验，就是根据样本估计的结果对总体回归系数的有关假设进行检验。检验步骤与第 7 章所介绍的步骤基本一致，主要分为如下五个步骤。

（1）提出假设。如式（10-17）所示。

$$H_0: \beta_j = \beta_j^*; \quad H_1: \beta_j \neq \beta_j^* \quad (j = 0, 1) \qquad (10\text{-}17)$$

在许多具体的应用或计算机程序中，常常令 $\beta_1^* = 0$。这是因为 β_1 是否为 0，可以表明

x 对 y 是否有显著的影响。如果 $\beta_1 = 0$，则意味着自变量对因变量没有显著影响。

（2）确定显著性水平 α。显著性水平的大小应根据犯哪一类错误可能带来损失的大小确定。实际应用中，α 一般取 0.1、0.05 或 0.01。

（3）构造检验统计量，计算检验统计量的值。根据前面关于模型系数区间估计部分的式（10-11）可知，$\hat{\beta}_j$ 标准化之后应该服从自由度为 $n-2$ 的 t 分布，因此可以采用式（10-18）构造检验统计量，并将原假设中的 β_j^* 以及估计出的 $\hat{\beta}_j$ 与 $S_{\hat{\beta}_j}$ 代入该式，可以得到回归系数的 t 统计量值。

$$t_{\hat{\beta}_j} = \frac{\hat{\beta}_j - \beta_j^*}{S_{\hat{\beta}_j}} \sim t(n-2) \quad (j = 0, 1) \tag{10-18}$$

（4）确定临界值。对于上面的双侧检验，在显著性水平 α 下，根据该 t 分布的自由度 $df = n-2$，通过查 t 分布表，确定拒绝区域的上下临界值 $-t_{\frac{\alpha}{2}}(n-2)$ 与 $t_{\frac{\alpha}{2}}(n-2)$。若要进行 $\beta_j \le \beta_j^*$ 或 $\beta_j \ge \beta_j^*$ 这样的单侧检验，则需要根据单侧检验拒绝区域的确定方法，重新确定临界值，具体方法与第 7 章的内容基本一致，在此不再赘述。

（5）做出统计决策。如果 $t_{\hat{\beta}_j}$ 的绝对值大于临界值的绝对值，就拒绝原假设，接受备择假设；反之，如果 $t_{\hat{\beta}_j}$ 的绝对值小于临界值的绝对值，表明没有充分理由拒绝原假设。

对于上面的检验过程，也可以采用 P 值进行检验。具体而言，前三步与上述检验过程相同，但在 t 值计算出来之后，不将 $t_{\hat{\beta}_j}$ 的绝对值与 t 分布的临界值 $t_{\frac{\alpha}{2}}(n-2)$ 进行比较，而是直接计算自由度为 $n-2$ 的 t 统计量大于或小于根据样本观测值计算的 $t_{\hat{\beta}_j}$ 的概率，这一概率就是 P 值，然后将 P 值与给定的显著性水平 α 对比。如果 P 值小于 α，则拒绝原假设；反之，则接受原假设。利用统计软件进行回归分析时，一般均直接给出回归系数估计的 P 值。

在例 10-2 中，对自变量 x 的系数是否为 0 进行假设检验，得到相应的 t 统计量值为 14.338，相应的 P 值非常小，接近于 0，说明应该拒绝该系数为 0 的原假设，意味着楼盘单价是影响车位价格的一个重要显著因素。

10.5 一元线性回归模型预测

构建回归模型进行回归分析，除了为了明确自变量与因变量之间的数量关系外，另一个重要的目的是根据所估计出的模型，用给定的自变量来预测因变量。

10.5.1 回归预测的类型

$$\hat{y}_f = \hat{\beta}_0 + \hat{\beta}_1 x_f \tag{10-19}$$

式（10-19）中，$\hat{\beta}_0$ 和 $\hat{\beta}_1$ 是已估计出的样本回归系数；x_f 是给定的 x 的具体数值；$\hat{y}_f$ 是 x_f 给定时 y 的预测值。回归预测是一种有条件的预测，在进行回归预测时，必须先给定 x_f 的具体数值，利用 x_f 去预测 y。当给出的 x_f 属于样本内的数值时，利用式（10-19）去计算 $\hat{y}_f$ 的过程称为内插预测。而当给出的 x_f 在样本之外时，利用该式去计算 $\hat{y}_f$ 的过程称为外推预测。

在给定 x_f 下，当利用式（10-19）去求出 y 的一个具体预测值 $\hat{y}_f$ 时，仅仅进行了点预测。根据前面章节可知，参数的估计分为点估计与区间估计，与参数估计相同，对于因变量的预测也分为点预测与区间预测。同时，区间预测又可以分为均值的区间预测与个值的区间预测。个值、点预测值与真实平均值之间的关系如图 10-12 所示。

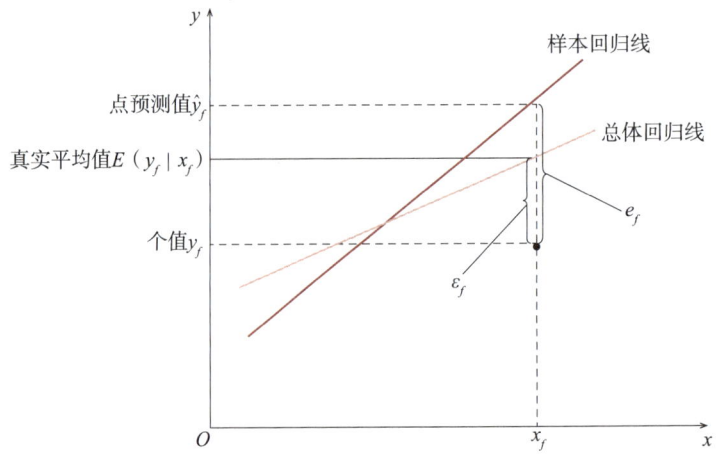

图10-12　个值、点预测值与真实平均值之间的关系

例如，在例 10-2 中，预测出楼盘单价为 1.3 万元的车位价格 10.505 5 万元就是点预测，该预测仅仅是对真实平均值 $E(y_f|x_f)$ 的点估计。

10.5.2 均值的区间预测

均值预测的目标是尽可能接近真实平均值，但由于存在抽样波动，预测的平均值 $\hat{y}_f$ 是随机变量，不一定等于真实平均值 $E(y_f|x_f)$，因此还需要对 $E(y_f|x_f)$ 进行区间估计，即进行区间预测。例如，在例 10-2 中，根据回归方程 $\hat{y} = -1.435 + 9.185x$，估计楼盘单价为

1.3 万元的车位价格的平均值区间，就是进行均值的区间预测。

为对因变量 y 的平均值进行区间预测，必须确定平均值点预测值 $\hat{y}_f$ 的抽样分布，找出点预测值 $\hat{y}_f$ 与真实平均值 $E(y_f|x_f)$ 的关系，即需要找出与二者都有关的统计量。由于最小二乘估计量是无偏估计量，因此有 $\hat{y}_f$ 的期望为 $E(\hat{y}_f) = \beta_0 + \beta_1 x_f = E(y_f|x_f)$；另外，可以证明 $\hat{y}_f$ 的方差为 $\mathrm{var}(\hat{y}_f) = \sigma^2 \left[\dfrac{1}{n} + \dfrac{(x_f - \overline{x})^2}{\sum x_i^2} \right]$。由于在实际应用中 σ^2 未知，只得用随机扰动项的方差估计量 $\hat{\sigma}^2 = \sum e_i^2 / (n-2)$ 代替，并且将 $\hat{y}_f$ 标准化，可以证明所得的统计量服从自由度为 $n-2$ 的 t 分布，其中 $\widehat{\mathrm{SE}}(\hat{y}_f)$ 表示 $\hat{y}_f$ 的估计的标准差。

$$t = \frac{\hat{y}_f - E(y_f|x_f)}{\widehat{\mathrm{SE}}(\hat{y}_f)} = \frac{\hat{y}_f - E(y_f|x_f)}{\hat{\sigma}\sqrt{\dfrac{1}{n} + \dfrac{(x_f - \overline{x})^2}{\sum x_i^2}}} \sim t(n-2) \tag{10-20}$$

显然，上述 t 统计量与 $\hat{y}_f$ 与 $E(y_f|x_f)$ 都有关，给定显著性水平 α，查 t 分布表，得自由度 $n-2$ 的临界值 $t_{\frac{\alpha}{2}}(n-2)$，则有 $P(-t_{\frac{\alpha}{2}} \leqslant t \leqslant t_{\frac{\alpha}{2}}) = 1 - \alpha$，并且将式（10-20）代入，则有

$$P\left(-t_{\frac{\alpha}{2}} \leqslant t = \frac{\hat{y}_f - E(y_f|x_f)}{\widehat{\mathrm{SE}}(\hat{y}_f)} \leqslant t_{\frac{\alpha}{2}} \right) = 1 - \alpha \tag{10-21}$$

通过对上式变形，有

$$P\left\{ \left[\hat{y}_f - t_{\frac{\alpha}{2}} \widehat{\mathrm{SE}}(\hat{y}_f) \right] \leqslant E(y_f|x_f) \leqslant \left[\hat{y}_f + t_{\frac{\alpha}{2}} \widehat{\mathrm{SE}}(\hat{y}_f) \right] \right\} = 1 - \alpha$$

由此，可以得到 y 平均值的置信度为 $1-\alpha$ 的预测区间如式（10-22）所示。

$$\left[\hat{y}_f - t_{\frac{\alpha}{2}} \hat{\sigma}\sqrt{\dfrac{1}{n} + \dfrac{(x_f - \overline{x})^2}{\sum x_i^2}},\ \hat{y}_f + t_{\frac{\alpha}{2}} \hat{\sigma}\sqrt{\dfrac{1}{n} + \dfrac{(x_f - \overline{x})^2}{\sum x_i^2}} \right] \tag{10-22}$$

10.5.3 个值的区间预测

$\hat{y}_f$ 是对 y 的平均值的点预测，由于存在随机扰动项 ε_f 的影响，y 的平均值并不等于 y 的个值。为了对 y 的个值 y_f 进行区间预测，需要寻找与点预测值 $\hat{y}_f$ 和预测目标个值 y_f 有关的统计量，并且需要明确其概率分布性质。

已知剩余项 $e_f = y_f - \hat{y}_f$ 是与预测值 $\hat{y}_f$ 和个值 y_f 都有关的变量，并且已知 e_f 服从正态

分布，且可证明 $E(e_f) = 0$，$\mathrm{var}(e_f) = E(y_f - \hat{y}_f)^2 = \sigma^2 \left[1 + \dfrac{1}{n} + \dfrac{(x_f - \bar{x})^2}{\sum x_i^2} \right]$。

由于 σ^2 未知，当用 $\hat{\sigma}^2 = \sum e_i^2 / (n-2)$ 代替 σ^2，对 e_f 进行标准化时，可得如式（10-23）所示的统计量，可以证明该统计量服从自由度为 $n-2$ 的 t 分布。

$$t = \frac{e_f - E(e_f)}{\widehat{\mathrm{SE}}(e_f)} = \frac{y_f - \hat{y}_f}{\hat{\sigma}\sqrt{1 + \dfrac{1}{n} + \dfrac{(x_f - \bar{x})^2}{\sum x_i^2}}} \sim t(n-2) \tag{10-23}$$

与上面关于均值的区间预测完全相同，在给定显著性水平 α 下，查 t 分布表，得自由度 $n-2$ 的临界值，则有 $P(-t_{\frac{\alpha}{2}} \leq t \leq t_{\frac{\alpha}{2}}) = 1 - \alpha$，将式（10-23）代入并变形即有

$$P\left\{ \left[\hat{y}_f - t_{\frac{\alpha}{2}} \widehat{\mathrm{SE}}(e_f) \right] \leq y_f \leq \left[\hat{y}_f + t_{\frac{\alpha}{2}} \widehat{\mathrm{SE}}(e_f) \right] \right\} = 1 - \alpha \tag{10-24}$$

由此，一元线性回归模型中 y 的个值的置信水平为 $1-\alpha$ 的预测区间上下限如式（10-25）所示。

$$y_f = \hat{y}_f \mp t_{\frac{\alpha}{2}} \hat{\sigma} \sqrt{1 + \dfrac{1}{n} + \dfrac{(x_f - \bar{x})^2}{\sum x_i^2}} \tag{10-25}$$

对比式（10-22）与式（10-25），可以发现两个预测区间在形式上非常相似，都是以点预测 $\hat{y}_f$ 为中心，但个值预测公式的根号内多了 1，说明个值预测的区间宽度要比均值预测的区间更宽。这其实也非常直观，因为对个值预测的影响除了抽样波动外，还有随机扰动项的影响。另外，可以发现在不同的 x_f 处，预测区间的宽度也不同，在 $x_f = \bar{x}$ 处，预测区间的宽度最窄，而越远离 $\bar{x}$，预测区间越宽，也就意味着预测的精度会不断下降。关于这一点也非常直观，由于大部分观测点都集中在 $\bar{x}$ 两侧，因此 $\bar{x}$ 处的信息最密集，预测精度自然最高，而远离 $\bar{x}$ 处的点较少，信息较为缺乏，因此预测精度较差。上述两方面的特征也可以通过图 10-13 直观地呈现出来。

对于例 10-2，利用式（10-22）与式（10-25），可以计算出在 $x_f = 1.3$ 万元处，因变量车位价格 y 在显著性水平 $\alpha = 0.05$ 下均值与个值的区间预测分别为 [9.836 0, 11.175 3] 与 [7.221 4, 13.789 9]。同理，可以计算出在其他位置的均值区间预测与个值区间预测的结果，如表 10-4 所示。若将预测出的区间绘制在散点图上，则如图 10-14 所示，其中，中间的实线为样本回归线，红色阴影部分为均值预测区间，最外面的两条虚线为个值预测区间。从图中可以看出，个值的预测区间要明显宽于均值的预测区间，且二者均呈现中间窄两头宽的形态，印证了上面所提到的区间预测的两条性质。

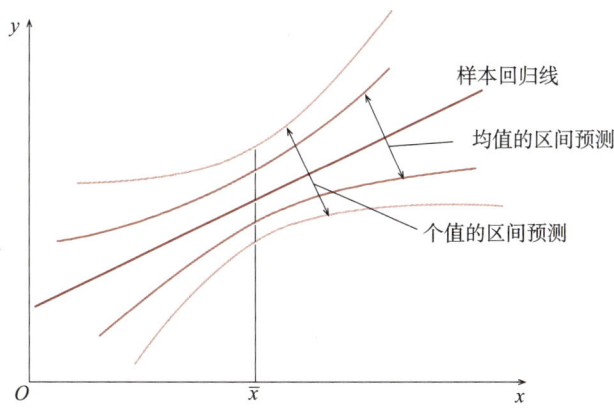

图10-13 因变量y的均值区间预测与个值区间预测

表10-4 车位价格的95%均值区间预测与个值区间预测 （单位：万元）

楼盘单价	车位价格点预测	均值预测下限	均值预测上限	个值预测下限	个值预测上限
0.800 0	5.913 0	4.793 8	7.032 3	2.508 5	9.317 5
0.850 0	6.372 3	5.307 7	7.436 8	2.985 4	9.759 2
0.900 0	6.831 5	5.820 3	7.842 7	3.461 0	10.202 0
0.950 0	7.290 8	6.331 4	8.250 2	3.935 5	10.646 1
1.000 0	7.750 1	6.840 7	8.659 4	4.408 7	11.091 4
1.050 0	8.209 3	7.347 8	9.070 8	4.880 7	11.538 0
1.100 0	8.668 6	7.852 4	9.484 8	5.351 4	11.985 8
1.150 0	9.127 8	8.354 1	9.901 6	5.820 8	12.434 9
1.200 0	9.587 1	8.852 3	10.321 9	6.289 0	12.885 2
1.250 0	10.046 4	9.346 5	10.746 3	6.755 8	13.336 9
1.300 0	10.505 6	9.836 0	11.175 3	7.221 4	13.789 9
1.350 0	10.964 9	10.320 1	11.609 7	7.685 7	14.244 1
1.400 0	11.424 2	10.798 3	12.050 0	8.148 6	14.699 7
1.450 0	11.883 4	11.270 0	12.496 8	8.610 2	15.156 6
1.500 0	12.342 7	11.734 8	12.950 6	9.070 5	15.614 9
1.550 0	12.802 0	12.192 5	13.411 4	9.529 5	16.074 4
1.600 0	13.261 2	12.643 1	13.879 3	9.987 1	16.535 3
1.650 0	13.720 5	13.086 9	14.354 0	10.443 4	16.997 5
1.700 0	14.179 7	13.524 5	14.835 0	10.898 4	17.461 1
1.750 0	14.639 0	13.956 4	15.321 6	11.352 1	17.925 9
1.800 0	15.098 3	14.383 3	15.813 3	11.804 5	18.392 0
1.850 0	15.557 5	14.805 8	16.309 3	12.255 6	18.859 5
1.900 0	16.016 8	15.224 5	16.809 1	12.705 4	19.328 2
1.950 0	16.476 1	15.639 9	17.312 2	13.153 9	19.798 2
2.000 0	16.935 3	16.052 7	17.818 0	13.601 1	20.269 5
2.050 0	17.394 6	16.463 1	18.326 1	14.047 1	20.742 0
2.100 0	17.853 8	16.871 5	18.836 2	14.491 9	21.215 8

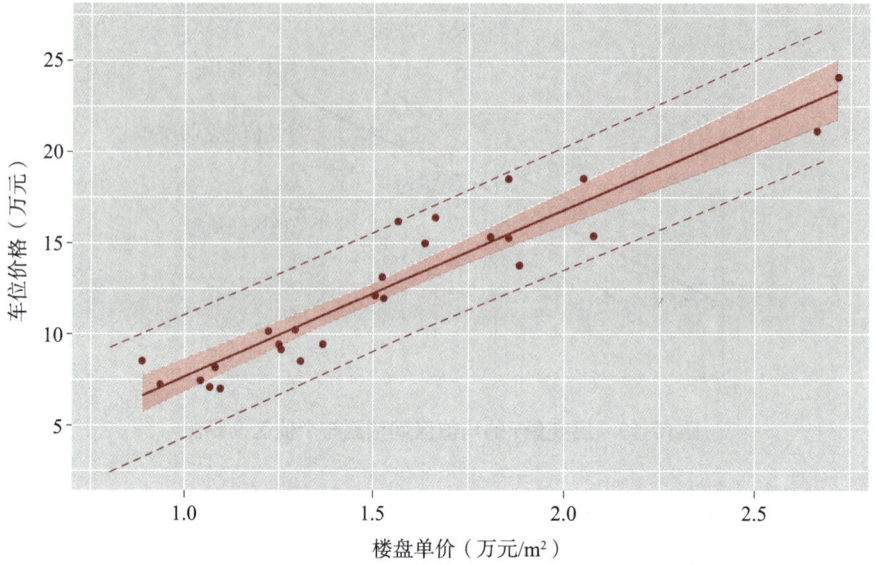

图10-14 车位价格的均值区间预测与个值区间预测

■ 思考题

1. 证明：在一元线性回归分析中，自变量x与因变量y之间的相关系数r的平方等于线性回归模型的拟合优度R^2。

2. 如果在前面的一元线性回归模型中再引入一个自变量，变成二元线性回归模型 $Y_i = \beta_1 + \beta_2 X_{2i} + \beta_3 X_{3i} + u_i$，请利用最小二乘法对该模型进行估计，并证明如下几个命题。

   （1）残差之和 $\sum e_i = 0$；$\sum X_{2i} e_i = 0$；$\sum X_{3i} e_i = 0$。

   （2）因变量的均值等于其预测值的均值，即 $\overline{\hat{Y}} = \overline{Y}$。

   （3）变差分解公式 $\sum (Y_i - \overline{Y})^2 = \sum (\hat{Y}_i - \overline{Y})^2 + \sum (Y_i - \hat{Y}_i)^2$ 仍然成立。

3. 如果将一元线性回归模型设定为 $y_i = \beta_1 x_{i1} + \varepsilon_i (i = 1, 2, \cdots, n)$ 这样的无截距形式。

   （1）残差之和 $\sum e_i = 0$ 是否仍然成立？

   （2）变差分解公式 $\sum (y_i - \overline{y})^2 = \sum (\hat{y}_i - \overline{y})^2 + \sum (y_i - \hat{y}_i)^2$ 是否仍然成立？

4. 在回归系数的显著性检验中，如果将双边检验修改为单边检验，如要检验 $H_0: \beta_j \leqslant \beta_j^*$，则应该如何进行？

5. 有人认为"数值计算是精确的，但图形是粗糙的"。请对表10-5中的四组数据，分别绘制X变量与Y变量之间的散点图，计算常见的样本统计量，并在此基础上对上述说法进行评价。

表 10-5 关于变量 X、Y 的四组数据

1		2		3		4	
X	Y	X	Y	X	Y	X	Y
10.0	8.04	10.0	9.14	10.0	7.46	8.0	6.58
8.0	6.95	8.0	8.14	8.0	6.77	8.0	5.76
13.0	7.58	13.0	8.74	13.0	12.74	8.0	7.71
9.0	8.81	9.0	8.77	9.0	7.11	8.0	8.84
11.0	8.33	11.0	9.26	11.0	7.81	8.0	8.47
14.0	9.96	14.0	8.10	14.0	8.84	8.0	7.04
6.0	7.24	6.0	6.13	6.0	6.08	8.0	5.25
4.0	4.26	4.0	3.10	4.0	5.39	19.0	12.50
12.0	10.84	12.0	9.13	12.0	8.15	8.0	5.56
7.0	4.82	7.0	7.26	7.0	6.42	8.0	7.91
5.0	5.68	5.0	4.74	5.0	5.73	8.0	6.89

6. 在经济学中有著名的菲利普斯曲线，即物价上涨与失业率之间存在反向变动关系。现收集了某地区在一段时间内的物价与失业率数据，如表10-6所示。

表 10-6 某地区 2014—2023 年的物价上涨率与失业率

年份	物价上涨率 P（%）	失业率 U（%）
2014	0.63	2.88
2015	0.14	2.83
2016	0.72	2.52
2017	2.31	2.39
2018	3.11	2.11
2019	3.30	2.12
2020	1.64	2.20
2021	1.32	2.56
2022	0.71	2.91
2023	−0.16	3.21

请根据以上数据绘制散点图，并建立回归模型，判断物价上涨率与失业率之间的关系，验证菲利普斯曲线所阐述的结论是否成立。

7. 假设通过收集数据，对家庭的支出与收入之间的关系模型 $C_i = \alpha + \beta Y_i + u_i$ 进行估计得 $\hat{C}_i = 14 + 0.81 Y_i$，其中，$C$ 为支出（元），Y 为收入（元）。α 与 β 两个估计系数的 t 值分别是 12.1 与 17.7，样本量 $n=19$，$R^2=0.82$。已知 $t_{0.025}(19) = 2.0930$，

$t_{0.05}(19) = 1.729$，$t_{0.025}(17) = 2.1098$，$t_{0.05}(17) = 1.7396$。

（1）利用 t 值检验参数 β 的显著性（$\alpha=0.05$）。

（2）计算参数 β 的标准差。

（3）判断一下该模型的拟合情况，并解释含义。

8. 假设某国的货币M2的供给量与国民收入的历史数据如表10-7所示。

表 10-7　某国 2012—2023 年的货币供给量与国民收入　　（单元：万亿美元）

年份	货币供给量	国民收入	年份	货币供给量	国民收入	年份	货币供给量	国民收入
2012	2.01	5.03	2016	3.29	7.22	2020	4.79	9.71
2013	2.51	5.55	2017	4.01	7.71	2021	5.01	10.1
2014	3.22	6.10	2018	4.21	8.40	2022	5.20	11.1
2015	3.61	7.09	2019	4.61	9.10	2023	5.79	12.5

（1）请利用上面数据，估计出线性回归方程，并对模型的估计效果进行评价。

（2）说明斜率系数的显著性（$\alpha = 0.05$），解释回归系数的含义。

（3）若希望年国民收入达到14万亿美元，那么货币供给量应该达到何种水平？

参考文献

[1] 贾俊平，何晓群，金勇进. 统计学 [M]. 8 版. 北京：中国人民大学出版社，2021.

[2] 古尔德，王，莱恩. 统计学基础：透过数据看世界：原书第 3 版 [M]. 田金方，译. 北京：机械工业出版社，2023.

[3] 门登霍尔，辛西奇. 统计学高级教程：回归分析：原书第 8 版 [M]. 王黎明，孙思宇，译. 北京：机械工业出版社，2024.

[4] 哈夫. 统计数据会说谎：让你远离数据陷阱 [M]. 靳琰，武钰璟，译. 北京：中信出版社，2018.

[5] 霍格，麦基恩，克雷格. 数理统计学导论：原书第 8 版 [M]. 王玉忠，译. 北京：机械工业出版社，2023.

[6] 茆诗松，程依明，濮晓龙. 概率论与数理统计教程 [M]. 3 版. 北京：高等教育出版社，2019.

[7] 盛骤，谢式千，潘承毅. 概率论与数理统计 [M]. 5 版. 北京：高等教育出版社，2019.

[8] 贾俊平. 统计学：SPSS 和 Excel 实现 [M]. 8 版. 北京：中国人民大学出版社，2022.

[9] 张文彤. SPSS 统计分析基础教程 [M]. 3 版. 北京：高等教育出版社，2017.

[10] 张运明. Excel 统计分析：方法与实践 [M]. 北京：清华大学出版社，2020.

[11] 王春杨，兰宗敏，张超，等. 高铁建设、人力资本迁移与区域创新 [J]. 中国工业经济，2020(12)：102-120.

[12] 孙伟增，郭冬梅. 信息基础设施建设对企业劳动力需求的影响：需求规模、结构变化及影响路径 [J]. 中国工业经济，2021(11)：78-96.

[13] 何小钢，朱国悦，冯大威. 工业机器人应用与劳动收入份额：来自中国工业企业的证据 [J]. 中国工业经济，2023(4)：98-116.

[14] 尹志锋，曹爱家，郭家宝，等. 基于专利数据的人工智能就业效应研究：来自中关村企业的微观证据 [J]. 中国工业经济，2023(5)：137-154.

[15] 黄阳华，张佳佳，蔡宇涵，等. 居民数字化水平的增收与分配效应：来自中国家庭数字经济调查数据库的证据 [J]. 中国工业经济，2023(10)：23-41.

[16] 崔惠玉，王宝珠，徐颖. 绿色金融创新、金融资源配置与企业污染减排 [J]. 中国工业经济，2023(10)：118-136.

参考答案

扫码阅读
参考答案